Sprachbildung und Mehrsprachigkeit

Hans H. Reich und Hans-Jürgen Krumm

Sprachbildung und Mehrsprachigkeit

Ein Curriculum zur Wahrnehmung
und Bewältigung sprachlicher Vielfalt
im Unterricht

Waxmann 2013
Münster/New York/München/Berlin

Die Erarbeitung des Curriculums Mehrsprachigkeit wurde durch das
österreichische Bundesministerium für Unterricht, Kunst und Kultur
gefördert und erfolgte in Zusammenarbeit mit dem Österreichischen
Sprachen-Kompetenz-Zentrum (Gunther Abuja, Michaela Haller).

Bibliografische Informationen der Deutschen Nationalbibliothek
Die Deutsche Nationalbibliothek verzeichnet diese Publikation in
der Deutschen Nationalbibliografie; detaillierte bibliografische
Daten sind im Internet über http://dnb.d-nb.de abrufbar.

ISBN 978-3-8309-2924-6

© Waxmann Verlag GmbH,
Steinfurter Straße 555, 48159 Münster

www.waxmann.com
info@waxmann.com

Umschlaggestaltung: Inna Ponomareva, Münster
Satz: Sven Solterbeck, Münster

Gedruckt auf alterungsbeständigem Papier,
säurefrei gemäß ISO 9706

Printed in Germany

Inhalt

Vorwort

Mehrsprachigkeit ist einer der Begriffe, die frischen Wind in das Denken über sprachliche Bildung gebracht haben. Seit Jahren schon wirbelt er Ideen, Experimente, Vorschläge auf, rüttelt an herkömmlichen Fächereinteilungen und weht Fachinhalte durcheinander. Mehrsprachigkeit ist als Legitimationsbegriff willkommen, wo kanonische Inhalte aufgelockert und Fächergrenzen überschritten werden. Mehrsprachigkeitsdidaktik lässt sich als eine Didaktik der Vielfalt und Lebendigkeit charakterisieren.

Ihr programmatischer Anspruch reicht aber darüber hinaus. Da sie sich auf grundsätzlich gewandelte Sprachenverhältnisse in der Gesellschaft beruft, geht es ihr jenseits motivierender und innovativer Einfälle dezidiert darum, die grundlegenden Ziele sprachlicher Bildung im Bewusstsein dieser Verhältnisse zu bestimmen und ihnen Inhalte und Methoden mit Blick auf die aktuellen Ausprägungen dieser Verhältnisse und mit Blick auf die möglichen Lernprozesse der Heranwachsenden systematisch zuzuordnen. Ermöglicht werden soll ein aufbauendes, Einzelsprachen übergreifendes Lernen, das dazu befähigt, selbstbestimmt handeln zu können, wenn sich in der Welt der Sprachen neue, im Einzelnen gar nicht vorauszusehende Herausforderungen stellen.

Curriculum ist der eingeführte Begriff, mit dem solche Versuche einer dynamischen Ordnung von Zielen, Inhalten und Methoden bezeichnet werden. Seine Verwendung im Untertitel des vorliegenden Buches soll signalisieren, dass es beim jetzigen Stand der sprachenpolitischen und der sprachendidaktischen Entwicklung sinnvoll, ja geboten ist, Mehrsprachigkeit als durchgängiges und eigenständiges Bildungsziel zu etablieren und schrittweise an allgemeinbildenden wie an berufsbildenden Schulen einzuführen. Dafür, dass dies gemäß den Standards der aktuellen Schulentwicklung geschehen kann, soll das Curriculum den Nachweis erbringen, indem es

- die Normalität der Mehrsprachigkeit (in der Gesellschaft, in der Wirtschaft und in den Familien) aufgreift und auch im Bildungswesen (in Schule und Hochschule, in LehrerInnenbildung und Wissenschaft) widerspiegelt;
- dazu anregt, die mitgebrachten Sprachen der Lernenden im Sinne eines ressourcenorientierten Unterrichts in die Sprachbildungsangebote der Schule einzubeziehen;

- dazu verhilft, an Stelle eines die einzelnen Sprachen isoliert betrachtenden schulischen Sprachenangebots ein Gesamtkonzept zu entwickeln, in dem alle Unterrichtsfächer zur sprachlichen Bildung der Schülerinnen und Schüler beitragen.

Den Anstoß für die Entwicklung eines Curriculums zur Wahrnehmung und Bewältigung sprachlicher Vielfalt im Unterricht gab im Dezember 2008 die Grazer Konferenz „Unsere Gesellschaft ist mehrsprachig – unsere Bildung auch?", auf der Konsequenzen aus dem „Language Education Profiling" des Europarats für das österreichische Bildungssystem gezogen wurden. Das Bundesministerium für Unterricht, Kunst und Kultur hat die Ausarbeitung des Curriculums finanziell gefördert, das Österreichische Sprachen-Kompetenz-Zentrum hat sie fachlich und administrativ begleitet. Beiden Institutionen gilt unser herzlicher Dank. Eine erste Fassung des Curriculums wurde im Mai 2011 mit Vertretern und Vertreterinnen mehrerer Abteilungen des Unterrichtsministeriums sowie der Universitäten und Pädagogischen Hochschulen intensiv diskutiert. Dieser Diskussion verdankt die jetzt vorliegende Fassung wesentliche Anregungen. Hierfür sei allen Teilnehmerinnen und Teilnehmern gedankt. Es sei darauf hingewiesen, dass diese Fassung auch auf der Homepage des Österreichischen Sprachen-Kompetenz-Zentrums zugänglich ist (http://oesz.at/download/cm/CurriculumMehrsprachigkeit2011.pdf).

Für die vorliegende Publikation wurden dem Text des Curriculums drei weitere Darstellungen hinzugefügt: Die Ergebnisse einer umfangreichen Analyse der Lehrpläne unterschiedlicher Fächer und Schularten, die vorbereitend zur Ausarbeitung des Curriculums in tabellarischer Form ausgeführt worden war, wurden zu einem fortlaufenden eigenständigen Text zusammengefasst. Ein Bericht über die konkreten Vorschläge und grundsätzlichen Positionen in der didaktischen Literatur wurde stark überarbeitet und auf den Stand des Jahres 2012 aktualisiert. Er bildet jetzt ebenfalls ein eigenständiges Kapitel. Drittens schließlich wurde aus den Überlegungen zur Umsetzung des Curriculums ein Kapitel zur Mehrsprachigkeit in der Lehrerbildung erarbeitet, das eine aktuelle Anwendungsperspektive aufzeigt.

Bei den Literaturrecherchen und der Exzerpierung der Literatur haben Sabine Landua und Emran Sırım die Hauptlast getragen. Die Analyse der Lehrpläne hat Andrea Dorner weitgehend selbständig durchgeführt.

Ihnen sei für ihre genaue und verlässliche Arbeit gedankt. Für die Auswahl aus den Analyseergebnissen, ihre Platzierung und letztendliche Formulierung im Curriculum selbst sowie die Darstellung in der vorliegenden Veröffentlichung sind die beiden Verfasser allein verantwortlich. Die in die vorliegende Veröffentlichung eingearbeiteten Texte wurden von ihnen zum Teil arbeitsteilig entworfen, wobei Hans H. Reich einen umfangreicheren Teil übernommen hat. Sie sind dann aber alle in einem intensiven Austausch, in gegenseitiger Ergänzung und gemeinsamer Redaktion ausgearbeitet und ausformuliert worden.

Wie dargestellt, ist das Curriculum zunächst in einem österreichischen Kontext entstanden. Die Sache aber, um die es geht, ist in keiner Weise österreichspezifisch. Das Thema der Mehrsprachigkeit beschäftigt die Bildungspolitik und die Sprachendidaktik in ganz Europa, und seine Diskussion weist gerade in den deutschsprachigen Bildungssystemen sehr viele Gemeinsamkeiten auf. In diesem Sinne sind Erkenntnisse und Erfahrungen aus Luxemburg, der Schweiz und der Bundesrepublik Deutschland, auch aus Frankreich und anderen europäischen Staaten, bei der Literaturanalyse berücksichtigt und in die Konstruktion des Curriculums eingearbeitet worden. Wir sind sicher, dass das Curriculum auch in diesen Kontexten Anwendung und Interesse finden kann.

Landau und Wien im März 2013

Hans H. Reich und Hans-Jürgen Krumm

Das Curriculum Mehrsprachigkeit

Einführung

Zielsetzung

Das Curriculum Mehrsprachigkeit dient der Integration der sprachlichen Bildung. Es soll die Schülerinnen und Schüler dazu befähigen, sich in der heutigen Welt sprachlicher Vielfalt zu orientieren, sich selbstbestimmt und zielbewusst neue sprachliche Qualifikationen anzueignen und sich in vielsprachigen Situationen kompetent zu bewegen. Es unterstützt die Ausbildung persönlicher Sprachenprofile, indem es einzelsprachliche Qualifikationen aufgreift, erweitert, miteinander verbindet und in allgemeinen sprachlichen Einsichten fundiert.

Dazu vermittelt es die folgenden Kompetenzen: Aufmerksamkeit gegenüber Sprachen, Fähigkeit zur Reflexion der eigenen sprachlichen Situation und zur Analyse anderer sprachlicher Situationen, Orientierungswissen über Sprachen und ihre Bedeutung für Gruppen von Menschen, linguistische Grundkenntnisse zur vergleichenden Beschreibung von Sprachen, ein Repertoire von Sprachlernstrategien sowie sprachliches Selbstbewusstsein, soweit dies im Rahmen schulischer Bildung möglich ist.

Dabei bezieht es sich auf die sprachlichen Ressourcen der Schülerinnen und Schüler insgesamt, also sowohl auf die in der Primärsozialisation vermittelten Sprachenkenntnisse und die persönlichen Spracherfahrungen der Schülerinnen und Schüler als auch auf die Lernprozesse in institutionell organisiertem Sprachunterricht und die Zugänge zu Sprachen durch die Neuen Medien. Gewonnen werden soll dadurch im Verhältnis zu den Curricula der einzelnen Fächer des schulischen Sprachunterrichts

- ein breiteres und differenzierteres Bild der sprachlichen Wirklichkeit,
- eine tiefere Verankerung des sprachlichen Lernens im Persönlichen,
- eine allgemeinere Gültigkeit des Gelernten
- und eine verstärkte Kooperation zwischen den Fächern.

Das Curriculum Mehrsprachigkeit richtet den Blick über die fachliche Dualität von ‚Muttersprache‘ und ‚Fremdsprache‘ hinaus auf die tatsächliche Vielsprachigkeit, wie sie die sprachliche Situation in der Welt an vielen Orten und in vielen Schulen kennzeichnet. Dabei kommen auch die Sprachen zur Geltung, die nicht zum Kanon der Schulsprachen gehören, aber für viele Schülerinnen und Schüler biographisch bedeutsam sind und darum als Ressourcen der Persönlichkeitsentwicklung wie als Lernhilfen wichtig sein können. Sprachlernprozesse werden als individuelle Pfade zur Mehrsprachigkeit thematisiert, wodurch Brücken zwischen schulischem und außerschulischem Lernen und Lernen im Erwachsenenalter geschlagen werden. Durch Kommunikation und Austausch, durch Analyse und Vergleich werden Gemeinsamkeiten von Sprachen und Sprachlernprozessen herausgearbeitet und die Unterschiede erhalten schärfere Konturen. Der sprachenübergreifende Charakter der Ziele und Inhalte schafft gemeinsame Bezugspunkte und erleichtert dadurch die fächerübergreifende Zusammenarbeit.

Bildungspolitische Grundlagen

Sprache hat vielfältige Funktionen für die persönliche Entwicklung und die Wahrnehmung von Lebenschancen. Im Kontext der Schul- und Bildungspolitik ist die Bedeutung für das Wahrnehmen von Bildungschancen und das Erreichen von Bildungserfolgen besonders hervorzuheben. Mit den steigenden Anforderungen an das Bildungssystem ist in neuer Dringlichkeit bewusst geworden, dass jeder Unterricht, in den sprachlichen wie in den musischen, in den sozialwissenschaftlichen wie in den naturwissenschaftlichen Fächern, sprachliche Fähigkeiten und Fertigkeiten voraussetzt und zugleich zu deren Weiterentwicklung beiträgt. Ein bewusster Umgang mit der Ressource Sprache ist daher ein bildungspolitisches Ziel ersten Ranges.

Zugleich ist Sprache auch im Bildungswesen heute weniger denn je als eine einheitliche Sprache zu verstehen. Die Einwanderung aus vielen verschiedenen Sprachgebieten, die Internationalisierung des Arbeits- und Privatlebens, das neue Selbstbewusstsein der Sprachminderheiten, der massenhafte Tourismus, der globale Siegeszug des Englischen haben die sprachlichen Voraussetzungen von Bildung auch in den deutschsprachigen Bildungssystemen grundsätzlich verändert. Schüler und Schülerinnen, die eine andere Erstsprache als Deutsch haben, die sich in längeren Auslandsaufenthalten eine zusätzliche Sprache angeeignet haben, deren

Eltern mehr als eine Sprache mit ihnen sprechen, die bewusst bilingual erzogen werden, die neue Sprachenkenntnisse in den Ferien aufschnappen, die aktiv zupackend mit der Allgegenwärtigkeit des Englischen umgehen – sie sind alle schon längst normale Teilhaber des Bildungswesens. In allen mit Sprache verbundenen Bildungsprozessen ist nunmehr Mehrsprachigkeit im Spiel – nicht nur als Zielsetzung des Bildungssystems in einer globalisierten Welt, sondern auch als Rahmenbedingung für das Lernen. Pädagogisch bedeutet dies eine Herausforderung von Handlungsmöglichkeiten zur Bewältigung von Heterogenität, zugleich aber auch eine Chance zum Ergreifen neuer Bildungsmöglichkeiten. Eine offensive Bildungspolitik muss auf diese Chance setzen.

Die aktive Förderung von Mehrsprachigkeit und Sprachenvielfalt zählt zu den Bildungsanliegen, die die österreichischen Schulen ausdrücklich verfolgen. Frühes und kontinuierliches Sprachenlernen, Unterrichtung des Deutschen als Erst- und als Zweitsprache, Unterrichtung der Minderheitensprachen, der Herkunftssprachen von Migranten, einer Vielzahl von lebenden Fremdsprachen, aber auch der klassischen Sprachen, Sachfachunterricht im Medium einer anderen Sprache als Deutsch sowie die Qualifizierung der Lehrkräfte für diese Aufgaben sind seit langem Bestandteile der österreichischen Mehrsprachigkeitspolitik.

Einen weiteren Schritt auf diesem Weg stellt die sprachenpolitische Strategieentwicklung dar, die das Bundesministerium für Unterricht, Kunst und Kultur, das Bundesministerium für Wissenschaft und Forschung und das Österreichische Sprachen-Kompetenz-Zentrum auf Anregung und mit Unterstützung des Europarates unter der Bezeichnung ‚Language Education Policy Profiling' (LEPP) in Gang gesetzt haben. „Der Schwerpunkt liegt auf der Wertschätzung und Entwicklung der Fähigkeit aller, mehrere Sprachen zu lernen und zu verwenden, diese Kompetenz durch angemessenen Unterricht und durch eine plurilinguale Bildung zu verbreitern und zu vertiefen, mit dem Ziel, sprachliche Sensibilität und kulturelles Verständnis als Basis für eine demokratische Gesellschaft von BürgerInnnen zu schaffen" (Länderprofil Österreich, S. 12). Das vorliegende Curriculum Mehrsprachigkeit versteht sich als ein Element in der Umsetzung dieses LEPP-Prozesses. Demzufolge ist es eine Konkretisierung allgemeiner Zielvorstellungen der österreichischen Sprachenpolitik und ein Beitrag zur Einfügung des schulischen Sprachenlernens in das Konzept des lebenslangen Lernens.

Fachlich stellt das Curriculum sowohl eine Konzentrierung bereits gültiger, aber verstreut angesiedelter Lehr-Lern-Ziele als auch eine Erweiterung und Systematisierung dieser Ziele auf der Basis aktueller wissenschaftlicher Erkenntnisse dar. Ziele und Inhalte sind gewonnen aus

1) den Lehrplänen des Bundesministeriums für Unterricht, Kunst und Kultur (BMUKK) für den Unterricht des Deutschen als Muttersprache und als Zweitsprache, der Fremdsprachen, der Minderheitensprachen und der Herkunftssprachen von Schülerinnen und Schülern mit Migrationshintergrund;

2) einer Analyse der sprachlichen Anforderungen in den Lehrplänen für den Unterricht der Fächer Mathematik, Sachunterricht, Physik, Geographie und Geschichte im allgemeinbildenden Bereich sowie der Fächergruppen Humanwissenschaften, Naturwissenschaften und Wirtschaft, Politik, Recht im berufsbildenden Bereich;

3) einer kritischen Sichtung der Vorschläge zur Mehrsprachigkeit in der neueren sprachwissenschaftlichen und sprachdidaktischen Literatur.

An wen wendet sich das Curriculum Mehrsprachigkeit?

Insofern das Curriculum Mehrsprachigkeit auf Herausforderungen antwortet, die das Bildungssystem insgesamt betreffen, richtet es sich an alle, die Bildungsprozesse planen oder organisieren: Für die Autoren und Autorinnen künftiger Lehrpläne bietet es Orientierung zur Koordination der sprachlichen Lernprozesse und zur expliziten Berücksichtigung der sprachlichen Dimension in den Unterrichtsfächern insgesamt. Die Produzenten didaktischer Materialien können inhaltliche Anregungen daraus entnehmen. Die Einrichtungen der Aus-, Fort- und Weiterbildung von Lehrkräften können das Curriculum als Ganzes oder Ausschnitte daraus in ihre Programme aufnehmen. In etwas spezifischerer Weise können Lehrerkollegien und Schulleitungen das Curriculum als Anhaltspunkt bei der Erstellung eines Gesamtsprachenkonzepts ihrer Schule nutzen.

Im engeren Sinne richtet sich das Curriculum an alle, die unterrichten. Es kann dazu beitragen, die sprachlichen Implikationen alles Lehrens und Lernens mitzubedenken und die darauf gerichteten Kompetenzen didaktisch bewusst zu vermitteln. Es kann zu Kooperationen von Sachfächern und Sprachfächern ebenso wie zu Vernetzungen von Sprachfächern untereinander anregen; dabei erleichtert es Abstimmungen in inhaltlichen und methodischen Fragen.

Primäre Adressaten sind die Lehrkräfte, die den Mehrsprachigkeitsunterricht erteilen. Für diesen Unterricht stellt das Curriculum die Grundlage dar. Es bietet den Lehrkräften eine Darstellung von Lehr-Lern-Aktivitäten, die systematisch gegliedert und von der ersten Schulstufe bis zur Matura aufbauend angeordnet sind. Dabei lässt es weiten Raum für Entscheidungen der Lehrkräfte: Im allgemeinbildenden Bereich werden die Ziele und der Lehrstoff sowie die didaktischen Grundsätze jeweils für zwei Schulstufen zusammengefasst dargestellt; für die berufsbildenden Schulen nehmen die Darstellungen auf die jeweilige Schulform insgesamt Bezug, ohne die Ziele und Inhalte nach Schulstufen aufzugliedern. Hieraus können die Lehrkräfte im vorgegebenen zeitlichen Rahmen frei wählen. Hinweise auf die Lehrpläne bestehender Fächer verdeutlichen die Verflechtung der fachlichen Aufgaben bei der Sprachbildung und zeigen die Möglichkeiten des Anknüpfens an verfügbare Lehr- und Unterrichtserfahrungen auf. Wo es im Hinblick auf die Neuheit des einen oder andern Themas angebracht erscheint, sind den Darstellungen des Lehrstoffs auch Hinweise auf Beispiele und Materialien, die im Unterricht eingesetzt werden können, angefügt.

Gliederung in Bereiche

Wie jeder Bildungsbereich hat auch eine integrierte mehrsprachige Bildung individuelle und soziale, kognitive und affektive Aspekte, die in unterschiedlicher Weise curricular strukturiert werden können. Im vorliegenden Curriculum sind sie primär als Lerntätigkeiten der Schülerinnen und Schüler verstanden, die unter übergeordneten Bezeichnungen zusammengefasst werden.

Grundlegend ist der Bereich der *Wahrnehmung und Bewältigung vielsprachiger Situationen*. Er bezieht sich auf Sprachen und Sprachvarietäten als Erscheinungen der äußeren Welt und als menschlichen Handlungsraum. Es geht um die Entwicklung von Sprachaufmerksamkeit und um persönliche Handlungssicherheit auch in sprachlich komplexen Situationen. Die genannten Aspekte einer integrierten mehrsprachigen Bildung werden hier in ihrer Breite angesprochen.

Die kognitiven Aspekte kommen in konzentrierter Weise in dem Bereich des Erwerbs von *Wissen über Sprachen* zum Tragen. Es geht um die Kompetenz, sprachliche Elemente, Strukturen und Regeln in mehreren Sprachen zu beschreiben und in Beziehung zueinander zu setzen, sowie Zusammenhänge zwischen Sprachgebrauch und menschlichem Zusammenleben zu erkennen. Auf der Sekundarstufe entfaltet sich dieser Kompetenzbereich in die beiden Bereiche *Vergleichen von Sprachen* und *Erarbeiten sozialer und kultureller Bezüge von Sprachen*.

Im Bereich der *Sprachlernstrategien* geht es um die Möglichkeiten der bewussten Aneignung von Sprachen mit dem Fernziel des selbstbestimmten Lernens. Dabei ist nicht nur an Lernstrategien zum Neuerwerb von Sprachen gedacht, sondern auch an den gezielten Ausbau von Sprachen als Medien fachlicher Lernprozesse.

Aufbau nach Stufen

Das Curriculum orientiert sich an der Stufengliederung des österreichischen Bildungssystems und berücksichtigt dabei Erkenntnisse zum Aufbau der Lernfähigkeiten von Kindern und Jugendlichen im Allgemeinen und zur Entwicklung des Sprachbewusstseins im Kindes- und Jugendalter im Besonderen.

Zu Beginn der Primarstufe verfügen die Kinder schon über Erfahrungen mit unterschiedlichen sprachlichen Registern (,innersprachliche Mehrsprachigkeit'), z. T. haben sie auch Erfahrungen mit Dialekten und mit verschiedenen Sprachen. Durch den Schuleintritt ändert sich ihre sprachliche Lebenswelt in qualitativ bedeutsamer Weise: Als Schülerinnen und Schüler knüpfen sie neue kommunikative Kontakte, intensiver als zuvor setzen sie sich mit der Schriftform der Sprache und Registerunterschieden auseinander. Die Standardform des Deutschen erhält einen erhöhten Stellenwert, Unterrichtsangebote in einer Fremdsprache, in der Minderheitensprache oder in der Herkunftssprache treten hinzu. Der Mehrsprachigkeitsunterricht dient der Aufarbeitung dieser Erfahrungen. In handelnden und kreativen Aktivitäten erkunden die Schülerinnen und Schüler die Sprachenvielfalt in ihrer unmittelbaren Lebenswelt, erwerben kindgemäße Strategien des Umgangs mit Sprachen und erste Begriffe zu deren Beschreibung.

Auf den höheren Schulstufen des Primarbereichs verfügen die Kinder in der Regel bereits über ein gewisses Sprachbewusstsein, das so weit ausgeprägt ist, dass es im Lehr-Lern-Prozess auch direkt angesprochen werden kann. Sie können lernen, zielgerecht mit sprachlichen Hilfsmitteln umzugehen. Zugleich erweitert sich der Radius ihres sozialen Handelns, innerhalb dessen sie sich auch mit Sprachen auseinandersetzen können. Sie bearbeiten Ausschnitte aus dem Bereich ,Soziale und kulturelle Bezüge von Sprachen', soweit sie ihnen kognitiv und sozial zugänglich sind.

Auf der Sekundarstufe I nimmt der Mehrsprachigkeitsunterricht den Charakter systematischen Lernens an. Er lehrt vergleichende Sprachanalyse, erschließt Kenntnisse zur Sprachenvielfalt auch außerhalb der unmittelbaren Erfahrungsmöglichkeiten der Schülerinnen und Schüler und trainiert Techniken des Sprachenlernens. Auf den unteren Schulstufen des Sekundarbereichs steht zunächst die Erarbeitung von Sprachstrukturen und Sprachlernprozessen im Vordergrund, wobei es sowohl um grammatische als auch um semantische und pragmatische Aspekte von Sprache geht. Auf den höheren Schulstufen gewinnen die biographischen, kulturellen und geographischen Aspekte der Mehrsprachigkeit größeres Gewicht. Dabei geht es auch um Inklusion und Exklusion, um Kooperation und Konflikt, um rechtliche und gesellschaftliche Normen. Zentral sind die Möglichkeiten des persönlichen Handelns, doch reichen die angesprochenen Kompetenzen auch in den Bereich des staatsbürgerlichen Handelns und der politischen Bildung hinein.

Als Beitrag zur Berufsorientierung werden auch sprachliche Anforderungen der Arbeitswelt thematisiert.

Auf der Sekundarstufe II trägt der Mehrsprachigkeitsunterricht zu den dort in besonderer Weise hervorgehobenen allgemeinen Bildungszielen des autonomen Lernens und des kritischen Denkens bei. In zunehmender Selbstständigkeit führen die Schülerinnen und Schüler vergleichende Analysen komplexer Sprachstrukturen durch, erarbeiten zusammenhängende Darstellungen soziologischer und geschichtlicher Aspekte der Mehrsprachigkeit und führen sprachenpolitische Diskussionen.

Im berufsbildenden Bereich wird auch die Bedeutung von Sprache und Sprachen für die jeweilige Berufsrichtung thematisiert.

Mehrsprachigkeit und der Unterricht einzelner Sprachen

Zu einem Teil bündelt das Curriculum Mehrsprachigkeit Lehr-Lern-Prozesse, die auch in den Lehrplänen für die einzelnen Sprachen explizit oder implizit enthalten sind. Durch diese Bündelung werden Ziele und Inhalte, die für das Sprachenlernen und das sprachliche Wissen insgesamt relevant sind, zeitlich konzentriert und durch den Bezug auf mehrere Sprachen in vertiefter, allgemeingültiger Weise vermittelt. Sprachliche Bildung kommt als umfassende Aufgabe in den Blick, die mit dem schulischen Lernen wie mit dem Leben außerhalb der Schule verbunden ist.

Auf- und Ausbau der einzelnen Sprachen sind Fundamente der mehrsprachigen Bildung, die das Gemeinsame, Übergreifende und Allgemeine betont. Solche allgemeinen Kenntnisse und Fähigkeiten werden zwar auch im Unterricht der einzelnen Sprachen angesprochen, in der Regel aber nicht untereinander abgestimmt und nur teilweise auf soziale Vielsprachigkeit und individuelle Mehrsprachigkeit bezogen. Die Lehrpläne für die Fächer Deutsch als Erstsprache, Deutsch als Zweitsprache, lebende und klassische Fremdsprachen, Sprachen der Minderheiten und Herkunftssprachen der Migranten nehmen hier z. T. recht unterschiedliche Positionen ein. Die Formulierung der Ziele des Mehrsprachigkeitsunterrichts in einem eigenen Curriculum sichert ab, dass diese als übergreifende Ziele wahrgenommen und in der Vielfalt der Ziele, die den einzelnen Fächern aufgetragen sind, nicht an den Rand gedrängt werden.

Gegenüber dem Unterricht der einzelnen Sprachen kann der Mehrsprachigkeitsunterricht im Wesentlichen drei Funktionen wahrnehmen:

Zum einen eine Entlastungsfunktion: Indem er gleiche Ziele, die in den Fächern getrennt verfolgt werden, zusammenfasst, kann er unnötige Doppelungen von Lernschritten vermeiden, terminologische Einheitlichkeit fördern und eine gewisse Systematik bei der Aneignung der Grundlagen des Sprachenlernens verbürgen. Er schafft eine gemeinsame kognitive Basis für Sprachlernprozesse an der Schule. Zugleich kann er wesentlich zu einem sprachfreundlichen Klima an der Schule beitragen und so die motivationale Basis für das Lernen der einzelnen Sprachen verstärken.

Zum anderen hat der Mehrsprachigkeitsunterricht koordinierende Funktion: Seine Lernergebnisse erfahren in den Fächern des einzelsprachlichen Unterrichts sprachspezifische Anwendungen, Fortsetzungen oder Differenzierungen. Lernergebnisse des einzelsprachlichen Unterrichts fließen in den Mehrsprachigkeitsunterricht ein und werden dort gegenseitig abgeglichen. Beides setzt den Mehrsprachigkeitsunterricht in eine Position, die es ihm ermöglicht, in bevorzugter Weise als Schaltstelle für kooperative Unterrichtsprojekte zu fungieren, an denen sich mehrere Sprachfächer oder unterschiedliche Sprach- und Sachfächer beteiligen.

Drittens schließlich behandelt der Mehrsprachigkeitsunterricht explizit Fragen des Perspektivenwechsels und des Vergleichs, vor allem hinsichtlich des Umgangs mit vielsprachigen Situationen und der Zusammenhänge zwischen Sprachen auf der einen Seite, sozialen und kulturellen Gegebenheiten auf der anderen. In diesem Sinne hat er eine allgemeine sprachpädagogische Vertiefungsfunktion.

Mehrsprachigkeit und Sachfachunterricht

Im Curriculum Mehrsprachigkeit, insbesondere im Bereich Sprachlernstrategien, wird wiederholt auf Sprache als Medium des Sachfachunterrichts eingegangen. Die Aneignung des Registers Bildungssprache wird damit als eine eigene Sprachlernaufgabe anerkannt. Zur Bewältigung dieser Aufgabe kann der Mehrsprachigkeitsunterricht grundlegende Lernfähigkeiten vermitteln. Dies geschieht am besten in Zusammenarbeit mit einem Sachfach, das für eine bestimmte Zeit als Beispiel eines sprachbewussten Vorgehens beim fachlichen Lernen fungiert.

In besonderer Weise gilt dies für den Sachfachunterricht, der in einer anderen Sprache als Deutsch erteilt wird. Hier ist der Mehrsprachigkeitsunterricht ohne Zweifel mit angesprochen. Seine Beteiligung sollte jedoch als dienende Funktion gesehen werden; es ist nicht daran gedacht, dass der Mehrsprachigkeitsunterricht zentrale Funktionen des *Content and Language Integrated Learning* übernimmt.

Mehrsprachigkeit und interkulturelle Bildung

Das Curriculum Mehrsprachigkeit behandelt u. a. Fragen der Kommunikation über sprachliche Unterschiede hinweg, Fragen der Zusammenhänge zwischen Sprachen und kulturellen Gegebenheiten, Fragen des Austauschs und der Konflikte zwischen Sprechergruppen und damit

Fragen der individuellen und sozialen Identität. Es ist insofern Teil eines umfassenderen Feldes interkultureller Bildung an der Schule. Keinesfalls beansprucht es, dieses Feld insgesamt abzudecken. Es konzentriert sich auf die sprachliche Dimension. Die soziale, geschichtliche, künstlerische, folkloristische Dimension der interkulturellen Bildung haben daneben ihr eigenes Recht. Es ist nicht darauf abgesehen, dass der Mehrsprachigkeitsunterricht diese Dimensionen an sich zieht. Zweifellos berühren sich die Dimensionen in vielen Punkten, dies sollte aber nicht dazu führen, dass der Mehrsprachigkeitsunterricht seine Bindung an die sprachliche Dimension überschreitet. Vielmehr können und sollen an den Berührungspunkten Initiativen zu fächerübergreifender Abstimmung und Zusammenarbeit ansetzen.

Zur Unterrichtsorganisation

Für das Thema Mehrsprachigkeit sind im Unterricht ein bis zwei Wochenstunden bereitzustellen. Für die Schulen stellt dies u. U. eine nicht ganz einfache organisatorische Aufgabe dar. Eine einzige richtige Lösung wird es derzeit nicht geben, Entscheidungen können und müssen pragmatisch und nach den jeweiligen lokalen Gegebenheiten getroffen werden. Dabei muss jedoch beachtet werden, dass das Thema Mehrsprachigkeit zur allgemeinen Bildung gehört; es ist nicht Gegenstand eines Neigungs- oder Begabungsfaches. Mehrsprachigkeitsunterricht ist allen Schülerinnen und Schülern zu erteilen.

In jedem Falle verlangt das Curriculum eine Information aller Lehrkräfte über Ziele und Inhalte und eine Koordination der unmittelbar Beteiligten unter Verantwortung der Schulleitung.

Hierfür kommen mehrere unterrichtsorganisatorische Lösungen in Betracht:

Der Unterricht kann fächerintegrativ erteilt werden, d. h. dass sich – je nach den personellen und curricularen Voraussetzungen – zwei oder drei einzelsprachliche Fächer die Bearbeitung der curricularen Aufgaben des Mehrsprachigkeitsunterrichts teilen, also eine gemeinsame Verantwortung wahrnehmen. Dies kann so geschehen, dass die beteiligten Lehrkräfte am Anfang des Schuljahres Vereinbarungen über die Verteilung des Lehrstoffs und die gegenseitigen Bezugnahmen treffen, etwa so, wie dies im Rahmen der integrativen Sprachdidaktik in Südtirol vorgesehen ist.

Es ist auch möglich, dass die Schule einen permanenten Stoffverteilungsplan beschließt, in dem die Verantwortungen der einzelnen Fächer für die Durchführung des Curriculums Mehrsprachigkeit auf den einzelnen Schulstufen dauerhaft festgelegt sind.

Eine weitere Alternative bietet das Modell der wechselnden Verantwortung. In diesem Modell wird die volle Durchführung des Curriculums Mehrsprachigkeit auf einer Schulstufe einem einzelsprachlichen Fach, auf der nächsten Stufe einem anderen einzelsprachlichen Fach aufgetragen. Hierfür kommen in erster Linie das Fach Deutsch und die erste lebende Fremdsprache, in der Regel also das Fach Englisch, in Betracht.

Schließlich kann Mehrsprachigkeitsunterricht als eigenes Fach erteilt werden. In diesem Falle entscheidet die jeweilige Schule autonom über die Aufnahme unter die Pflichtgegenstände und entsprechende Kürzungen an anderen Stellen der Stundentafel.

Schulstufen 1 und 2

Ziel für beide Schulstufen

Die Schülerinnen und Schüler interessieren sich für die Sprachen und Dialekte ihrer unmittelbaren Lebensumwelt und nehmen die Unterschiedlichkeit dieser Sprachen und Dialekte wahr.

Didaktische Grundsätze für beide Schulstufen

Der Unterricht soll zur Beschäftigung mit den Sprachen von Anderen anregen. Durch diese Beschäftigung entwickelt sich auch das sprachliche Selbstbewusstsein – das Kind lernt, sich selbst als Sprache lernend zu erleben.

Die Lehrkraft trägt Sorge dafür, dass die sprachlichen und im weiteren Sinne alle kommunikativen Fähigkeiten der Schülerinnen und Schüler, die dabei zu Tage treten, als Kompetenzen verstanden werden und jede Diskriminierung, aber auch jede besondere Heraushebung individueller Sprachenprofile vermieden wird. Gefragt wird nach den Sprachen, die den Schülerinnen und Schülern unmittelbar zugänglich sind. Angeleitet wird die Begegnung mit diesen Sprachen im sprachpraktischen Handeln und der kreative Umgang mit ihnen in Tätigkeiten des Sammelns, Ordnens und Präsentierens. Begriffsbildung steht nicht im Vordergrund, auch kognitive Ziele werden vor allem durch handelndes Lernen angestrebt.

Wo die entsprechenden Voraussetzungen gegeben sind, kann der Mehrsprachigkeitsunterricht die gleichzeitige Erarbeitung eines Themas in verschiedenen Sprachen anregen und koordinieren. Wo eine koordinierte bilinguale Alphabetisierung in der Erst- und der Zweitsprache bilingualer Schülerinnen und Schüler in Betracht kommt, sollte sich der Mehrsprachigkeitsunterricht als Zentrale dieses besonderen Lehr-Lern-Prozesses verstehen.

Ziele und Lehrstoffe für die einzelnen Bereiche

Wahrnehmung und Bewältigung sprachlicher Vielfalt

Ziele:

- Die Schülerinnen und Schüler hören und sehen, dass es in ihrer unmittelbaren Lebenswelt verschiedene Sprachen und Dialekte gibt, und können ihre eigenen Sprachen und Dialekte benennen. Sie akzeptieren den Gebrauch mehrerer Sprachen in der Klasse. Sie verstehen und akzeptieren aber auch die besondere Funktion der Sprache, die als Medium des Unterrichts dient.

- Sie sind bereit und in der Lage, sich Elemente dieser Sprachen und Dialekte hörend und sprechend anzueignen.
- Sie sind bereit und in der Lage, Sprachhilfen zu geben.
- Sie wissen, dass es auch andere Schriften gibt als das lateinische Alphabet, mit dem das Deutsche geschrieben wird, und sind bereit und in der Lage, einige Zeichen davon auszuprobieren.

Lehrstoff:

- Bezeichnungen von Sprachen, die in der Klasse gesprochen werden
- Namen der Kinder in der Klasse (Aussprache, Bedeutung)
- Grußformeln, Lieder und Verse sowie Zählen in verschiedenen Sprachen
- Lesen wenigstens eines mehrsprachigen Kinderbuchs
- Sonderzeichen des lateinischen Alphabets für eine nichtdeutsche Sprache, die in der Klasse auch schriftlich bekannt ist, oder Zeichen eines nichtlateinischen Alphabets oder Zeichen einer nichtalphabetischen Schrift (alles nur exemplarisch)
- Vereinbarung über den Gebrauch von Sprachen und Dialekten in der Klasse (als Teil der Klassenordnung)
- Anleitung zu sprachlicher Kooperation: Sprachhilfe im unmittelbaren Miteinander und beim Verstehen von Texten auf Ton- und Bildträgern, mehrsprachige Beschriftungen, mehrsprachige Klassentexte, wechselnde Arbeitssprachen für Gruppenarbeiten und Plenum
- im gegebenen Fall: Gespräch über abwertende Äußerungen (denen die Kinder begegnet sind), die sich auf Sprachen oder Sprachgebrauch beziehen

Beispiele, Materialien:

Mehrsprachige Kinderbücher: z. B. de Beer: Der kleine Eisbär; Nord-Süd Verlag; Pfister: Der Regenbogenfisch, Nord-Süd Verlag; Hüsler, Wer hilft dem Osterhasen? Lehrmittelverlag des Kantons Zürich. Ein Verzeichnis ausgewählter zwei- und mehrsprachiger Kinderbücher und CDs findet sich im Anhang zu Ulich/Oberhuemer: Der Fuchs geht um ..., Cornelsen Verlag;

weitere Hinweise im Internet unter www.edition-lingua-mundi.com und unter http://www.schule-mehrsprachigkeit.at

Bezüge zu den gültigen Lehrplänen:

Bei Zitaten aus den Lehrplänen sind keine Seitenzahlen angegeben, da es sich um Internetausgaben handelt. Für die genauen Bezeichnungen und die Internetadressen sei verwiesen auf das Quellenverzeichnis zu den Lehrplänen im Anhang.

Schon im Lehrplan der Vorschule werden für alle Schülerinnen und Schüler die „individuellen sprachlichen Vorerfahrungen" ausdrücklich als Ausgangspunkte des sprachlichen Lernens benannt. Der Vorschullehrplan sieht das „Vertrauen des Kindes in seine eigene Sprachfähigkeit" als Grundlage des sprachlichen Lernens aller Schülerinnen und Schüler an.

Der Deutschlehrplan der Volksschule fordert ein „grundsätzliches Akzeptieren und Ermutigen von Äußerungen der Schüler in ihrer Herkunftssprache". Er sieht einen „Übergang von der Mundart (…) zur Standardsprache" vor, dieser soll sich aber „ohne Bruch vollziehen". Sprachübungen sollen auf dem Sprachkönnen basieren, „das der Schüler in seiner Familie und seiner sprachlichen Umwelt erworben hat".

Auch der Fremdsprachenunterricht auf der Primarstufe, so der Lehrplan Lebende Fremdsprache, „hat die Aufgabe, die Motivation zur Beschäftigung mit anderen Sprachen grundzulegen und zu vertiefen." Zwar werden keine konkreten Hinweise dazu gegeben, doch lassen sich zahlreiche allgemeine Formulierungen auch im Sinne der Mehrsprachigkeit anwenden, so z. B. im Deutschlehrplan die Anregungen zu spielerischem und kreativem Umgang mit Sprache und die Hinweise auf den Symbolcharakter der Schrift.

Die Lehrpläne für den Muttersprachlichen Unterricht und für die Sprachen der Minderheiten fokussieren das zweisprachige Aufwachsen. Der Lehrplanzusatz Deutsch für Schüler nichtdeutscher Muttersprache sieht es als Ziel der Unterrichtsarbeit, „dass die Schüler unter Wahrung ihrer kulturellen und sprachlichen Identität in die neue Sprach- und Kulturgemeinschaft als aktives Mitglied hineinwachsen."

Wissen über Sprachen

Ziele:

- Die Schülerinnen und Schüler kennen die Begriffe Buchstabe und Laut und wissen sie zu unterscheiden. Sie wissen, dass es Laute gibt, die in manchen Sprachen und Dialekten vorkommen, in anderen nicht.
- Sie kennen elementare grammatische Begriffe, die sprachenübergreifend anzuwenden sind.
- Sie können in einem für sie überschaubaren sozialen Bereich Beispiele für sprachliche Entsprechungen kultureller Unterschiede nennen.

Lehrstoff:

- Begriff des Anlauts, angewendet auf verschiedene Sprachen
- Begriffe Satz, Wort, Nomen und Artikel
- Sammlung von Nomen (z. B. aus einem bestimmten Wortfeld oder mit einem bestimmten Anlaut) aus Sprachen, die in der Klasse bekannt sind, je nach Sprache mit oder ohne Artikel
- Wiedergabe von Tierlauten (Lautmalerei) in verschiedenen Sprachen
- Betrachtung des Schriftbildes, insbesondere der Groß- und Kleinschreibung, in Textausschnitten aus verschiedenen Sprachen
- Motive und Riten der Namengebung in kulturell verschiedenen Gruppen, soweit in der Klasse entsprechende Erfahrungen verfügbar sind, ggf. Einbeziehung von Eltern
- Feste, die in den Familien gefeiert werden

Bezüge zu den gültigen Lehrplänen:

Der Deutschunterricht auf der Primarstufe soll „einige Grundeinsichten in Funktion und Struktur unserer Sprache" vermitteln. Eigens thematisiert werden die Laut-Buchstabe-Zuordnungen und Begriffe wie Wort, Nomen und Satz; der Vergleich von Mundart und Standardsprache ist ausdrücklich vorgesehen.

Im Lehrplanzusatz Deutsch für Schüler nichtdeutscher Muttersprache heißt es: „Wo es sich anbietet, soll der Bezug zur jeweiligen Muttersprache und Herkunftskultur des Kindes hergestellt werden (Vergleich von Sprachen und Kulturen). Dazu sind Kontakte, Kooperation und Absprachen, vor allem mit dem Lehrer für den muttersprachlichen Unterricht, aber auch mit den Eltern des Kindes, sehr hilfreich. Wenigstens gelegentlich sollte die Erarbeitung eines Themas in beiden Sprachen gleichzeitig erfolgen, ... im Vergleich mit der jeweiligen Muttersprache können viele sprachliche Erscheinungen erfasst werden, z. B. die Gliederung von Texten in Sätze, von Sätzen in Wörter und von Wörtern in Laute bzw. Buchstaben".

Auch die Lehrpläne für den Muttersprachlichen Unterricht und für den Unterricht der Minderheitensprachen sehen Sprachenvergleiche ausdrücklich vor. Diese Ziele und Inhalte können im Mehrsprachigkeitsunterricht gebündelt und in systematischer Weise vermittelt werden.

Aneignung von Sprachlernstrategien

Ziele:

- Die Schülerinnen und Schüler entwickeln die Bereitschaft, sich auf unbekannte sprachliche Äußerungen einzulassen,
- sie sind ansatzweise in der Lage, ihre sprachlichen Lerninteressen zu artikulieren und sprachliche Verstehensprobleme zu signalisieren. Sie verfügen über erste Möglichkeiten des Nachfragens und des Bittens um sprachliche Hilfen oder Erläuterungen.

Lehrstoff:

- Namen, Wörter und Sätze mit unvertrauten Sprachlauten
- Aussprache von ungewohnten Sprachlauten, Nutzung von Aussprachehilfen durch Mitschüler und im Internet
- Lautspielereien („Zungenübungen")
- Bekunden von Verstehen und Nichtverstehen (z. B. auch mittels vereinbarter non-verbaler Signale)
- Möglichkeiten der Formulierung von Bitten um sprachliche Unterstützung (vormachen, zeigen, übersetzen, wiederholen, langsamer sprechen), um Korrektur oder Bestätigung
- Benutzung einfacher Hilfsmittel des Sprachenlernens: z. B. Anlage einer Wörterkartei in bewusster, auch individueller Auswahl (z. B. Wort-Bild-Karten, ggf. zweisprachige Karten, evtl. auch mit Hinweisen auf Wortformen und Verwendungsbeispielen)

- Arbeit mit Anlauttabellen in verschiedenen Sprachen, wo es von der Klassensituation her sinnvoll ist,
- Sprachhandlungen des Sachunterrichts in Deutsch und in den Familiensprachen

Bezüge zu den gültigen Lehrplänen:

Der Deutschunterricht an der Volksschule soll „einfache Arbeits- und Lerntechniken (...) vermitteln, die in zunehmendem Maße zu selbstständigem Bildungserwerb befähigen" bzw., wie es im Lehrplanzusatz Deutsch für Schüler nichtdeutscher Muttersprache heißt, „den Erwerb der Zweitsprache unterstützen". Der Lehrplan Muttersprachlicher Unterricht hebt vor allem auf „Grundtechniken der Texterschließung" und die Benutzung von Hilfsmitteln ab.

Im Lehrplan für den Sachunterricht wird die Verbindung von Sacherkenntnis und Spracherweiterung betont, für die Schulstufen 1 und 2 werden vor allem Sprachhandlungen des Benennens und Beschreibens aufgeführt.

Schulstufen 3 und 4

Ziel für beide Schulstufen

Die Schüler und Schülerinnen nehmen die Sprachen und Dialekte in der weiteren von ihnen erreichbaren sozialen Umwelt wahr. Sie registrieren Gemeinsamkeiten und Unterschiede. Sie erfassen mit zunehmender Bewusstheit die Möglichkeiten der Aneignung von Sprachen und können mit vielsprachigen Situationen in ihrer schulischen Umwelt konstruktiv umgehen.

Didaktische Grundsätze für beide Schulstufen

Zum Lernen durch sprachpraktisches Handeln und kreatives Gestalten treten auf den Schulstufen 3 und 4 Verfahren des kognitiven Lernens hinzu. Die Schüler und Schülerinnen lernen, Sprache auch als Gegenstand gedanklicher Auseinandersetzung zu sehen.

Die Lehrkraft schafft Gelegenheiten, in denen die Schüler und Schülerinnen lernen können, sich sprachliche Erfahrungen auch von außerhalb, auch „auf eigene Faust", zu beschaffen und diese für eine weitere Bearbeitung in der Klasse und in Kleingruppen aufzuarbeiten. Sie stellen vergleichbare sprachliche Erscheinungen nebeneinander und beschreiben miteinander Gemeinsamkeiten und Unterschiede. Sie bemühen sich um die Erschließung von Texten, die sich nicht unmittelbar von selbst erschließen (aber inhaltlich interessant sind). Die damit verbundene Erfahrung, sich sprachliches Verstehen gemeinsam erarbeiten zu können, sollte sie darin bestärken, sich auch Texten in für sie neuen Sprachen zu nähern, und sie dazu motivieren, sprachliche Lernziele im Kontakt und im Dialog mit Anderen zu verfolgen.

Wo es die personellen und schulorganisatorischen Bedingungen gestatten, sollte sich der Mehrsprachigkeitsunterricht an fächerübergreifenden Projekten beteiligen und den dabei behandelten Themen zuarbeiten. Wo eine koordinierte Zusammenarbeit zwischen dem Deutschunterricht und dem Unterricht in den Herkunftssprachen von Migranten in Betracht kommt, sollte sich der Mehrsprachigkeitsunterricht als Zentrale dieses besonderen Lehr-Lern-Prozesses verstehen.

Ziele und Lehrstoffe für die einzelnen Bereiche

Wahrnehmung und Bewältigung sprachlicher Vielfalt

Ziele:

- Die Schüler und Schülerinnen gehen kommunikativ und reflexiv mit der Vielsprachigkeit in der Klasse um.
- Sie halten aktiv nach Erscheinungsformen der Sprachenvielfalt außerhalb von Schulklasse und Familie Ausschau und sind in der Lage, über die Ergebnisse ihrer Erkundungen zu sprechen.
- Sie verfügen über die Fähigkeit und den Mut, sich zumindest rezeptiv auf sprachlich fremde Bedeutungssysteme und Texte einzulassen.

Lehrstoff:

- Sprachenvielfalt auch in der Schule hörbar und sichtbar machen (über das hinaus, was den Lehrstoff von Schulstufe 1 und 2 ausmacht)
- Praxis der sprachlichen Rücksichtnahme (Vermeiden von Exklusion)
- Wünsche und Aufforderungen in verschiedenen Sprachen
- Präsentation von kleinen Texten in einer nichtdeutschen Sprache durch Schüler und Schülerinnen, die diese Sprache als Familiensprache sprechen
- Sammeln, Sortieren und Präsentieren von Beispielen der Sprachenvielfalt aus der weiteren sozialen Umwelt, dazu auch Techniken der Sprachaufzeichnung
- Sprachenportfolio Grundschule, Lila Stufe: „Freundinnen und Freunde aus anderen Ländern"; Rote Stufe: „Sprachenrallye", „Andere Sprachen entdecken", Blaue Stufe: „Sprechen über den Inhalt des Sprachenschatzkoffers"
- Zugänge zu und Kennenlernen von Kinderbüchern in verschiedenen Sprachen (z. B. in Schulbüchereien oder öffentlichen Bibliotheken).
- Lektüre eines Kinderbuchs mit nichtmitteleuropäischen Elementen, das durch visuelle Hilfen oder einen deutschen Paralleltext den Zugang erleichtert. Das Buch sollte möglichst eine Kultur repräsentieren, die nicht in der Klasse vertreten ist.

Beispiele, Materialien:

Beispiele der Sprachenvielfalt: Foto-Safari im Stadtviertel, Erkundungen zur Mehrsprachigkeit im Rundfunk, im Fernsehen, am Zeitschriftenkiosk, Sammlung mehrsprachiger Texte, z. B. Warenbeilagen, Münzen, Briefmarken, Postkarten in verschiedenen Sprachen).

Kulturell fremde Kindertexte: z. B. Texte aus *Das Sprachbastelbuch* und *Das neue Sprachbastelbuch*, G&G-Verlag Wien (Japanisch, Malajam, Iranisch); Lee Tae-Jun und Kim Dong-Seong: *Wann kommt Mama?*, Nord-Süd Verlag (Koreanisch); Urvashi Butalia, *Frauen in Indien*, dtv; Materialien aus „Trio"

Bezüge zu den gültigen Lehrplänen:

Laut Bildungsstandards für die 4. Schulstufe „vermittelt der Deutschunterricht der Grundschule die elementaren Grundlagen deutscher Sprache und Literatur, bezieht aber auch andere Sprachen, Texte und Kulturen – insbesondere die in der Klasse vertretenen – mit ein".

Gesprächserziehung, Gedichtvortrag, mündliche und schriftliche Textproduktion gehören zu den zentralen Bereichen des Deutschunterrichts und des Muttersprachlichen Unterrichts in der Volksschule, auch des Unterrichts der Minderheitensprachen und – in methodisch besonders differenzierter Weise – des Unterrichts in Deutsch als Zweitsprache, der zahlreiche Brücken zwischen ein- und mehrsprachigem Lernen anbietet. Die hier angesprochenen Fähigkeiten können sich in der bewussten Nutzung mehrerer Sprachen weiterentwickeln, sei es im Mehrsprachigkeitsunterricht selbst, sei es in paralleler oder kooperativer Arbeit an gleichen Aufgaben in verschiedenen Fächern.

Der Deutschlehrplan für die Volksschule fordert ein „bewusstes Wahrnehmen von Schrift, Schriftzeichen in der engeren Umwelt" – eine Forderung, die nahezu automatisch zur Wahrnehmung von Mehrsprachigkeit führt. In allgemeiner Weise formuliert der Lehrplanzusatz Deutsch für Schüler nichtdeutscher Muttersprache: „Lernorte außerhalb des Klassenzimmers bieten dem Spracherwerb besonders wirkungsvolle Impulse."

Im Lehrplan für den Sachunterricht der Volksschule heißt es: „Der Unterricht geht von den sehr unterschiedlichen Lebens- und Lernerfahrungen der Kinder aus, hebt sie ins Bewusstsein, verdeutlicht, klärt bzw. ordnet sie und erweitert sie durch neue Erfahrungen und Einsichten. Dabei ist (...) auf die

Erweiterung des Sprachgebrauchs sowie auf das Gewinnen und Sichern von Grundeinsichten und -einstellungen besonderer Wert zu legen."

Wissen über Sprachen

Ziele:

- Die Schüler und Schülerinnen erweitern ihre Kenntnisse über Sprachen und Dialekte.
- Sie können Beziehungen zwischen Sprachen herstellen (einzelne Wortähnlichkeiten, Gliederung von Wortfeldern) und können einfache grammatische Strukturen sprachvergleichend betrachten.

Lehrstoff:

- Gespräche über Sprachen und Dialekte in der erreichbaren sozialen und medialen Umwelt
- Sprachenportfolio Grundschule, Blaue Stufe: „Bilder und Wörter aus anderen Ländern"
- Internationalismen (z. B. Begriffe der Telekommunikation) und Wortähnlichkeiten in verwandten Sprachen (z. B. Zahlwörter, Wochentage)
- Verwandtschaftsbezeichnungen in verschiedenen Sprachen bzw. Dialekten
- Sprachliche Riten beim Essen und Trinken in verschiedenen Sprachen und Kulturen
- Vergleichende Analyse kleiner Texte im Hinblick auf Wortarten (Nomen, Verb, Adjektiv)
- Vergleichende Analyse kleiner Texte im Hinblick auf Satzglieder (Subjekt, Prädikat, Objekt)

Bezüge zu den gültigen Lehrplänen:

Im Deutschlehrplan für die Volksschule und in den Lehrplänen für die Sprachen der Minderheiten heißt es: „Sprachbetrachtung erfolgt möglichst im Rahmen solcher Unterrichtsformen, die Gespräche über Sprache ermöglichen und bei denen die Kinder Einsichten in Sprachstrukturen durch Entdecken, Ordnen und Vergleichen gewinnen." Auch im Muttersprachlichen Unterricht

„sollen strukturelle Unterschiede zwischen Deutsch und der Muttersprache bewusst gemacht werden. (Dies kann insbesondere anhand von deutsch-muttersprachlichen Paralleltexten veranschaulicht werden.)". Kulturelle Aspekte werden nicht direkt angesprochen, dem Mehrsprachigkeitsunterricht kommt hier eine wichtige ergänzende Aufgabe zu. Auf den schon bei den Schulstufen 1 und 2 zitierten Lehrplanzusatz Deutsch für Schüler nichtdeutscher Muttersprache wird verwiesen.

Aneignung von Sprachlernstrategien

Ziel:

- Die Schüler und Schülerinnen sind in der Lage, sich einfache, naheliegende Sprachlernziele zu setzen und diese gemeinsam mit Anderen aktiv zu verfolgen.

Lehrstoff:

- Sprachenportfolio Grundschule, Arbeit mit den Checklisten: sich selbst einschätzen, sich selbst Sprachlernziele setzen
- Methoden der Texterschließung und der Textproduktion in Partner- und Kleingruppenarbeit
- Selbstlernangebote für Kinder im Internet
- Sprachhandlungen des Sachunterrichts in Deutsch und in den Familiensprachen
- Systematische Nutzung von Bild-Wörterbüchern und zweisprachigen Wörterbüchern
- Wo es von der Klassensituation her sinnvoll ist, Anlage dreisprachiger Wortkarteien (Deutsch, Familiensprache, erste Fremdsprache) als Erweiterung der Karteien, die in den beiden ersten Schulstufen angelegt worden sind

Beispiele:

Texterschließung und Textproduktion in Partner- und Kleingruppenarbeit: z. B. Erschließen aus dem Kontext, Nachfragen, Formulierungen ausprobieren, Regeln anwenden, Texte schrittweise kooperativ erarbeiten und zu einer Endfassung redigieren

Bezüge zu den gültigen Lehrplänen:

Die Aufgabe der Vermittlung von Arbeits- und Lerntechniken gilt für die sprachlichen Fächer in den Schulstufen 3 und 4 ebenso wie in den Schulstufen 1 und 2 (siehe dort). Besonders hinzuweisen ist auf den Lehrplanzusatz Deutsch für Schüler nichtdeutscher Muttersprache, der u. a. detaillierte Aussagen zum Erschließen von Wortbedeutungen und Textaussagen, zum Strukturieren lexikalischer Einheiten und zur kleinschrittigen und kooperativen Texterarbeitung enthält.

Im Lehrplan für den Sachunterricht werden u. a. die Sprachhandlungen des Berichtens, Bewertens und Begründens thematisiert. Im Mathematiklehrplan wird mehrfach auf die Aufgabe des „Übersetzens" von alltagssprachlichen Formulierungen in die Symbolsprache der Mathematik eingegangen.

Schulstufen 5 und 6

Ziel für beide Schulstufen

Die Schülerinnen und Schüler verfügen über Kenntnisse, Begriffe und Einsichten, die es ihnen ermöglichen, ihre sprachlichen Ressourcen bewusst einzusetzen und Fragen der (gesellschaftlichen) Vielsprachigkeit und der (persönlichen) Mehrsprachigkeit in einer fachlichen Weise zu bearbeiten.

Sie gewinnen ein Bild der Sprachenvielfalt in Österreich.

Sie erweitern ihre Fähigkeiten, sich Techniken des Sprachenlernens bewusst anzueignen, ebenso wie ihre Fähigkeit, Sprachen nach ausgewählten Gesichtspunkten miteinander zu vergleichen.

Sie können ihre persönliche Sprachenbiographie rekonstruieren und mit der Geschichte ihrer Familie sowie ansatzweise mit sprachgeographischen und sprachsoziologischen Gegebenheiten in Verbindung bringen.

Didaktische Grundsätze für beide Schulstufen

Auf der Sekundarstufe I nimmt der Mehrsprachigkeitsunterricht systematischeren Charakter an. Er vermittelt Strategien des Sprachenlernens, Begriffe und Fähigkeiten der vergleichenden Sprachanalyse und Kenntnisse zur Sprachenvielfalt auch außerhalb der unmittelbaren Erfahrungsmöglichkeiten der Schülerinnen und Schüler. Das Entdecken von sprachlichen Regularitäten, Einsicht in die Funktion sprachbezogener Normen und Einstellungen werden in längeren Unterrichtssequenzen erarbeitet. Kooperatives Lernen in Kleingruppen mit heterogenen Sprachprofilen kann eine geeignete Unterrichtsform hierfür sein. Ein wesentlicher Bestandteil des Unterrichts auf dieser Stufe ist die Einführung und zielgerechte Nutzung von Hilfsmitteln und Nachschlagewerken.

Kreative Methoden finden weiterhin Anwendung; die Beschäftigung mit Literatur wird weitergeführt, die kognitiven Verfahren der Sprachbetrachtung und der Texterschließung treten aber stärker hervor. Im Unterricht sollten die Methoden nach Maßgabe des inhaltlich Sinnvollen immer wieder wechseln.

Mit Blick auf die übergreifenden Ziele des Bildungsbereichs Sprache und Kommunikation sollten die Lehrkräfte der einzelnen Sach- und Sprachfächer über die aktuellen Ziele und Inhalte des Mehrsprachigkeitsunterrichts durchgehend informiert sein und diese, wo möglich, in ihrem Unterricht aufgreifen.

Ziele und Lehrstoffe für die einzelnen Bereiche

Wahrnehmung und Bewältigung sprachlicher Vielfalt

Ziele:

- Die Schülerinnen und Schüler achten bewusst auf die Sprachen, denen sie in öffentlichen, medialen und privaten Kontexten begegnen.
- Sie sind zunehmend in der Lage, ihre eigenen Mehrsprachigkeitserfahrungen zu beschreiben und einzuordnen.
- Sie können ihre persönlichen Sprachenprofile gegenüber anderen darstellen.
- Sie wissen, wie sie ihre mehrsprachigen Ressourcen einsetzen, und sind bereit, dies auch in kooperativer Weise zu tun.

Lehrstoff:

- Hörbeispiele von Dialekten, Minderheiten- und Migrantensprachen in Österreich
- kooperative Produktion von mehrsprachigen Texten, mündlich oder schriftlich (z. B. Quartette, Elfchen, kurze Erzählungen), Austausch solcher Texte in sozialen Netzwerken
- Sprachenportfolio Mittelstufe, A 1–4 und 7: „Meine Sprachlerngeschichte"
- Arbeit mit den Sprachensilhouetten (nach Krumm/Jenkins)
- Gespräche über erlebte Verstehens- und Ausdrucksprobleme, über wahrgenommene Einstellungen zu Sprachen (einschließlich Dialekt, Jugendsprache etc.), über Situationen sprachlicher Überlegenheit/Unterlegenheit.

Bezüge zu den gültigen Lehrplänen:

„Diskriminierenden Sprachgebrauch erkennen und vermeiden" und „Sprache situationsangemessen, partnergerecht und sozial verantwortlich gebrauchen" werden in den Bildungsstandards Deutsch (Version 10/2006) als wichtige Teilkompetenzen aufgeführt.

Der Lehrplan für das Fach Deutsch bezieht sich u. a. auf die „Bildungsbereiche" in der Lehrplanverordnung und formuliert: „Die sprachliche und

kulturelle Vielfalt in der Gesellschaft soll als bereichernd erfahren werden."
Zur Umsetzung werden allerdings keine weiteren Hinweise gegeben.

Im Lehrplan Lebende Fremdsprache heißt es: „Die Förderung einer positiven Einstellung zu individueller Mehrsprachigkeit und Sprachenvielfalt ist auf mannigfache Weise anzustreben." Es gelte, „über die Förderung einer positiven Einstellung zur Zweisprachigkeit die Identität zu stärken und den Integrationsprozess zu unterstützen". Und weiter: „Sofern es sich bei der Fremdsprache um eine Volksgruppensprache handelt, soll deren besondere Beachtung zum gleichberechtigten und friedlichen Zusammenleben beitragen."

Im Lehrplan Muttersprachlicher Unterricht wird ausgeführt: „Der muttersprachliche Unterricht soll helfen, über die Auseinandersetzung mit der Herkunft und der aktuellen Lebenswelt sowie der Aufarbeitung der bikulturellen/zweisprachigen Erfahrungen Brücken zwischen Kulturen und Generationen zu schlagen."

Vergleichen von Sprachen

Ziele:

- Die Schülerinnen und Schüler kennen den grundlegenden Unterschied zwischen (konzeptioneller) Mündlichkeit und (konzeptioneller) Schriftlichkeit, sie wissen, dass dieser Unterschied sprachenübergreifend gültig ist, und können ihr sprachliches Handeln danach ausrichten.
- Sie sind in der Lage, die formalen Realisierungen einer grammatischen Kategorie in verschiedenen Sprachen zu beschreiben und miteinander zu vergleichen.
- Sie erkennen an ausgewählten Beispielen die Unterschiedlichkeit von Kollokationen in verschiedenen Sprachen.

Lehrstoff:

- Anfertigen von schriftlichen Fassungen typisch mündlicher deutscher Texte, Reflexion der Erfahrungen beim Lesen dieser Fassungen, Umsetzung in Schriftsprache, Notieren der dabei vorgenommenen Änderungen; parallele Erscheinungen in einer oder mehreren anderen Sprachen
- Grammatische Kategorien (zur Auswahl): Personen des Verbs, Tempora (im Überblick), Komparation des Adjektivs, Wortbildung des Nomens (an-

hand eines ausgewählten Wortfeldes, z. B. Koseformen, Berufsbezeich-
nungen), Stellung der Satzglieder in verschiedenen Sprachen
- Kollokationen: Entsprechungen zu bestimmten Redeweisen in anderen in
  der Klasse vertretenen Sprachen

Beispiele:

Kollokationen: z. B. Entsprechungen zu deutsch „Auto *fahren*", englisch „*blow
one's nose*", ungarisch „fogat *mos*", türkisch „sigara *içmek*"

Bezüge zu den gültigen Lehrplänen:

Im Kompetenzbereich Sprachbewusstsein der Bildungsstandards Deutsch
für die Sekundarstufe I (Version 10/2006) wird als eine Teilkompetenz aufgeführt: „Vergleichsmöglichkeiten zwischen Erstsprache, Zweitsprache und
Fremdsprachen nutzen"; ebenso im Lehrplan Muttersprachlicher Unterricht,
dort auch explizit: „Die Sprachbetrachtung soll zum Erkennen von Sprachstrukturen und zum Sprachvergleich (z. B. Ausdruck der Zeit, Handlungsverlauf, Rektion, Phraseologie) hinführen." Im Lehrplan Lebende Fremdsprache
heißt es: „Falls sich Schülerinnen und Schüler im Klassenverband befinden,
denen die betreffende Fremdsprache als Muttersprache bzw. als Zweitsprache im Familienverband dient, sind deren besondere Kenntnisse und Fähigkeiten im Unterricht zu nutzen. Dadurch erhalten die Schülerinnen und
Schüler die Möglichkeit, mit verschiedenen Varianten der Standardsprache
umgehen zu lernen und direkte Informationen über kulturelle Hintergründe
zu beziehen."

Erarbeiten sozialer und kultureller Bezüge von Sprachen

Ziele:

- Die Schülerinnen und Schüler wissen, dass die deutsche Standardsprache in Österreich als Nationalsprache fungiert und eine eigene österreichische Ausprägung hat. Sie haben eine Vorstellung von der dialektalen
  Gliederung des Deutschen in Österreich und sind sich der Gebrauchs-
  und Statusunterschiede von Dialekten und Standardsprache bewusst.

- Sie können die Minderheitensprachen in Österreich und mehrere Herkunftssprachen von Migranten benennen und ansatzweise mit historischen Prozessen in Verbindung bringen.
- Sie können den Begriff der Sprachminderheit umschreiben und machen sich erste Gedanken über die sprachlichen Rechte von Minderheiten.
- Sie fragen nach den kulturellen Hintergründen ausgewählter sprachlicher Erscheinungen.

Lehrstoff:

- einfache grundlegende Informationen über Sprecherzahl, geographische Verteilung und soziale Geltung der Sprachen und Dialekte in Österreich
- Artikel 8 des Bundes-Verfassungsgesetzes
- Lektüre der Kurzfassung der Kinderrechte-Konvention (kindgerechter Text)
- Lektüre eines Textausschnittes, in dem die kulturelle Wertigkeit von Sprachen thematisiert wird
- Schulsystem und Schulterminologie (Namen von Schularten, Klassenstufen, Fächern, Noten, Arten von Prüfungen usw.) in verschiedenen Sprachen und Bildungssystemen
- Vergleich von Sprichwörtern aus unterschiedlichen Sprachen und Kulturen

Beispiele, Materialien:

Texte, in denen die kulturelle Wertigkeit von Sprachen thematisiert wird: z. B. Canettis Bericht über seine Kindheit in der *Geretteten Zunge,* Fischer Verlag; Ionescos Sprachlerngeschichte in den *Bekenntnissen,* Verlag Die Arche; Pascale Bogeault: *Wer regt sich hier so auf? Eine kleine Völkerkunde für Kinder,* Moritz Verlag; A. Schwarz/M. Rieper-Bastian: *Meine Oma lebt in Afrika,* Beltz & Gelberg Verlag

Bezüge zu den gültigen Lehrplänen:

Die Bildungsstandards Deutsch für die Sekundarstufe I (Version 10/2006) fordern, die „dynamischen Fähigkeiten" u. a. mit Blick auf die „zunehmend multikulturelle und mehrsprachige Zusammensetzung der Schülerpopulation an Österreichs Schulen" zu konkretisieren.

Die Lehrpläne für Geographie und Wirtschaftskunde sowie für Geschichte und Sozialkunde/Politische Bildung nehmen zwar nicht explizit Bezug auf Sprachenvielfalt, doch sind sprachgeographische, sprachgeschichtliche und sprachenpolitische Themen mit den vorgegebenen Zielen und Inhalten dieser Fächer ohne Weiteres verträglich.

Aneignung von Sprachlernstrategien

Ziele:

- Die Schülerinnen und Schüler reflektieren ihre eigenen Sprachlernprozesse, sie sind in der Lage, ihre Sprachenkenntnisse differenziert einzuschätzen und daraus Folgerungen für ihre Sprachlernpraxis zu ziehen. Sie verfügen über die dazu erforderlichen „Werkzeuge" des Lernens, dies gilt für das individuelle und kooperative Lernen ebenso wie für die Nutzung von Lehr- und Lernmitteln.

Lehrstoff:

- Sprachenportfolio Mittelstufe: „Sprachenlernen konkret" (Teil C) sowie Fortführung der Arbeit mit den Checklisten (Teil D, in Auswahl)
- Fortführung der sprachdidaktisch strukturierten Partner- und Kleingruppenarbeit
- systematische Arbeit mit zweisprachigen Wörterbüchern (vgl. Schulstufen 3 und 4) sowie anderen Nachschlagewerken
- Wörterbuch- und Korrekturfunktionen im Internet
- Verfahren der Selbstkontrolle und Selbstkorrektur (z. B. Fehlerkarteien, Fehlersuchaufgaben)
- Bestandteile von Lehrwerken und deren Funktionen, z. B. unterschiedliche Medienangebote

Bezüge zu den gültigen Lehrplänen:

Eigenverantwortlicher Umgang „mit geeigneten Arbeitsmitteln (z. B. Wörterbuch, Rechtschreibkartei, Übungssoftware)" ist eine der Teilkompetenzen, die in den Bildungsstandards Deutsch für die Sekundarstufe I verlangt werden.

Die Besonderen didaktischen Grundsätze, wenn Deutsch Zweitsprache ist, fordern die Erlernung von Nachschlagetechniken „für die Arbeit mit österreichischen und zweisprachigen Wörterbüchern", der Lehrplan Muttersprachlicher Unterricht „die Vermittlung eines grundlegenden philologischen Rüstzeugs – Einführung in die Verwendung von Wörterbüchern, morphologischen Tabellen und Nachschlagewerken", der Lehrplan Lebende Fremdsprache „Lernstrategien und Lerntechniken für den weiteren selbständigen Spracherwerb", ebenso der Lehrplan für Slowenisch. Der Mehrsprachigkeitsunterricht bündelt diese Forderungen.

Im Lehrplan für den Lateinunterricht wird eigens auf die Selbstevaluation (eigene Fehler erkennen, sie analysieren und vermeiden lernen) hingewiesen; sie sei aufgrund der grammatischen Struktur des Lateinischen besonders leicht zu erreichen. Dieser Hinweis bezieht sich auf das Leseverstehen, er könnte in vergleichbarer Weise auch für das Türkische Verwendung finden.

Schulstufen 7 und 8

Ziel für beide Schulstufen

Die Schüler und Schülerinnen sind in der Lage, größere thematische Zusammenhänge im Bereich der gesellschaftlichen Vielsprachigkeit und der persönlichen Mehrsprachigkeit aufzuarbeiten und zusammenhängend darzustellen.

Sie machen sich ein Bild von der Vielsprachigkeit Europas und der Welt. Sie wissen Bescheid über Prozesse, die zur Lockerung der direkten Verbindung zwischen Sprache und Territorium führen. Sie kennen Beispiele des kulturellen Reichtums der europäischen Sprachen und verfügen über Einsichten in kulturelle Gegebenheiten, die mit Sprachen verbunden sind.

Sie sehen Sprachen bewusst auch als Medium von Bildung und sachbezogener Kommunikation, insbesondere bei Lernaktivitäten im schulischen Kontext.

Didaktische Grundsätze für beide Schulstufen

Die Schüler und Schülerinnen erweitern ihre Erkenntnisse zum Umgang mit Mehrsprachigkeit in Unterrichtseinheiten oder Projekten, bei denen sie sich mit interkulturell und biographisch bedeutsamen Themen auseinandersetzen.

Die Lehrkraft ermöglicht diese Auseinandersetzung, indem sie authentische Graphiken, Landkarten, Bilder und Texte in mehreren Sprachen zur Information, als Textvorlage oder zur weiteren Verarbeitung bereitstellt, und unterstützt Schüler und Schülerinnen durch differenzierte Aufgabenstellungen und Rückmeldungen. Schrittweise gewöhnen sie sich daran, selbst über die einzubeziehenden Inhalte, über Arbeitsteilung, Nutzung von Hilfsmitteln, Erschließungsverfahren und Präsentationsmodi zu entscheiden. Die Lehrkraft achtet bei der Auswertung der Schülerarbeiten darauf, dass die Erfahrungen mit und die Zuwächse bei den Erschließungs- und Lernstrategien gründlich mit reflektiert werden.

Dabei können auch Fragen eines möglichen Transfers in andere Fächer aufgeworfen werden, die dann im Mehrsprachigkeitsunterricht oder in fächerübergreifender Kooperation am Beispiel unterrichtsrelevanter Sprachhandlungen (wie Berichten, Beschreiben, Erklären, Argumentieren) mit Blick auf

Textformen, fachliche Lexik und komplexere Syntax vertiefend zu behandeln sind.

Ziele und Lehrstoffe für die einzelnen Bereiche

Wahrnehmung und Bewältigung sprachlicher Vielfalt

Ziele:

- Die Schüler und Schülerinnen registrieren Wechsel zwischen verschiedenen Sprachen (einschließlich Code-Switching, auch Wechsel zwischen Dialekt und Standardsprache, zwischen Jugend- und Erwachsenensprache, zwischen konzeptionell mündlicher und konzeptionell schriftlicher Sprache).
- Sie reflektieren den Zusammenhang dieses Wechselns mit der Kommunikationssituation.
- Sie sind mit der Vorstellung des Aushandelns von Sprachwahlentscheidungen vertraut.
- Sie setzen ihre mehrsprachigen Ressourcen auch zur Lösung von Lernaufgaben in der Schule ein.

Lehrstoff:

- Sprachenportfolio Mittelstufe: „Meine Sprachlerngeschichte" A 5 und A 8 (Sprachenprojekte mit ausländischen Partnerinnen und Partnern)
- Kommunikative Funktionen von Code-Switching (z. B. sprachliche Gruppenbildung, Organisation des Gesprächs, Sprachhilfe) und Einstellungen zu „Sprachenmischungen"
- Auswerten von Sachtexten in unterschiedlichen Sprachen und Medien mit Blick auf eine festgesetzte Thematik, mehrsprachige Gruppenarbeit, Praxis der „Arbeitssprache(n)"
- Berichte von Situationen der Sprachenbegegnung (z. B. bei Exkursionen, Ferien, Schüleraustausch) in direkter Kommunikation und in sozialen Netzwerken

Bezüge zu den gültigen Lehrplänen:

Der Deutschlehrplan bezieht sich zwar nicht auf vielsprachige Situationen, seine Ausführungen zu Sprache als Grundlage von Beziehungen sind jedoch vor dem Hintergrund des Bildungsanliegens „Förderung von Mehrsprachigkeit und Sprachenvielfalt in Österreich" auch auf solche Situationen zu beziehen.

Die hierher gehörigen Bezüge zu den Lehrplänen Lebende Fremdsprache und Muttersprachlicher Unterricht sind bei den Schulstufen 5 und 6 eingetragen.

Vergleichen von Sprachen

Ziele:

- Die Schüler und Schülerinnen können Ähnlichkeiten und Unterschiede zwischen Sprachen in den Bereichen des Wortschatzes und der Syntax exemplarisch beschreiben.
- Sie nehmen unterschiedliche Ausprägungen von Textsorten innersprachlich und im Sprachenvergleich wahr.

Lehrstoff:

- Textvergleiche: Textsortenmerkmale von Privatbriefen, Geschäftsbriefen, Berichten u. ä. in verschiedenen Sprachen
- Kennzeichnende Erscheinungen bildungssprachlicher Texte: Wortwahl, Syntax der Aussagenverbindungen (z. B. Satzgefüge im Deutschen und ihre Entsprechungen in anderen Sprachen)
- Konnektoren in Fachtexten
- Semantik von Fachwortschatz

Bezüge zu den gültigen Lehrplänen:

Hinweise zu den Bildungsstandards Deutsch und den sprachlichen Lehrplänen der Sekundarstufe I: siehe Schulstufen 5 und 6:

Im Kompetenzbereich Sprachbewusstsein der Bildungsstandards Deutsch für die Sekundarstufe I (Version 10/2006) wird als eine Teilkompetenz aufgeführt: „Vergleichsmöglichkeiten zwischen Erstsprache, Zweitsprache und Fremdsprachen nutzen"; ebenso im Lehrplan Muttersprachlicher Unterricht, dort auch explizit: „Die Sprachbetrachtung soll zum Erkennen von Sprachstrukturen und zum Sprachvergleich (z. B. Ausdruck der Zeit, Handlungsverlauf, Rektion, Phraseologie) hinführen." Im Lehrplan Lebende Fremdsprache heißt es: „Falls sich Schülerinnen und Schüler im Klassenverband befinden, denen die betreffende Fremdsprache als Muttersprache bzw. als Zweitsprache im Familienverband dient, sind deren besondere Kenntnisse und Fähigkeiten im Unterricht zu nutzen. Dadurch erhalten die Schülerinnen und Schüler die Möglichkeit, mit verschiedenen Varianten der Standardsprache umgehen zu lernen und direkte Informationen über kulturelle Hintergründe zu beziehen."

Erarbeiten sozialer und kultureller Bezüge von Sprachen

Ziele:

• Die Schüler und Schülerinnen verfügen über ein Grundwissen zur europäischen Vielsprachigkeit und zur europäischen Sprachenpolitik.
• Sie sind in der Lage, Vielsprachigkeitssituationen mit einfachen sprachsoziologischen Begriffen (wie z. B. Dialekt, Standard, Varietät, Vielsprachigkeit) zu beschreiben.
• Sie erkennen, dass auch kulturspezifische sprachliche Praxis historischer Veränderung unterworfen ist.
• Sie können Auswirkungen kultureller Unterschiede auf interkulturelle Kommunikation nachvollziehen.

Lehrstoff:

• Sprachenkartographie: National- und Minderheitensprachen in Europa, Migrationen und Migrantensprachen
• Informationen über Sprachen im Internet
• Lektüre von Textauszügen zur europäischen Sprachenpolitik
• Projektarbeit zu den Sprachenverhältnissen in einer europäischen Region
• Texte, die auf Zusammenhänge zwischen Sprache und Kultur verweisen, und Texte, die sich mit Problemen der interkulturellen Kommunikation auseinandersetzen

- Politische und religiöse Feiertage, ihre Benennung und deren sprachge-schichtliche Herkunft in verschiedenen Sprachen
- Analyse eines oder mehrerer Berufsfelder im Hinblick auf sprachliche Anforderungen

Beispiele, Materialien:

Texte zur europäischen Sprachenpolitik: z. B. ein oder zwei Artikel aus *Die Uni-on* Heft 1/2002: „EU: Sprachenvielfalt und Mehrsprachigkeit"(herausgegeben von der österreichischen Vertretung der Europäischen Kommission); Rudolf de Cillia: „Tendenzen und Prinzipien europäischer Sprachenpolitik" (in: H.-J. Krumm, Hrsg.: *Sprachenvielfalt. Babylonische Sprachverwirrung oder Mehr-sprachigkeit als Chance?* StudienVerlag: Innsbruck 2003, 27–40); *Deklara-tion der Gesellschaft für bedrohte Völker zu den Sprachenrechten* (http://www.gfbv.it/3dossier/eu-min/eu-verfassung.html); *Allgemeine Erklärung der Sprachenrechte* (Barcelona 1996, http://www.gfbv.it/3dossier/barcelona96-dt.html) oder *Zusammenfassung der Mitteilung „Mehrsprachigkeit – Trumpf-karte und Verpflichtung"*, daraus die beiden einleitenden Sätze und der Abschnitt „Mehrsprachigkeit für interkulturellen Dialog und sozialen Zusam-menhalt" (http://europa.eu/legislation_summaries/education_training_youth/lifelong_learning/ef0003_de.htm)

Verhältnisse in einer europäischen Sprachenregion: z. B. Südtirol, Slowe-nien, Luxemburg, Belgien, Schleswig ...

Texte, die sich mit Problemen der interkulturellen Kommunikation aus-einandersetzen: Hierfür eignen sich auch Texte der Jugendliteratur. Eine Übersicht findet sich bei Eder: *Mehrsprachige Kinder- und Jugendliteratur für mehrsprachige Lernkontexte*, Praesens Verlag 2009

Bezüge zu den gültigen Lehrplänen:

Die Lehrpläne für Geographie und Wirtschaftskunde sowie für Geschichte und Sozialkunde/Politische Bildung nehmen zwar nicht explizit Bezug auf Sprachenvielfalt, doch sind sprachgeographische, sprachgeschichtliche und sprachpolitische Themen mit den vorgegebenen Zielen und Inhalten dieser Fächer ohne Weiteres verträglich.

Lehrstoffe der Berufsorientierung in der Sekundarstufe I sind u. a. „Anforderungsprofile für berufliche Tätigkeiten und Ausbildungen" und die „steigende Bedeutung von sozialen Kompetenzen (Kommunikations- und

Kooperationsfähigkeit, Tragen von Verantwortung usw.) im Berufs- und Wirtschaftsleben".

Im Lehrplan für den Muttersprachlichen Unterricht heißt es: „Kompetenz in der Muttersprache erfordert ein Grundwissen über die Literatur, Landes- und Kulturkunde des Herkunftslandes, zweisprachige Kompetenz setzt voraus, dass die beteiligten Sprachen und Kulturen von den Schülerinnen und Schülern zueinander in Beziehung gesetzt werden können." Der Lehrplan für Slowenisch fordert: „Landesspezifische Sprach- und Verhaltenskonventionen und die Alltagskultur der Länder der Zielsprache sind anwendungsorientiert zu vermitteln."

Im Lateinunterricht sollen die Schülerinnen und Schüler „erkennen, wie stark Latein den modernen europäischen Sprachen in Struktur, Wortschatz, Idiomatik und Begriffen zugrunde liegt".

Aneignung von Sprachlernstrategien

Ziele:

- Die Schüler und Schülerinnen kennen den grundlegenden Unterschied zwischen Alltagssprache, Bildungssprache und Fachsprache.
- Sie sehen die sprachlichen Anforderungen des Sachfachunterrichts als Lernaufgaben und kennen Methoden, um diese Aufgaben zu lösen.
- Sie sind bereit, sich auch auf unvertraute Sprachbegegnungssituationen einzulassen und diese als Sprachlerngelegenheiten zu nutzen.

Lehrstoff:

- Sprachenportfolio Mittelstufe, Teil B: „Lerntipps"; „Sprachenpass"
- Strategien des Lesens von Fachtexten
- Strategien des Erschließens von Bedeutungen aus den Kontexten, zur kommunikativen Bedeutungssicherung und zur Reparatur von Missverständnissen
- Planender Aufbau eigener Texte
- Sprachlerntexte mit ‚Mischsprachen'
- Beispiele informellen Sprachenlernens bei Kontakten außerhalb der Schule

Beispiele, Materialien:

Sprachlerntexte mit Mischsprachen: z. B. Rösler/O'Sullivan: *Mensch, be careful!* Rowohlt Verlag; *I like you – und du?* Rowohlt Verlag (auch als Hörbuch)

Bezüge zu den gültigen Lehrplänen:

Der Lehrplan Lebende Fremdsprache fordert u. a. „das selbständige Erschließen und Erfassen schriftlicher fremdsprachlicher Texte verschiedener Art mit Hilfe angemessener Lesestrategien".

Im Lehrplan Mathematik wird der Beitrag des Faches zum Bildungsbereich Sprache und Kommunikation folgendermaßen beschrieben: „Beschreiben von Objekten und Prozessen; Präzision der Sprachverwendung; Gebrauch und Bedeutung von Definitionen, Vorgänge des Klassifizierens; Umsetzen von Texten in mathematische Handlungen; Konzentrieren von Sachverhalten in mathematische Formeln; Auflösen von Formeln in sprachliche Formulierungen; Vermitteln und Verwenden einer Fachsprache mit spezifischen grammatikalischen Strukturen."

Im Lehrplan Physik wird „präziser Sprachgebrauch bei Beobachtung, Beschreibung und Protokollierung physikalischer Vorgänge" verlangt, im Lehrplan Geographie und Wirtschaftskunde „Auswertung von Texten, Bildern und graphischen Darstellungsformen", ähnlich im Lehrplan Geschichte und Sozialkunde/Politische Bildung.

Schulstufen 9 und 10

Ziel für beide Schulstufen

Die Schülerinnen und Schüler sind in der Lage, Vielsprachigkeitssituationen in Österreich, in Europa und in der Welt als komplex und widersprüchlich zu erkennen, sich über die Hintergründe zu informieren und zugrundeliegende Interessengegensätze herauszuarbeiten. Sie kennen Erscheinungsformen struktureller Sprachdiskriminierung.

Sie identifizieren in Texten Formulierungen, die auf kulturspezifische Perspektiven verweisen, einschließlich der Formulierung von Stereotypen und voreingenommenen Wertungen.

Sie erweitern ihre Textkompetenz insbesondere im Bereich des Verstehens und Verfassens von Fachtexten.

Didaktische Grundsätze für beide Schulstufen

Der Mehrsprachigkeitsunterricht auf der Sekundarstufe II trägt entsprechend den allgemeinen Zielen des Bildungsbereichs Sprache und Kommunikation zur Entwicklung autonomen Lernens und kritischen Denkens bei.

Auf den Schulstufen 9 und 10 werden sprachenpolitische Fragen und die Funktionen von Stereotypen in kritischer Weise behandelt. Projektunterricht, insbesondere auch fächerübergreifender Projektunterricht, wird oft die geeignete Unterrichtsform hierfür sein. Die Schülerinnen und Schüler werten informierende Texte aus, üben sich in der Unterscheidung von Information und Propaganda, von differenzierender Beschreibung und Stereotyp, führen kontroverse Dispute, fassen zusammen, präsentieren und verteidigen ihre Ergebnisse. Die Lehrkraft schlägt Themen vor, gibt Hinweise auf Quellen für die Klärung von Sachverhalten und sorgt dafür, dass auch kontroverse Positionen (und damit oft Quellen unterschiedlicher Sprachen) zur Kenntnis genommen werden; sie führt in menschenrechtlich fundierte Texte zur Sprachenpolitik ein.

Im Bereich des Sprachenlernens setzen sich die Schülerinnen und Schüler mit textgrammatischen, syntaktischen und lexikalischen Eigenschaften von Fachtexten verschiedener Fächer und Sprachen auseinander. Sie üben sich in gezielter Informationsentnahme sowie der Planung und Formulierung eigener fachlicher Texte. Die Lehrkraft unterstützt sie darin, die dabei gemachten Erfahrungen zu allgemeinen Strategien zu verarbeiten. Sie kann dabei mit dem Deutschunterricht und dem Fremdsprachenunterricht, vor allem aber auch mit Kolleginnen und Kollegen einzelner Sachfächer zusammenarbeiten und wird je nachdem unterschiedliche Schwerpunkte setzen.

Ziele und Lehrstoffe für die einzelnen Bereiche

Wahrnehmung und Bewältigung sprachlicher Vielfalt

Ziele:

- Die Schülerinnen und Schüler erkennen die durch ihr persönliches sprachliches Profil gegebenen Spielräume und Grenzen ihrer sprachlichen Handlungsmöglichkeiten.
- Sie sind in der Lage und bereit, naheliegende Möglichkeiten der Sprachbegegnung in Institutionen, Texten und Medien aufzusuchen und zu nutzen.
- Sie können ihre Sprachenkenntnisse als Sprachen(ver)mittler in mehrsprachigen Situationen einsetzen.

Lehrstoff:

- Berichte von Situationen des Auseinanderfallens von kommunikativen Interessen und sprachlichen Ressourcen: Beispiele des Scheiterns, aber auch Beispiele der Erschließung zusätzlicher sprachlicher Ressourcen (z. B. durch Sprachmittlung), ggf. Nutzung sozialer Netzwerke
- Journalistische Texte (Presse, Fernsehen, Internet) in verschiedenen Sprachen, die ein bedeutsames aktuelles Ereignis darstellen bzw. (aus unterschiedlichen Perspektiven) kommentieren.
- Anschauen von nichtdeutschsprachigen Filmen, Besuch nichtdeutschsprachiger Institutionen am Ort, Gespräche darüber im Unterricht
- Literarische Texte, in denen mehrsprachige Figuren eine Rolle spielen
- (Auto)biographische Texte, in denen Sprachenverhältnisse eine Rolle spielen
- Sprachenportfolio für junge Erwachsene (15+): Erfahrungen als Sprach(ver)mittlerin (a 6)

Beispiele, Materialien:

Journalistische Texte zu einem bedeutsamen Ereignis: z. B. Fürstenhochzeit, großes Sportereignis, spektakuläres Unglück, Naturkatastrophe ...

Mehrsprachige Personen in literarischen Texten: z. B. Eco: *Der Name der Rose* – Figur des Salvatore; Mankell: *Die rote Antilope* – Figur des Daniel

Autobiographische Texte zur Mehrsprachigkeit: z. B. Larcher: Die Maske hinter der Maske. Dimensionen der Mehrsprachigkeit, in: James, Allan (Hrsg.): *Vielerlei Zungen. Mehrsprachigkeit + Spracherwerb + Pädagogik + Psychologie + Literatur + Medien*, Drava Verlag Klagenfurt

Bezug zu den gültigen Lehrplänen:

Der Lehrplan Deutsch für die Sekundarstufe II sieht allgemein vor, dass die Schülerinnen und Schüler „ein Bewusstsein von der Vielfalt der Sprachen entwickeln" und „sich mit innerer und äußerer Mehrsprachigkeit auseinandersetzen".

Zu Beginn des Lehrplans für den Unterricht der Lebenden Fremdsprachen heißt es: „Durch interkulturelle Themenstellungen ist die Sensibilisierung der Schülerinnen und Schüler für die Sprachenvielfalt Europas und der Welt zu verstärken, Aufgeschlossenheit gegenüber Nachbarsprachen – bzw. gegenüber Sprachen von autochthonen Minderheiten und Arbeitsmigrantinnen und -migranten des eigenen Landes – zu fördern und insgesamt das Verständnis für andere Kulturen und Lebensweisen zu vertiefen."

Die Lehrpläne für Geographie und Wirtschaftskunde sowie für Geschichte und Sozialkunde/Politische Bildung nehmen zwar nicht explizit Bezug auf Sprachenvielfalt, doch sind sprachgeographische, sprachgeschichtliche und sprachpolitische Themen mit den vorgegebenen Zielen und Inhalten dieser Fächer ohne Weiteres verträglich.

Vergleichen von Sprachen

Ziel:

* Die Schülerinnen und Schüler sind in der Lage, pragmatische, semantische und syntaktische Mittel in Sachtexten und Erzähltexten nach Maßgabe systematischer Aufgabenstellungen zu identifizieren und interlingual zu vergleichen.

Lehrstoff:

• Beispiele kulturspezifischer nonverbaler Kommunikation
• Komplexere Syntax: Passiv (und Diathese) im Deutschen und Entsprechungen in anderen Sprachen
• Textpragmatik: Werbetexte, Anweisungen, Begrüßungsszenen in verschiedenen Sprachen
• Vergleichende Analyse von Erscheinungen des öffentlichen Sprachgebrauchs (gender-gerechter, politisch korrekter, politisch „lenkender" Sprachgebrauch etc.)

Bezug zu den gültigen Lehrplänen:

Die Lehrpläne für Deutsch, für Deutsch als Zweitsprache und für die Lebenden Fremdsprachen heben die Möglichkeit des Sprachvergleichens in den Bereichen Syntax, Semantik und Pragmatik hervor. So heißt es im Lehrplan Lebende Fremdsprachen: „Der reflektierende Umgang mit Sprache (auch im Vergleich mit der Unterrichts- bzw. Muttersprache, mit Volksgruppen- und Nachbarsprachen bzw. mit anderen Fremdsprachen) ist im Unterricht zu fördern. Durch vergleichende Beobachtungen ist die Effizienz des Spracherwerbs zu steigern, die allgemeine Sprachlernkompetenz zu erhöhen und ein vertieftes Sprachverständnis zu ermöglichen." Der Deutschlehrplan fordert dazu auf, auch öffentliche Diskussionen über Sprache in die Unterrichtsarbeit aufzunehmen. Fächerübergreifender Unterricht wird im Lehrplan Lebende Fremdsprachen ausdrücklich empfohlen: „Grundlegende Charakteristika von Sprache und Kommunikation sind – im Sinne eines Gesamtsprachenkonzepts – in fächerübergreifender Kooperation mit anderen (klassischen und lebenden) Fremdsprachen sowie mit dem Unterrichtsgegenstand Deutsch zu behandeln." Eine Beschäftigung mit den kulturell unterschiedlichen Formen nonverbaler Kommunikation wird vom Lehrplan Deutsch empfohlen.

Innerhalb der Sachfächer kommt der Mathematik eine Sonderstellung für die Spracharbeit zu, die der Mehrsprachigkeitsunterricht einbeziehen kann: „Mathematik ergänzt und erweitert die Umgangssprache vor allem durch ihre Symbole und ihre Darstellungen, sie präzisiert Aussagen und verdichtet sie; neben der Muttersprache und den Fremdsprachen wird Mathematik so zu einer weiteren Art von Sprache" (Lehrplan Mathematik).

Erarbeiten sozialer und kultureller Bezüge von Sprachen

Ziele:

- Die Schülerinnen und Schüler sind in der Lage, Sprachenvielfalt als Ergebnis individueller, kollektiver und politischer Entscheidungen zu verstehen.
- Sie sind in der Lage, den Begriff der Sprachenrechte zu erläutern.
- Sie können stereotype Einstellungen zu Sprachen und Kulturen als solche erkennen.

Lehrstoff:

- Europäische Charta der Regional- und Minderheitensprachen
- Allgemeine Erklärung der Sprachenrechte oder UNESCO-Atlas der bedrohten Sprachen („endangered languages")
- Gespräche über aktuelle sprachenpolitische Entscheidungen in Europa
- Projektarbeit zu den Sprachenverhältnissen in einer außereuropäischen Region, evtl. in Lernpartnerschaft mit einer Klasse in der betreffenden Region
- Sprachenportfolio für junge Erwachsene (15+): Abschnitt d „Interkulturelle Erfahrungen" 1+2
- Darstellung eigener Erfahrungen mit sprachlich-kulturellen Stereotypen und ggf. deren Verhärtung oder Auflösung
- Stereotype in der interkulturellen Kommunikation (auch in fiktionalen Texten)

Beispiele, Materialien:

Verhältnisse in einer außereuropäischen Sprachenregion: z. B. Südafrika, Indien oder Südamerika, dtv.

Interkulturelle Kommunikation in fiktionalen Texten: z. B. Mankell, *Die rote Antilope* oder *Das Auge des Leoparden*.

Bezug zu den gültigen Lehrplänen:

Für die Arbeit mit Stereotypisierungen finden sich Anknüpfungspunkte in den Lehrplänen für Deutsch und Lebende Fremdsprache. Der Lehrplan Deutsch enthält u. a. folgende Anweisungen: „subjektive Bedingungen der Textrezeption reflektieren; fremde Weltsichten und Denkmodelle erfassen und empathisch aufnehmen und einer kritischen Betrachtung unterziehen".

Zu Beginn des Lehrplans Lebende Fremdsprachen werden „die vorurteilsfreie Beleuchtung kultureller Stereotypen und Klischees, die bewusste Wahrnehmung von Gemeinsamkeiten und Verschiedenheiten sowie die kritische Auseinandersetzung mit eigenen Erfahrungen bzw. mit österreichischen Gegebenheiten" als anzustrebende Ziele genannt.

Aneignung von Sprachlernstrategien

Ziel:

- Die Schülerinnen und Schüler sind in der Lage, Hilfsmittel selbständig zu nutzen, um komplexe Texte (auch Fachtexte) zu erschließen, Themen selbständig zu recherchieren und ihre Gesprächs- und Schreibfähigkeit in ihren Sprachen weiterzuentwickeln.

Lehrstoff:

- Sprachenportfolio für junge Erwachsene (15+): Lerntipps b1 – b4, Sprachlerngeschichte a 5, „Sprachenporträts" (CD zum Portfolio)
- Nutzung von Hilfsmitteln nach eigener Entscheidung bei der Lösung komplexer sachbezogener Aufgaben
- Umgang mit einsprachigen Nachschlagewerken
- Internationales Phonetisches Alphabet
- Recherche von Quellen zu Sachfragen in verschiedenen Sprachen

Bezug zu den gültigen Lehrplänen:

Der Lehrplan Deutsch formuliert für die 9. und 10. Schulstufe sowie die weiteren Klassen die Notwendigkeit, Techniken der Texterfassung zu vermitteln. Im Lehrplan für die Lebenden Fremdsprachen heißt es: „Der Fremdsprachenunterricht hat die Aufgabe, den Schülerinnen und Schülern ein breites Spektrum an Sprachlernstrategien für den weiteren selbständigen Spracherwerb im Sinne des lebensbegleitenden autonomen Lernens zu erschließen."

Schulstufen 11 und 12

Ziel für beide Schulstufen

Die Schüler und Schülerinnen sind in der Lage, Entscheidungen über ihr weiteres Sprachenlernen zu treffen und konkrete Sprachlernvorhaben zu planen.

Sie sind in der Lage, interessengeleitet Fragestellungen zu den strukturellen Eigenheiten und den soziokulturellen Kontexten einer Sprache zu entwickeln und selbstständig Antworten darauf zu erarbeiten.

Sie wissen, dass ihre (Sprach-)Lernerfahrungen in allen Unterrichtsfächern zur Erweiterung ihrer sprachlichen Handlungsmöglichkeiten sprachenübergreifend beitragen und können diese Einsicht für ihr weiteres Lernen nutzen.

Didaktische Grundsätze für beide Schulstufen

In den beiden letzten Jahren des Mehrsprachigkeitsunterrichts steht die zukunftsorientierte Anwendung des Gelernten im Vordergrund.

Dies bezieht sich zum Einen auf das Lernen des Sprachenlernens. Die Schüler und Schülerinnen vergewissern sich ihrer Lernmöglichkeiten und -interessen, sie verschaffen sich anhand geeigneter Übungen oder Tests genauere Kenntnis ihres eigenen Sprachlerntyps, besorgen sich Informationen über außerschulische Sprachlernmöglichkeiten, tauschen sich über ihre Erfahrungen mit den Gelegenheiten informellen Sprachenlernens aus und diskutieren Folgerungen aus ihren Einsichten mit Blick auf ihre persönlichen sprachenbiographischen Perspektiven. Abschließende Arbeiten mit dem Sprachenportfolio bieten sich hier als Unterrichtsform in besonderer Weise an.

Die Schüler und Schülerinnen vertiefen durch Unterrichtsversuche unter Anleitung der Lehrkraft („Lernen durch Lehren" im Mehrsprachigkeitsunterricht oder in team-teaching-Stunden des Fremdsprachenunterrichts) ihr Verständnis für Sprachlernprozesse.

Zum Anderen bezieht sich das Prinzip der zukunftsorientierten Anwendung des Gelernten auf die weitgehend selbstständige Erarbeitung zusammenhängenden Wissens, die auf ein Hochschulstudium vorbereiten soll. Hier ist an größere Unterrichtsprojekte und Facharbeiten zu Themen aus dem

Bereich der Sprachengeschichte, der Sprachensoziologie oder der Sprachentypologie zu denken.

Ziele und Lehrstoffe für die einzelnen Bereiche

Wahrnehmung und Bewältigung sprachlicher Vielfalt

Ziele:

- Die Schüler und Schülerinnen erkennen die Handlungsspielräume, die ihnen durch persönliche Mehrsprachigkeit eröffnet werden.
- Sie sind in der Lage, Texte verschiedener Sprachen systematisch in ihre Arbeiten einzubeziehen.
- Sie entwickeln kreative Formen der Verwendung mehrerer Sprachen in mündlichen und schriftlichen Texten.

Lehrstoff:

- Beschaffung von Informationen zu einem Hobby oder einem persönlichen Interessengebiet in mehreren Sprachen
- Mehrsprachige Lerngemeinschaften im Internet
- Lösung von Lernaufgaben unter Nutzung von Texten in verschiedenen Sprachen
- Vergleich von Texten in verschiedenen Sprachen und Medien zu einem aktuellen, international diskutierten politischen Thema
- Präsentation von und Gespräche über Sprachbiographien
- Literarische Texte, in denen Spracherwerb und sprachliche Identität thematisiert werden
- Produktion mehrsprachiger Texte mit unterschiedlichen Funktionen von Mehrsprachigkeit, evtl. Austausch solcher Texte in sozialen Netzwerken

Beispiele, Materialien:

Literarische Texte, in denen Spracherwerb und sprachliche Identität thematisiert werden: z. B. Mercier: *Nachtzug nach Lissabon* (die Anfangskapitel), Carl Hanser Verlag; N. Huston: *Nord perdu*, Verlag Actes Sud, das Kapitel „Le masque"

Unterschiedliche Funktionen von Mehrsprachigkeit: z. B. Sprachmittlung, Inklusion und Exklusion, Unterbringung authentischer Zitate, Charakterisierung einer Sprecherpersönlichkeit ...

Bezüge zu den gültigen Lehrplänen:

Der Lehrplan Lebende Fremdsprachen fordert, den „sozialen Kompetenzen in multikulturellen Umgebungen (...) besonderes Augenmerk zu widmen." Weiter heißt es: „In Fortsetzung zur Unterstufe ist im Fremdsprachenunterricht der Oberstufe methodisch und inhaltlich die Möglichkeit zu kreativen Aktivitäten in der Fremdsprache anzubieten (wie z. B. Theater, Spiel, Simulationen, Schreiben als kreative Ausdrucksform). Dabei sind die Schülerinnen und Schüler in die Reflexion über den lernpsychologischen Gewinn des Einsatzes vielfältiger Kreativtechniken mit einzubeziehen." Besonders hingewiesen wird auch auf die bildungssprachliche Dimension: „Auch im Fremdsprachenunterricht sind gelegentlich fachsprachliche Texte zu bearbeiten, die eine kritische Auseinandersetzung mit human-, sozial-, naturwissenschaftlichen, technologischen und wirtschaftsbezogenen Entwicklungen ermöglichen."

Der Lehrplan für den Muttersprachlichen Unterricht hebt die positiven Aspekte der Zwei- und Mehrsprachigkeit für die individuelle Handlungsfähigkeit und die Persönlichkeitsentwicklung in besonderer Weise hervor und betont, der Unterricht solle „die bereits vorhandenen soziolinguistischen und pragmatischen Kompetenzen der Schülerinnen und Schüler nutzen und ihnen ihre Rolle als Brückenfunktionen in der Gesellschaft bewusst machen".

Auf dieser Schulstufe bieten auch die Sachfach-Lehrpläne gute Anknüpfungspunkte: Der Beitrag des Faches Geschichte zum Bildungsbereich Sprache lautet: „Anwenden von Sprache in verschiedenen Kommunikationssituationen, Förderung kritischer Reflexion durch Auseinandersetzung mit und Interpretation von Quellen (Texte, Bilder, Diagramme, Statistiken und Karten u. a.) unter Einbeziehung der modernen Medien, Aufbau einer demokratischen Kommunikationskultur". Viele Handlungsbereiche, etwa die „Recherche aus unterschiedlichen Quellen" sowie das „Argumentieren eigener Positionen", sind in vielsprachigen Kontexten sehr gut vorstellbar.

Vergleichen von Sprachen

Ziele:

* Die Schülerinnen und Schüler können sich vergleichend zum Deutschen und unter Nutzung der sprachlichen Ressourcen in der Lerngruppe in anderen Sprachsystemen orientieren.
* Sie sind in der Lage, Beeinflussungen einer Sprache durch andere Sprachen zu erkennen und ansatzweise zu analysieren.

Lehrstoff:

* Komplexere Morpho-Semantik: Tempus – Aspekt/Aktionsart
* Vergleichende Diskursanalyse
* Grundbegriffe der Sprachentypologie
* Transfer und Interferenz, Lehnwortschatz

Bezüge zu den gültigen Lehrplänen:

Der Bereich der Sprachreflexion im Lehrplan für Deutsch bezieht sich auf die gesamte Sekundarstufe II: Hier wird der Vergleich mit den Systemen anderer Sprachen als Mittel für ein vertieftes Verständnis von Sprachstrukturen besonders betont.

Gleiches gilt für den Lehrplan Lebende Fremdsprache: „Der reflektierende Umgang mit Sprache (auch im Vergleich mit der Unterrichts- bzw. Muttersprache, mit Volksgruppen- und Nachbarsprachen bzw. mit anderen Fremdsprachen) ist im Unterricht zu fördern. Durch vergleichende Beobachtungen ist die Effizienz des Spracherwerbs zu steigern, die allgemeine Sprachlernkompetenz zu erhöhen und ein vertieftes Sprachverständnis zu ermöglichen. Beim Erwerb einer zweiten, dritten oder weiteren Fremdsprache ist das Zurückgreifen auf bereits vorhandene Fremdsprachenkompetenzen als besonderer lernstrategischer Vorteil bewusst zu machen und konsequent zu nutzen (Tertiärspracheneffekt)."

Im Lehrplan für den Lateinunterricht wird „die kontrastive und komparatistische Sprachbetrachtung" hervorgehoben. Die Schülerinnen und Schüler sollen „Kenntnisse über die Entwicklung und das Weiterleben der lateinischen Sprache erwerben und diese aktiv im Sprachvergleich (romanische und slawische Sprachen, Deutsch, Englisch) anwenden".

Erarbeiten sozialer und kultureller Bezüge von Sprachen

Ziele:

- Die Schüler und Schülerinnen haben einen Einblick in die Geschichte von Sprachen, Sprechergruppen und Sprachräumen und deren Auswirkungen auf die Wertigkeit und Verbreitung von Sprachen.
- Sie können anhand konkreter Beispiele darlegen, dass Kommunikationsfähigkeit immer auch auf impliziten und expliziten kulturellen und sozialen Kenntnissen basiert und dass man das eigene Sprachverhalten im Hinblick auf den sozialen und kulturellen Kontext orientieren muss.
- Sie wissen, dass Sprachenkonflikten oft andere (politische, wirtschaftliche, religiöse) Konflikte zu Grunde liegen.
- Sie sind in der Lage, die je individuelle Wahl von Sprachen und sprachlichen Registern verschiedenen Sprechanlässen und Situationen zuzuordnen.

Lehrstoff:

- Sprachenportfolio für junge Erwachsene (15+): Abschnitt d „Interkulturelle Erfahrungen", insbesondere „3. Andere Sprachen und Kulturen erforschen".
- Innersprachliche Mehrsprachigkeit: Register und Varietäten, historische und aktuelle Prozesse der Standardisierung und der Differenzierung
- Soziolinguistische Dimensionen der Sprachen- und Registerwahl: Norm und ‚Fehler', defizit- und kompetenzorientiertes Verständnis von Fehlern
- Entwicklung von Sprachenhierarchien, z. B. im Zusammenhang mit dem Kolonialismus, den Weltkriegen und der Globalisierung
- Projektarbeit zur Geschichte einer Minderheitensprache in Europa
- Porträt einer mehrsprachigen Stadt
- Mehrsprachige literarische Texte

Beispiele, Materialien:

Mehrsprachige literarische Texte: z. B. Th. Mann: *Der Zauberberg*, „Walpurgisnacht"; Ausschnitte aus Semprún *L'algarabie*, zweisprachige Gedichte in den *Carmina Burana*; zweisprachige Gedichte von Gino Chiellino; „Ethnolektale" (deutsche) Texte, ‚Migrantenliteratur'

Bezüge zu den gültigen Lehrplänen:

Sprache als gesellschaftspolitisch relevante Kompetenz und als Symbol für die Grundwerte einer pluralistischen Gesellschaft wird im Deutschlehrplan vor allem hinsichtlich der Auseinandersetzung mit Literatur thematisiert: „Die Identifizierung des eigenen Sprechens und damit die Reflexion der eigenen Rolle und Identität schaffen auch Platz für die Akzeptanz und das Verstehen anderen Sprechens und sind tragende Elemente für den Umgang mit Sprachvarietäten und Mehrsprachigkeit."

Im Lehrplan Lebende Fremdsprachen heißt es: „Durch die Auswahl geeigneter fremdsprachlicher Themenstellungen ist die Weltoffenheit der Schülerinnen und Schüler sowie ihr Verständnis für gesellschaftliche Zusammenhänge zu fördern. Konfliktfähigkeit, Problemlösungskompetenz und Friedenserziehung sind auch im Fremdsprachenunterricht als zentrale Lehr- und Lernziele zu betrachten."

Der Lehrplan für Latein erklärt: „Der Lateinunterricht öffnet den Zugang zur europäischen Sprachenlandschaft". Einen schönen Ansatzpunkt für eine historische Betrachtung der Mehrsprachigkeit bietet der Hinweis auf die „Austria Latina".

Der Lehrplan für Geographie und Wirtschaftskunde nennt als Lehrstoff für die 11. Schulstufe: „die Lebenssituation ausgewählter Bevölkerungsgruppen vor dem Hintergrund des Phänomens ‚Fremdsein'". Hier kann die Betrachtung sprachlicher Verhältnisse einbezogen werden.

Aneignung von Sprachlernstrategien

Ziele:

- Die Schüler und Schülerinnen haben Einblick in das Funktionieren von Sprachlernprozessen.
- Sie sind in der Lage, ihren eigenen Lerntyp sowie ihren Entwicklungsstand in den verschiedenen Sprachen einzuschätzen und daraus Konsequenzen für ihr weiteres Sprachenlernen abzuleiten.
- Sie können sich Ziele des Weiterlernens für ihre persönliche und berufliche Zukunft setzen. Sie können die Bedeutung außerschulischer Sprachlehrangebote für sich selbst einschätzen.
- Sie wissen Bescheid über die Möglichkeiten des Sprachenlernens im Erwachsenenalter.

Lehrstoff:

- Mini-Unterricht in anderen in der Lerngruppe vertretenen Sprachen (durch MitschülerInnen unter Anleitung durch die Lehrkraft: „Lernen durch Lehren")
- Europäisches Sprachenportfolio für junge Erwachsene (15+): „Meine Sprachlerngeschichte" 7 (Sprachlern-Pläne)
- Sprachlernstrategien entsprechend Portfolio für junge Erwachsene (15+): „Lerntipps" 3–4 und 5 („Arbeit mit Lernverträgen")
- Nutzung von sprachdiagnostischen Instrumenten, auch im Internet
- Sprachkurse in der Erwachsenenbildung, Möglichkeiten des Sprachenlernens im Ausland (Internetrecherchen zur Beurteilung von Sprachkursen und Sprachreisen), Selbstlernangebote im Internet
- Tandem-Lernen (Funktionsweise und Lerntipps)

Literaturhinweis:

Jean-Paul Martin: Das Projekt „Lernen durch Lehren" – eine vorläufige Bilanz, in: *Fremdsprachen lehren und lernen* 25 (1996), S. 70–86.

Bezüge zu den gültigen Lehrplänen:

Entsprechend dem Prinzip des lebensbegleitenden autonomen Sprachenlernens sieht der Fremdsprachenunterricht auf diesen Schulstufen seine Aufgabe darin, den SchülerInnen „ein breites Spektrum an Sprachlernstrategien für den weiteren selbstständigen Spracherwerb" zu erschließen. Insbesondere die „Möglichkeiten zur Selbstevaluation" sind dabei besonders hervorzuheben und zu fördern. Im Oberstufenlehrplan Lebende Fremdsprachen kommt auch erstmals explizit der Begriff der Lernberatung der SchülerInnen durch die Lehrenden vor. Besonders betont werden die Synergien („lernstrategische Vorteile") beim Erwerb mehrerer Sprachen.

Handelsschule

Ziel für die Handelsschule

Die Schülerinnen und Schüler erkennen die mit ihrer Ausbildung verbundenen sprachlichen Anforderungen und setzen diese zu ihren persönlichen Fähigkeiten und Vorhaben in Beziehung.

Didaktische Grundsätze für die Handelsschule

Der Mehrsprachigkeitsunterricht an der Handelsschule orientiert sich am Ziel der beruflichen Ausbildung. In diesem berufsbezogenen Sinne rekapituliert er die Ziele und Inhalte des Mehrsprachigkeitsunterrichts der Sekundarstufe I und fügt spezifische Ziele und Inhalte hinzu. Der Selbsteinschätzungsfähigkeit der Schülerinnen und Schüler gilt ein besonderes Augenmerk, dabei soll ihnen durch Untersuchung ihres eigenen Sprechens und Schreibens die Notwendigkeit und die Möglichkeit von situationsspezifisch unterschiedlichen Registern deutlich werden.

Inhaltlich stellt der Mehrsprachigkeitsunterricht Bezüge zwischen dem Englischunterricht einerseits, dem Deutschunterricht andererseits her und vertieft das Sprachbewusstsein der Lernenden. In diesem Sinne sorgt er auch dafür, dass sich die Schülerinnen und Schüler aus Sprachminderheiten und aus Migrantenfamilien den Wert ihrer Erstsprachen auch im beruflichen Handlungsfeld bewusst machen und alle Schülerinnen und Schüler in der Klasse diesen Sprachen mit Achtung und Respekt begegnen.

Ziele und Lehrstoffe für die einzelnen Bereiche

Wahrnehmung und Bewältigung sprachlicher Vielfalt

Ziele:

- Die Schülerinnen und Schüler sind in der Lage, sprachliche Register in der beruflichen und außerberuflichen Kommunikation zu unterscheiden und sich im sprachlichen Handeln darauf einzustellen.
- Sie können mit Situationen und Aufgaben der Sprachmittlung umgehen.

Lehrstoff:

- Formelle und informelle Kommunikationssituationen (insbesondere im Berufsfeld), Begriff der konzeptionellen Schriftlichkeit, Beispiele für Registerunterschiede im Deutschen und nach Möglichkeit auch in anderen Sprachen
- Sprachenportfolio für junge Erwachsene a 6: Erfahrungen als Sprach(ver)mittler/in, auch in familiären und geschäftlichen Kommunikationen im Einwanderungsland
- Übungen zu Informationsverlust und Informationsveränderung bei Übersetzungen (Hin- und Rückübersetzungen, Übersetzungsvergleiche) und Zusammenfassungen anhand kurzer geschäftlicher Texte

Bezug zu den gültigen Lehrplänen:

Im Englischlehrplan wird das Ziel formuliert, „die für eine Situation oder Problemstellung jeweils wesentlichen Aspekte erkennen und beurteilen" und „die Inhalte adäquat zwischen Sprachen transferieren" zu können. Als fachübergreifende Aufgabe wird im Deutschlehrplan angeführt: „Nutzung englischer Texte als Grundlage für Zusammenfassungen".

Im Deutschlehrplan wird das „Wechseln der Sprachebenen" als Aufgabe der mündlichen Kommunikation angesprochen.

Vergleichen von Sprachen

Ziel:

- Die Schülerinnen und Schüler sind aufmerksam auf interlinguale Unterschiede und Gemeinsamkeiten und können unter Anleitung auch etwas umfänglichere Sprachvergleiche durchführen.

Lehrstoff:

- Vergleich ausgewählter grammatischer Erscheinungen des Deutschen und Englischen, mit Ausblicken auf die in der Klasse vertretenen nichtdeutschen Erstsprachen, z. B. hypotaktische Satzkonstruktionen (Fort-

setzung und Vertiefung zum Lehrstoff der Schulstufen 7 und 8), Konnektoren, Verwendung des Passivs, Tempussysteme
- Vergleich von Formen geschäftlicher Kommunikation in verschiedenen Sprachen, z. B. Telefonate, Geschäftsbriefe, Warenbegleitpapiere, Verträge

Bezug zu den gültigen Lehrplänen:

Grundlegend ist die Aussage des Englischlehrplans: „Die Schülerinnen und Schüler sollen (...) die Fremdsprache in ihren Grundzügen parallel zur Muttersprache und in Verbindung mit anderen Unterrichtsgegenständen als System erkennen".

Bereits der Basislehrstoff des Lehrplans für Deutsch bezieht sich auf sprachstrukturelles Wissen als dezidierte Grundlage für Englisch. Der fächerübergreifende Lehrstoff verweist auf den Englischunterricht – in der 9. Schulstufe durch sprachvergleichende Grammatikschwerpunkte, in der 11. Schulstufe durch die Nutzung englischer Texte als Grundlage für Zusammenfassungen im Deutschunterricht.

Erarbeiten sozialer und kultureller Bezüge von Sprachen

Ziele:

- Die Schülerinnen und Schüler verstehen, was mit dem Begriff einer plurizentrischen Sprache gemeint ist, und können dies mit konkreten Beispielen belegen.
- Sie sind aufmerksam auf kulturelle Perspektiven in Sachtexten des Alltags und des Berufs und erkennen Merkmale für Stereotype und Vorurteile und können diese benennen.

Lehrstoff:

- Englisch als Weltsprache mit unterschiedlichen Ausprägungen
- Formen, soziale Funktionen und situativer Einsatz verschiedener Standards der englischen Sprache, Arbeit mit Hör- und Lesetexten
- Austausch über die regionalen Standards der deutschen Sprache und, soweit verfügbar, anderer in der Klasse bekannter Sprachen

- vergleichende Lektüre von Reportagen oder ähnlichen Texten, die Freizeitinteressen der Schülerinnen und Schüler berühren, in verschiedenen Sprachen
- vergleichende Lektüre von Texten der Wirtschaftsberichterstattung in verschiedenen Sprachen

Bezug zu den gültigen Lehrplänen:

Reflexion über Sprache spielt im Lehrplan für die Handelsschule keine große Rolle. Der Mehrsprachigkeitsunterricht hat hier die Aufgabe, den häufig verwendeten Begriff der Standardsprache zu differenzieren. Dadurch kann der für den Deutschunterricht vorgesehene „Gebrauch des Österreichischen Wörterbuchs" unterstützt und auch das Ziel des Englischunterrichts, „die meisten Situationen (zu) bewältigen, denen man auf Reisen im Sprachgebiet begegnet", konkretisiert werden.

„Die Schülerinnen und Schüler sollen das Erlernen einer Fremdsprache als persönliche Bereicherung und Möglichkeit zum Verständnis anderer Denksysteme erfahren, Gemeinsamkeiten und Unterschiede in Kulturen feststellen und eine weltoffene und tolerante Lebenseinstellung entwickeln" (Englisch).

Einige knappe Hinweise auf Interkulturalität finden sich auch in den Ausführungen zum Lernfeld Zeitgeschichte, Politische Bildung und Recht sowie zum Fach Geographie. Die Projektdatenbank des BMUKK „Interkulturelle Schulprojekte" enthält auch Praxisbeispiele aus dem Bereich des wirtschaftlichen Lernens.

Aneignung von Sprachlernstrategien

Ziele:

- Die Schülerinnen und Schüler sind in der Lage, Lehrwerke und Hilfsmittel selbständig zu nutzen, um Aufgaben der geschäftlichen Kommunikation zu bewältigen.
- Sie können ihren Sprachlerntyp einschätzen und daraus Konsequenzen bei der Auswahl von Teilzielen, Aufgabentypen und Lernformen ziehen.

Lehrstoff:

- Anknüpfung an die Portfolio-Arbeit in der Sekundarstufe I (Sprachenportfolio Mittelstufe, Teile B und C), Neueinführung des Sprachenportfolios für junge Erwachsene: a 4 (Sprachliche Erfahrungen über Medien), b1 bis b4 (Lerntipps) und c (Sprachen-Checklisten: „Lesen", „An Gesprächen teilnehmen" und „Schreiben" in berufsbezogener Auswahl)
- Lehr- und Lernmaterialien zur Wirtschaftssprache im Deutschen und im Englischen, auch in Migrantenherkunftssprachen – Vergleich und Erprobung in Bezug auf spezifische Aufgaben und verschiedene Lerntypen
- Hilfsmittel, gedruckt und online, um Geschäftstexte eindeutig zu verstehen, adressatengerecht zu verfassen und das Hörverstehen zu trainieren

Bezug zu den gültigen Lehrplänen:

„Die Schülerinnen und Schüler sollen in Selbstlernphasen in eigenständiges Weiterlernen unter Verwendung neuer Technologien eingeführt werden" (Deutsch). Sie sollen „Strategien entwickeln, die sie befähigen, nach Abschluss der Schule die Fremdsprachenkenntnisse weiter auszubauen" (Englisch).

Der Englischlehrplan verweist auch auf die Möglichkeit, die Zertifikatsangebote des Erwachsenenbildungssystems für die eigene (berufsorientierte) Lernplanung zu nutzen.

Handelsakademie

Ziel für die Handelsakademie

Die Schülerinnen und Schüler sind in der Lage, den Sprachenbedarf und die sprachlichen Anforderungen kaufmännischer Berufe wahrzunehmen und diese zu ihren persönlichen Fähigkeiten und Vorhaben in Beziehung zu setzen.

Didaktische Grundsätze für die Handelsakademie

Der Mehrsprachigkeitsunterricht an der Handelsakademie orientiert sich an den allgemeinen Zielen des Bildungsbereichs Sprache und Kommunikation auf der Sekundarstufe II. Er achtet insbesondere auf die Hinführung zum autonomen Lernen. Die Schülerinnen und Schüler erhalten durchgehend Gelegenheit, ihre jeweils einschlägigen Erfahrungen zu artikulieren, selbständige Erkundungen durchzuführen und ihre Lernerfahrungen zu reflektieren. Indem der Unterricht den Blick auf das Berufsfeld im Kontext von Internationalisierung und Globalisierung richtet, verknüpft er die sprachlichen Dimensionen der beruflichen Zukunft der Schülerinnen und Schüler mit ihrer persönlichen interkulturellen und mehrsprachigen Bildung.

Ziele und Lehrstoffe für die Teilbereiche

Wahrnehmung und Bewältigung sprachlicher Vielfalt

Ziel:

- Die Schülerinnen und Schüler sind in der Lage, in vielsprachigen Situationen, beruflich und privat, eine angemessene Sprachenwahl zu treffen und ggf. als Sprachmittler zu fungieren.

Lehrstoff:

- Unterscheidung von Registern in formellen und informellen Kommunikationssituationen (einschließlich der elektronischen Medien), Fachkommunikation und Alltagskommunikation, Begriff der konzeptionellen Schriftlichkeit
- Gespräche über vielsprachige Situationen, insbesondere im Berufsleben

- Sprachenportfolio für junge Erwachsene a6: Erfahrungen als Sprach-(ver)-mittler/in
- Übungen zu Informationsverlust und Informationsveränderung bei Übersetzungen (Hin- und Rückübersetzungen, Übersetzungsvergleiche) und Zusammenfassungen anhand kurzer geschäftlicher Texte

Bezüge zu den gültigen Lehrplänen:

Der Lehrplan für das Fach Englisch einschließlich Wirtschaftssprache formuliert u. a. das Ziel, „das nach einem gegebenen Kriterium Wesentliche eines berufsrelevanten fremdsprachigen Textes in deutscher Sprache wiedergeben und einen berufsrelevanten deutschsprachigen Text in der Fremdsprache zusammenfassen und kommentieren" zu können. Hier hat der Mehrsprachigkeitsunterricht die Aufgabe, auch auf andere vielsprachige Situationen des Berufslebens hinzuweisen und den Umgang damit einzuüben.

Im Deutschlehrplan spielt Vielsprachigkeit keine Rolle, doch können allgemeine Lernziele, wie etwa das Ziel, „mündliche und schriftliche Kommunikationssituationen im persönlichen und beruflichen Bereich" bewältigen zu können, oder das Sammeln und Verarbeiten von Informationen aus dem Internet, auch als Begründungen für den Umgang mit Mehrsprachigkeit gelesen werden.

Vergleichen von Sprachen

Ziele:

- Die Schülerinnen und Schüler sind in der Lage, bestimmte sprachliche Mittel in Sachtexten aus ihrem Berufsfeld zu identifizieren, in verschiedenen Sprachen zu vergleichen und die dabei erarbeiteten Einsichten für ihre eigene Textproduktion zu nutzen.

Lehrstoff:

- Sprach- und kulturspezifische Merkmale von Präsentationen
- Idiomatik der Geschäftssprache im Deutschen und Englischen, ggf. auch in anderen in der Klasse vertretenen Sprachen
- unpersönliche Konstruktionen in Geschäftstexten

Bezüge zu den gültigen Lehrplänen:

Im Deutschlehrplan beschränken sich sprachvergleichende Inhalte auf die Erklärung häufiger Fremdwörter und allgemein die „Einsicht in die Struktur und Funktion der Sprache". Anknüpfungspunkte bieten aber die zahlreichen Hinweise auf Textsorten, die auch im Sinne vergleichender Aufarbeitung verstanden werden können.

Im Englischunterricht nehmen Geschäftskommunikation und Präsentationstechnik einen großen Stellenwert ein; auch sie können sprach- und kulturspezifisch untersucht werden, etwa im Bereich „Sprachstrukturen: Festigung und Erweiterung der grundlegenden kommunikationsrelevanten Strukturen; stilistische Feinheiten, regionale und soziale Varianten." Der Lehrplan für die zweite Fremdsprache fordert aber auch, „Sachverhalte aus dem Leben in der Gemeinschaft sowie aus dem sozialen Umfeld der SchülerInnen und deren Entsprechung in den Ländern der Zielsprache" zu berücksichtigen.

Erarbeiten sozialer und kultureller Bezüge von Sprachen

Ziel:

- Die Schülerinnen und Schüler sind in der Lage, sich mit Fragen der wirtschaftlichen Wertigkeit von Sprachen auseinanderzusetzen und diese von ihrer politisch-rechtlichen und kulturellen Wertigkeit zu unterscheiden.
- Sie sind in der Lage, den Sprachenbedarf und die sprachlichen Anforderungen kaufmännischer Berufe wahrzunehmen und diese zu ihren persönlichen Fähigkeiten und Vorhaben in Beziehung zu setzen.

Lehrstoff:

- Englisch als Weltsprache und die wirtschaftliche Bedeutung kleinerer Sprachen, einschließlich des Deutschen
- Allgemeine Erklärung der Sprachenrechte
- Sprachenbedarf in kaufmännischen Berufen, z. B. im Außenhandel, unter volkswirtschaftlichen und unter betriebswirtschaftlichen Gesichtspunkten

Bezüge zu den gültigen Lehrplänen:

Im Lehrplan für die Handelsakademie spielt Reflexion über Sprachen keine große Rolle. Der Mehrsprachigkeitsunterricht hat hier die Aufgabe, für die vielfach angesprochenen produktiven Fähigkeiten einen reflexiven Rahmen herzustellen und die geforderte „Kommunikationsfähigkeit in der Unterrichtssprache und in den erlernten Fremdsprachen" mit dem (im Lehrplan getrennt davon aufgeführten) Ziel einer interkulturellen Bildung in Verbindung zu setzen.

Aneignung von Sprachlernstrategien

Ziele:

- Die Schülerinnen und Schüler sind in der Lage, ihren eigenen Sprachlerntyp einzuschätzen, künftige berufliche Sprachanforderungen zu identifizieren und daraus Konsequenzen für ihr weiteres Sprachenlernen abzuleiten.
- Sie sind in der Lage, Hilfsmittel selbständig zu nutzen, um komplexe Texte (auch Fachtexte) zu erschließen, Themen selbständig zu recherchieren und Ergebnisse zu präsentieren.

Lehrstoff:

- Sprachenportfolio für junge Erwachsene: a 4 (Sprachliche Erfahrungen über Medien), b1–b4 (Lerntipps) und c (Sprachen-Checklisten: „Lesen", „An Gesprächen teilnehmen" und „Schreiben" in berufsbezogener Auswahl)
- Nutzung von Fachwörterbüchern, von Wörterbüchern für Fortgeschrittene und von Leitfäden für die Gestaltung von Geschäftstexten, auch online
- Üben von online-Recherchen im Hinblick auf Effizienz und Qualität der Informationsbeschaffung
- Bearbeitung komplexer Texte (z. B. Zusammenfassung, Paraphrase, Genre- oder Perspektivenwechsel) in der gleichen und einer anderen Sprache, Präsentation von Recherche-Ergebnissen

Bezüge zu den gültigen Lehrplänen:

Die kritische und zielgerichtete Nutzung von Wörterbüchern und Nachschlagewerken stellt sowohl im Lehrplan für Deutsch als auch in jenem für Englisch einschließlich Wirtschaftssprache die wichtigste Strategie dar, um selbstständig neue Inhalte erarbeiten zu können. Im Lehrplan für Englisch werden Spracherwerbstechniken als Lehrstoff aller Jahrgangsstufen genannt und zu Beginn auch einzeln aufgezählt. Der Umgang mit Medien als Institution und als Wirtschaftsfaktor hat einen hohen Stellenwert im gesamten Lehrplan der HAK; er sollte auch als Ressource und Zugang für Sprachenvielfalt genutzt werden.

Höhere Lehranstalt für wirtschaftliche Berufe

Ziel für die HLWB

Die Schülerinnen und Schüler sind in der Lage, sich in Situationen der Vielsprachigkeit (einschließlich der eigenen Lebens- und Lernwelt) zu orientieren, den Sprachenbedarf und die sprachlichen Anforderungen wirtschaftlicher Berufe wahrzunehmen und diese zu ihren persönlichen Fähigkeiten und Vorhaben in Beziehung zu setzen.

Didaktische Grundsätze für die HLWB

Der Mehrsprachigkeitsunterricht an der HLWB orientiert sich an den allgemeinen didaktischen Grundsätzen des gültigen Lehrplans. Er dient insbesondere der generell empfohlenen fächerübergreifenden Ausrichtung durch die Zusammenarbeit der sprachlichen Fächer untereinander und mit den anderen Fächern des Unterrichts. In Projekten, Fallstudien und Simulationen werden Gelegenheiten des Arbeitens mit Quellen in unterschiedlichen Sprachen geschaffen und die dabei gemachten Erfahrungen reflektiert. Der ebenfalls generell geforderte Bezug auf regionale Besonderheiten wird konkret durch die Berücksichtigung der unterschiedlich strukturierten sprachlichen Umfelder hergestellt. Der Bezug auf aktuelle Begebenheiten kann insbesondere bei der Lektüre von Pressetexten eingebracht werden. Der Mehrsprachigkeitsunterricht beteiligt sich an den praxisorientierten Unterrichtsangeboten (Projekten, Simulationen, Seminaren) und den planvollen Kontakten zur beruflichen Praxis in der Vorbereitung, Durchführung und insbesondere der Reflexion. Die Lernergebnisse des Teilbereichs Sprachlernstrategien werden auch in den anderen Teilbereichen genutzt.

Ziele und Lehrstoffe für die einzelnen Inhaltsbereiche

Wahrnehmung und Bewältigung sprachlicher Vielfalt

Ziele:

- Die Schülerinnen und Schüler lassen eine verantwortungsvolle Haltung im sprachlichen Umgang mit Menschen erkennen.

- Sie erkennen, dass Situationen der Vielsprachigkeit kooperativ zu bewältigen sind und dass sie zur Lösung kommunikativer und sprachlicher Probleme auf die Mitwirkungsbereitschaft ihrer Gesprächspartner bauen können.
- Sie sind ihrerseits in der Lage, als Sprachmittler zu handeln.

Lehrstoff:

- Beschäftigung mit berufsspezifischen Vielsprachigkeitssituationen im Hinblick auf eine situativ angemessene Sprachenwahl, auf eine am kommunikativen Erfolg orientierte Gestaltung vielsprachiger Situationen und auf ein Angebot von Möglichkeiten der Sprachmittlung
- Sprachenportfolio für junge Erwachsene a6: Erfahrungen als Sprach-(ver)-mittler/in
- Übungen zu Informationsverlust und Informationsveränderung bei Übersetzungen (Hin- und Rückübersetzungen, Übersetzungsvergleiche) und Zusammenfassungen anhand kurzer geschäftlicher Texte

Beispiele:

Berufsspezifische Vielsprachigkeitssituationen: z. B. in der Behördenkommunikation, in der Personalführung einer vielsprachigen Belegschaft, in der Kommunikation international agierender Unternehmen, in der Sprachenwahl für Information und Werbung

Bezüge zu den gültigen Lehrplänen:

Der Deutschlehrplan widmet den Sprachen der Medien sowie den Textsorten der Wirtschaft („freies Mitschreiben, Protokoll, Exzerpt, Kurzfassung, Werbetext u. a.") und des Journalismus (Bericht, Kommentar, Glosse, Leserbrief u. a.) große Aufmerksamkeit.

Der Lehrplan für Fremdsprachen fordert mit dem Erlernen von Fremdsprachen parallel zur Muttersprache und in Verbindung mit anderen Unterrichtsgegenständen die produktive Nutzung von „interdisziplinären Synergieeffekten". Er fordert insbesondere den Erwerb verschiedener Sprachregister in unterschiedlichen Sprachen („situationsabhängig verschiedene Sprachen und Register nebeneinander einsetzen und Inhalte adäquat zwischen Sprachen transferieren können"), was die Möglichkeiten der Sprachen(ver)mittlung einschließt. Im Ausbildungsschwerpunkt „Internationale Kommunikation in der Wirtschaft" lautet eine Bildungs- und Lehraufgabe: „flexibel in einem mehrsprachigen Kontext kooperieren und interagieren" und speziell „wirtschaftsspezifische Fähigkeiten, Kenntnisse und Fertigkeiten in das fremdsprachliche Handeln integrieren" zu können.

Die Bildungsstandards Englisch in der Berufsbildung formulieren als ein Ziel: „kann als Sprachmittler/in die Kommunikation zwischen Gesprächspartnern und -partnerinnen, die einander nicht direkt verstehen können, ermöglichen. Kann z. B. in Gesprächen über ihm/ihr geläufige Themen Informationen zusammenfassen und erläutern sowie Texte aus seinem/ihrem Fachbereich in klar strukturierter Form zusammenfassen. Berücksichtigt dabei die Bedürfnisse sowie den kulturellen und sozialen Hintergrund der Adressatinnen/Adressaten."

In den Lehrplänen für die Sachfächer wird generell viel dokumentiert und präsentiert, wobei die mündliche Kommunikation im Vordergrund steht. Aufgabe des Mehrsprachigkeitsunterrichts ist es, die Chancen aufzuzeigen und nutzbar zu machen, die sich dabei aus der Verwendung mehrerer Sprachen, rezeptiv bei der Recherche, aber auch produktiv bei der Präsentation selbst ergeben. Speziell die Hinweise zum Fach Kommunikation und Präsentation lassen sich vielfach im Sinne der Sprachenvielfalt auslegen und konkret gestalten. Der Lehrplan für Betriebs- und Volkswirtschaft beinhaltet u. a. die Arbeit mit Medienberichten, die auch mehrsprachig erfolgen kann.

Der Lehrplan „Bildnerische Erziehung und kreatives Gestalten" schlägt u. a. die Beschäftigung mit „Schrift als Kommunikations- und Gestaltungselement" vor – ein Vorschlag, der sich sehr leicht mit Mehrsprachigkeitszielen verbinden lässt. Der Lehrplan „Musikerziehung" verweist auf Lieder und Musikensembles aus verschiedenen Kulturkreisen.

Vergleichen von Sprachen

Ziel:

- Die Schülerinnen und Schüler sind in der Lage, bestimmte sprachliche Merkmale von Textsorten der beruflichen Kommunikation, Fachtexten und journalistischen Texten zu erkennen, in verschiedenen Sprachen zu vergleichen und das dabei erarbeitete Wissen für ihre eigene Textproduktion zu nutzen.

Lehrstoff:

- vergleichende Lektüre von Pressetexten zum gleichen Thema in verschiedenen Sprachen
- typische sprachliche Mittel von Fachtexten im Deutschen und im Englischen und ggf. anderen in der Klasse vertretenen Sprachen
- Fachtermini im Außenhandel
- vergleichende Betrachtung von Werbetexten in verschiedenen Sprachen

Bezüge zu den gültigen Lehrplänen:

Der Deutschlehrplan in den Bereichen Wirtschaft und Medien zeichnet sich durch ein besonderes Textsortenbewusstsein aus. Hier kann der Mehrsprachigkeitsunterricht mit sprachvergleichenden Beschreibungen anknüpfen, die sich auf Sprachschichten, medienspezifische Textsorten und textsortenadäquaten Stil beziehen.

In den Bildungsstandards Englisch in der Berufsbildung wird als ein Ziel angegeben: „kann die zu erlernenden Sprachen als Systeme erkennen und daraus allgemeine Strategien des Spracherwerbs sowie vernetztes und abstrahierendes Denken entwickeln".

Erarbeiten sozialer und kultureller Bezüge von Sprachen

Ziele:

- Die Schülerinnen und Schüler erarbeiten die Bedeutung von Sprachen für einzelne wirtschaftliche Berufe und in bestimmten allgemein-kulturellen und wirtschaftlichen Umfeldern. Sie sind in de Lage, die wirtschaftliche Wertigkeit von Sprachen von ihrer politischen, rechtlichen und kulturellen Wertigkeit zu unterscheiden.
- Sie sind aufmerksam auf sprachlich-kulturelle Unterschiede, die für ihre berufliche Tätigkeit relevant werden können. Sie kennen sprachlich-kulturelle Merkmale der interkulturellen Kommunikation und können diese Kenntnis situationsadäquat nutzen.

Lehrstoff:

- Ermittlung des Sprachenbedarfs in bestimmten wirtschaftlichen Berufen und unter bestimmten lokalen Sprachenverhältnissen (z. B. durch Auswertung von Stellenanzeigen und Expertenbefragungen)
- Englisch als Weltsprache und die wirtschaftliche Bedeutung kleinerer Sprachen, einschließlich des Deutschen
- Allgemeine Erklärung der Sprachenrechte
- kulturspezifisches Gesprächsverhalten (z. B. Gesprächseröffnungen, Verabredungen und Verhandlungen)
- Formen der Höflichkeit, sprachlicher Ausdruck von Hierarchien in Institutionen und im gesellschaftlichen Alltag, kulturelle und sprachliche Tabus (z. B. im Bereich öffentlich/privat, Gesundheit/Krankheit)
- Anredekonventionen, Briefformen
- kritischer Umgang mit populären „Sprach- und Kulturführern"

Bezüge zu den gültigen Lehrplänen:

Besonders der Fremdsprachenlehrplan fordert ein hohes Maß an Sprachaufmerksamkeit, hauptsächlich die Mutter- und Zielsprache betreffend. Im Ausbildungsschwerpunkt „Internationale Kommunikation in der Wirtschaft" sollen die Schülerinnen und Schüler „Sprachen als Instrument zum Auf- und Ausbau persönlicher und geschäftlicher Beziehungen erfahren" und „mehrsprachige interne und externe Kommunikation in Unternehmen (unter besonderer Berücksichtigung von touristischen und anderen Dienstleistungsbetrieben)" kennenlernen.

Die Lehrpläne für Fremdsprachen enthalten folgenden allgemein gehaltenen Passus, der sich mit dem oben genannten Lehrstoff verbinden lässt: „Die Schülerinnen und Schüler sollen das Erlernen von Fremdsprachen als persönliche Bereicherung und Möglichkeit zum Verständnis anderer Denksysteme erfahren, Gemeinsamkeiten und Unterschiede in Kulturen feststellen und eine weltoffene und tolerante Lebenseinstellung entwickeln". Der Lehrplan „Politische Bildung und Recht" fordert, dass die Schülerinnen und

Schüler „andere Menschen und Kulturen achten und den Konfliktausgleich anstreben". Im Ausbildungsschwerpunkt „Internationale Kommunikation in der Wirtschaft" sollen die Schülerinnen und Schüler „internationale Usancen im Geschäftsleben kennen und auf Gesprächspartner sowie interkulturelle Gegebenheiten verbal und nonverbal reagieren".

Die Bildungsstandards Internationale Wirtschaft fordern u. a.: „unterschiedliche Wertvorstellungen, Sitten und Gebräuche in einer plurikulturellen Gruppe respektieren und Verhaltensweisen vermeiden, die kränkend oder verletzend sein könnten".

Aneignung von Sprachlernstrategien

Ziele:

- Die Schülerinnen und Schüler sind in der Lage, ihren eigenen Sprachlerntyp einzuschätzen und daraus Konsequenzen für ihr weiteres Sprachenlernen abzuleiten.
- Sie erkennen die Chancen informellen Lernens im Umgang mit Partnern, die über weitergehende sprachliche Ressourcen verfügen.
- Sie sind in der Lage, Hilfsmittel selbständig zu nutzen, um komplexe Texte (auch Fachtexte) zu erschließen, Themen selbständig zu recherchieren und Ergebnisse zu präsentieren.

Lehrstoff:

- Sprachenportfolio für junge Erwachsene: a 4 (Sprachliche Erfahrungen über Medien), b1–b4 (Lerntipps) und c (Sprachen-Checklisten: „Lesen", „An Gesprächen teilnehmen" und „Schreiben" in berufsbezogener Auswahl)
- Erleben und Reflektieren von Situationen der Begegnung mit Sprechern und Sprecherinnen, die sprachlich oder kommunikativ hilfreich wirken, einschließlich Tandem-Lernen
- Nutzung von Fachwörterbüchern, von Wörterbüchern für Fortgeschrittene, von Grammatiken und Textvorlagen, auch online
- Üben von online-Recherchen im Hinblick auf Effizienz und Qualität der Informationsbeschaffung

- Bearbeitung komplexer Texte (z. B. Zusammenfassung, Paraphrase, Genre- oder Perspektivenwechsel) in der gleichen und einer anderen Sprache, Präsentation von Recherche-Ergebnissen

Bezüge zu den gültigen Lehrplänen:

Der Deutschlehrplan erwähnt die Handhabung von Hilfsmitteln für die Rechtschreibung, die Grammatik und den Ausdruck sowie die kritische Nutzung von Nachschlagewerken und neuen Medien als Bildungs- und Lehraufgaben.

Die Lehrpläne des Fremdsprachenunterrichts sind konkreter im Sinne der Mehrsprachigkeit: „Die Schülerinnen und Schüler sollen die zu erlernenden Fremdsprachen parallel zur Muttersprache und in Verbindung mit anderen Unterrichtsgegenständen als Systeme erkennen, allgemeine Strategien des Spracherwerbs sowie vernetztes und abstrahierendes Denken entwickeln und interdisziplinäre Synergieeffekte produktiv nutzen". Des Weiteren wird auf die Strategieentwicklung für ein lebenslanges systematisches Sprachenlernen und auf die Notwendigkeit einer individuellen Bildungsplanung hingewiesen. Im Ausbildungsschwerpunkt „Internationale Kommunikation in der Wirtschaft" sollen die Schülerinnen und Schüler „unter aktiver Nutzung aller zur Verfügung stehenden Informations- und Kommunikationsmedien und -technologien berufsbezogene Fakten recherchieren, aufbereiten und schriftlich und mündlich präsentieren".

Die Bildungsstandards Internationale Wirtschaft nennen im Einzelnen: „sich Lernziele selbständig setzen und diese verfolgen", „das Spektrum an Lerntechniken erweitern und Lernprozesse autonom organisieren" und „international anerkannte Qualifikationen erwerben".

Mehrsprachigkeit als Ziel, Medium und Thema in der Schule: ein Literaturbericht[1]

Abgrenzung des Gegenstandes

Über Mehrsprachigkeit als pädagogische Aufgabe nachzudenken ist in Europa seit den 1980er Jahren in verschiedenen sprachsoziologischen und bildungspolitischen Zusammenhängen und mehrfachen Ansätzen unternommen worden. Diese Bemühungen haben zunehmend an Interesse gewonnen, fachdidaktische Diskussionen entstehen lassen und praktische Entwicklungs- und Erprobungsarbeiten in Gang gebracht.

Der vorliegende Literaturbericht konzentriert sich entsprechend der Zielsetzung des erwähnten Curriculums auf die *pädagogisch-didaktischen* Aussagen zu den *sprachenübergreifenden* Kenntnissen, Fähigkeiten und Einstellungen. Dass diese in enger Verbindung mit institutionellen Vorentscheidungen, bildungspolitischen Maßgaben und gesellschaftlich verbreiteten Sprachauffassungen stehen, ist damit in keiner Weise bestritten und wird auch in dem Bericht selbst deutlich werden (vgl. zu diesen Zusammenhängen Thürmann 2002, S. 27–29). Doch werden Aussagen zur Hierarchie von Sprachen und zum gesellschaftlichen Sprachenbedarf, Erlasse zur Sprachenfolge, zur Lerngruppenbildung und zur Stundentafel sowie Normen für die zu erreichenden einzelsprachlichen Kompetenzen und deren Bewertung nicht im Detail berücksichtigt.

Recherchiert, gesichtet und exzerpiert wurden Publikationen zu Stichwörtern wie *language awareness*, *éveil aux langues*, Reflexion über Sprache, Sprachwissen, Sprachbewusstheit, Sprachlernstrategien, Lernerautonomie; Mehrsprachigkeit (an Schulen), Begegnungssprachunterricht, Gesamtsprachenkonzept; bilingualer Unterricht, (Fremdsprache als) Arbeitssprache, CLIL, *language(s) across the curriculum*; Sprachkontakt und Sprachenvielfalt (als Themen schulischen Lernens) u. ä.

---

1 Der hier vorgelegte Literaturbericht wurde zunächst im Rahmen der vorbereitenden Arbeiten zum „Curriculum Mehrsprachigkeit" (Krumm/Reich 2011) erarbeitet und anschließend auf den Stand des Jahres 2012 aktualisiert. An seiner Erarbeitung waren durch umfangreiche Recherche- und Exzerpierarbeiten Frau Sabine Landua und Frau Emran Sırım in maßgeblicher Weise beteiligt.

1. Charakterisierung der herangezogenen Literatur

Die exzerpierten Titel lassen sich grob vier Forschungs- und Entwicklungssträngen i. S. thematischer und disziplinärer Traditionen zuordnen:

- Language Awareness
- Mehrsprachigkeitskonzepte in der Fremdsprachendidaktik
- Interkulturelle sprachliche Bildung in der Deutschdidaktik
- Verbindungen von sprachlichem und fachlichem Lernen

Diese Forschungs- und Entwicklungsstränge verstehen sich selbst als Reformansätze, die die Didaktik eines klassischen, kommunikativ orientierten Sprachunterrichts nach unterschiedlichen Richtungen hin erweitern wollen.

1.1 Language Awareness

Das Programm der „language awareness" wurde ursprünglich im Kontext eines notorisch geringen Interesses am Fremdsprachenlernen in England entwickelt (vgl. Hawkins 1984/1987; James/Garrett 1992) und hatte von daher die Motivation zur bewussten Beschäftigung mit Sprache als Hauptziel. In der gesellschaftskritischen Variante dieses Ansatzes rückte dann die kognitive Auseinandersetzung mit Erscheinungsformen der sprachlichen Benachteiligung in den Mittelpunkt (vgl. Fairclough 1992). Die klassischen Themen des britischen Konzepts – Sprachenvielfalt im sozialen Nahraum, Verschiedenheit der Sprachen, Sprache und Alltagskultur, Spracherwerb und Sprachwandel, Sprachen der Welt – wurden in der Praxis und in praxisorientierten Projekten (vgl. Couillaud/Khan 1989; Reich 1995, S. 72–75 und 101–103) zunächst sehr lebhaft aufgegriffen. Diese Aufnahmebereitschaft ist aber im Verlauf der 1990er Jahre stark zurückgegangen und auch das theoretische Interesse ist im britischen Kontext zum Erliegen gekommen.

Auf dem Kontinent sind um diese Zeit Vorschläge formuliert und diskutiert worden, die eine gewisse Verwandtschaft mit dem britischen Ansatz aufweisen: Ein vom französischen Bildungsministerium in Auftrag gegebener Kommissionsbericht plädiert für einen dreistündigen Unterricht über die Sprachen und Kulturen der Immigranten an den Grundschulen, der dem Ziel einer Einführung aller Schülerinnen und Schüler in die Vielfalt der Kulturen der Welt verpflichtet sein sollte (Berque 1985, S. 45). Mit Blick auf die Bildungssysteme in Deutschland entwirft Gogolin (1988, S. 97–125) „Konturen eines sprachpädagogischen Konzepts für die multikulturelle Schule", in dem das Erziehungsziel Zweisprachigkeit für den gesamten Unterricht gilt und ein eigener Lernbereich zur Förderung der besonderen Fähigkeiten Zweisprachiger eingerichtet ist.

Breitere Resonanz im Kontext der anderen europäischen Bildungssysteme finden jedoch erst die direkten Weiterentwicklungen des britischen Ansatzes in konkreten Entwicklungs- und Erprobungsarbeiten:

In den Arbeiten des Laboratoriums für Linguistik und Didaktik der Fremd- und Muttersprachen an der Universität Grenoble wird der französische Reformansatz des éveil (des entdeckenden Lernens in Vor- und Grundschule) auf den Bereich der Sprachen übertragen und mit den Anregungen des „language awareness"-Konzepts zusammengeführt (vgl. Dabène 1994; Billiez 1998). Auf dieser Grundlage arbeitet dann das Projekt „Éducation et ouverture aux langues à l'école" (EOLE), das in mehreren romanischen Kantonen der Schweiz durchgeführt wird und nach ermutigenden Erprobungsergebnissen eine größere Sammlung didaktischer Materialien veröffentlicht hat (Perregaux u. a. 2003). Es erfährt eine Fortsetzung durch Evlang, ein EU-Projekt, in dem Wissenschaftler und Lehrkräfte aus der Schweiz, Österreich, Frankreich (einschl. Réunion), Italien und Spanien zusammenarbeiten (Macaire 2001, S. 202–205; Candelier 2003; 2004) und in dem weitere Unterrichtsvorschläge und -materialien für Primarschulen erarbeitet und erprobt und ansatzweise systematisiert werden. Luxemburg schließt sich später, im Kontext einer nationalen Sprachbildungsreform, mit einem eigenen EOLE-Projekt an (Ministère … 2010).

Das Europäische Fremdsprachenzentrum in Graz, eine Einrichtung des Europarats, weitet die Arbeiten auf weitere, sprachsoziologisch sehr unterschiedliche Situationen aus: „Janua Linguarum", ein Großprojekt mit drei Netzen, vereint Akteure aus 16 europäischen Ländern, die zu einer Vielzahl von Themen Materialien entwickeln, publizieren und auf ihre Praktikabilität hin testen. Aus dem französischen Teilprojekt z. B. sind didaktisch aufbereitete Grundschul-Materialien zu Themen wie Abzählreime, Lautmalereien, Geburtstagswünsche, Wetterberichte, Zweisprachigkeit, Sprachfamilien hervorgegangen (Kervran 2006). Das Schweizer Projekt ELBE (Éveil aux langues/Language awareness/Begegnung mit Sprachen), das sich ebenfalls als Teilprojekt von „Janua Lingua-rum" versteht, nutzt und erprobt Evlang-Materialien vor allem unter dem Gesichtspunkt ihrer Einfügung in den regulären Unterrichtsbetrieb (vgl. Saudan u. a. 2005). Das österreichische Projekt „Sprach- & Kulturerzie-hung" (SKE) hat ein Modell zur Förderung der allgemeinen sprachlichen und kulturellen Bildung zum Ziel (Huber u. a 1995, S. 7) und entwickelt Unterrichtsvorschläge, die einen Grundbaustein für ein solches zukünfti-ges Schulsprachenkonzept abgeben könnten (vgl. Huber/Huber-Kriegler 1995). In der Praxisreihe „Kinder entdecken Sprachen" (KIESEL) sind u. a. Hefte zu den Bezeichnungen der Wochentage, zum Genus, zur Kör-persprache und zur Sprachenmischung publiziert (ÖSZ 2011).

In Deutschland werden Gedanken der „language awareness" zunächst im Kontext der Diskussionen um den frühen Fremdsprachenunterricht rezipiert. Als Alternative zu einem vorgezogenen systematischen Eng-lisch- oder Französischunterricht wird in den 1990er Jahren vor allem in Nordrhein-Westfalen das Konzept der „Begegnung mit Sprachen in der Grundschule" eingeführt. Ziel ist es, das Interesse der Kinder an Sprachen zu wecken bzw. zu erweitern und dies mit der Erziehung zu gegenseiti-gem Verstehen zu verbinden. Zugleich soll die Begegnung mit Sprachen zu einer besseren Erkenntnis der Erscheinungsformen der eigenen Mut-tersprache und zu einem differenzierteren Umgang mit deren vielfältigen Ausprägungen führen (vgl. Haenisch/Thürmann 1994; Hegele u. a. 1994; Graf/Tellmann 1997, S. 95–114). Die Begegnungs-Konzeption hat sich letztlich nicht gegen das Konzept des frühen Fremdsprachenunterrichts behaupten können.

Enge und dauerhafte Beziehungen entwickeln sich jedoch von der „language awareness" zur interkulturellen Deutschdidaktik, die im über-nächsten Abschnitt vorgestellt wird.

Der „language awareness"-Ansatz berührt sowohl die („mutter-sprachliche") Didaktik der jeweiligen Nationalsprachen als auch die Didaktik der Fremdsprachen, gelegentlich wird ihm eine „Überbrü-ckungs- oder Verbindungsfunktion (…) zwischen Erst- und Fremdspra-chenlernen" (Luchtenberg 2001, S. 88) zugeschrieben. Er ist durch eine betont interkulturelle Sichtweise gekennzeichnet, Minderheiten- und Migrantensprachen, auch Dialekte, sind in der Regel mit berücksichtigt. Unbeschadet der unterschiedlichen Schwerpunktsetzungen bei seiner Weiterentwicklung (vgl. Candelier 2003, S. 30f.) hat sich doch eine Art

Kanon der einzubeziehenden unterrichtlichen Inhalte als fester Kern herausgebildet. Er umfasst Elemente der metasprachlichen Kommunikation, der Erkundung sprachlicher Vielfalt, der Selbstreflexion der Sprachenlernenden und des entdeckenden Lernens über Erscheinungen der Sprachsysteme (vgl. z. B. Oomen-Welke/Krumm 2004).

1.2   Mehrsprachigkeitskonzepte in der Fremdsprachendidaktik

Die Fremdsprachendidaktiken haben sich in der Zeit nach 1990 von ihrem monolingualen Selbstverständnis gelöst und mit Blick auf den europäischen Binnenmarkt und die weltwirtschaftlichen Öffnungsprozesse ihr Verhältnis zueinander und zum gesellschaftlichen Bedarf neu zu bestimmen gesucht. Eine zentrale Rolle spielen dabei die seither nachgefragten interkulturellen Zielsetzungen sowie die Diversifizierung und Legitimierung von Fremdsprachenangeboten über die Weltsprache Englisch hinaus. Eine detaillierte Bestandsaufnahme der fremdsprachendidaktischen Diskussion über Mehrsprachigkeit, bezogen auf die deutschsprachigen Bildungssysteme nach 2000, bieten die Arbeitspapiere der 24. und der 28. Frühjahrskonferenz zur Erforschung des Fremdsprachenunterrichts (Bausch/Königs/Krumm 2004; Bausch/Burwitz-Melzer/Königs/Krumm 2008).

Ein Konzept, das dem monolingual konzipierten Fremdsprachenunterricht noch nahe steht, aber doch schon den Übergang zu einem offeneren Denken markiert, ist das Konzept der Interkomprehension, das auf einen raschen Erwerb der Lesefähigkeit in einer genetisch verwandten zweiten oder weiteren Fremdsprache zielt. Das Konzept ist zunächst für romanische Sprachen ausgearbeitet (Meißner 1995; Meißner/Reinfried 1998; Bär 2009) und dann unter dem Begriff „EuroComprehension" auch auf germanische und slawische Sprachen erweitert worden (vgl. Klein/Stegmann 2000; Hufeisen/Marx 2007; Klein 2007; Meißner 2010; Mehlhorn 2011). Der Grundgedanke ist der, dass die Gemeinsamkeiten verwandter Sprachen in Wortschatz, Wortbildung und Grammatik gezielt als Lernerleichterungen genutzt werden können und sollen.

Ein nahestehendes Konzept ist das der Tertiärsprachendidaktik, in dem das Bezugnehmen auf zuvor erworbene Sprachen, auch wenn diese nicht miteinander verwandt sind, das herrschende didaktische Prinzip darstellt (vgl. Hufeisen/Lindemann 1998; Behr 2006; Neuner u. a. 2009, S. 25–38). Entstanden ist dieses Konzept zunächst im Bereich des Deutschen als Fremdsprache: Da Deutsch weltweit immer seltener als erste, sondern vielfach erst als zweite Fremdsprache nach Englisch oder als dritte Fremdsprache gelehrt und gelernt wird, hat sich die Tertiärsprachenforschung der Frage angenommen, wie weit die vor dem Erlernen des Deutschen erworbenen Kompetenzen lernökonomisch genutzt werden können (vgl. die Beiträge in Bausch/Heid 1990; Krumm 1995). Ein Hauptanwendungsgebiet ist die Entwicklung spezifischer didaktischer Ansätze und Materialien für „Deutsch nach Englisch" (vgl. Hufeisen 1991; 1994; Hufeisen/ Neuner 2003; Neuner u. a. 2009, S. 39–47). Beides, die Tertiärsprachenforschung wie die Materialentwicklung in diesem Bereich, haben die Entwicklung der Mehrsprachigkeitsdidaktik auch in anderen Bereichen erheblich beeinflusst.

Von zentraler Bedeutung ist das vielzitierte Konzept einer „mehrsprachigen und pluri-kulturellen Kompetenz", das vom Europarat vertreten wird. Es geht davon aus, „dass sich die Spracherfahrung eines Menschen in seinen kulturellen Kontexten erweitert" und dass sich dabei eine kommunikative Kompetenz herausbildet, „zu der alle Sprachkenntnisse und Spracherfahrungen beitragen und in der die Sprachen miteinander in Beziehung stehen und interagieren" (Gemeinsamer europäischer Referenzrahmen 2001, S. 17). Es besagt, dass „das Lehren und Lernen jeder einzelnen Sprache immer auch im Zusammenhang mit dem gesamten Sprachenangebot" zu sehen ist (ebd., S. 163), dass dabei durch Transfer und Synergie Einsparungsmöglichkeiten geschaffen werden, und dass curriculare Überlegungen auch „auf die Rolle mehrerer Sprachen bei der allgemeinen sprachlichen Erziehung ausgerichtet sein", d. h. auch eine transversale Dimension haben sollten (ebd., S. 164). Die tragenden pädagogischen Instrumente dieses Konzepts sind der „Gemeinsame europäische Referenzrahmen für Sprachen", der sprachenübergreifend Kompetenzstufen der Sprachbeherrschung (jedoch ohne Mehrsprachigkeitskompetenzen im eigentlichen Sinne) vorschlägt, und das „Europäische Sprachenportfolio", das dazu anleitet, sich der eigenen Sprachenkenntnisse bewusst zu werden, sie zu dokumentieren, sich darüber auszutauschen und das weitere Sprachenlernen in die eigenen Hände zu nehmen (vgl. Burwitz-Melzer 2010).

1.3 Interkulturelle sprachliche Bildung in der Deutschdidaktik

In den 1970er Jahren wurde versucht, die Didaktik der deutschen Sprache (damals noch verstanden als „muttersprachliche" Didaktik der nationalen Standardsprache) auch für nicht standardsprachliche Varietäten zu öffnen und den herkömmlichen (normativen) Grammatikunterricht durch eine breiter angelegte (deskriptiv-analytische) „Reflexion über Sprache" zu überwinden. Dieser Reformansatz wurde Anfang der 1990er Jahre im Rahmen der kognitiven Wende in der Deutschdidaktik neu aufgegriffen (vgl. Riegler 2006) und erhielt durch die Interkulturelle Pädagogik einen starken Impuls zu einer sprachenübergreifenden Entwicklung.

Oomen-Welke fordert schon 1991 eine interkulturelle Didaktik für den gegenwärtigen Deutschunterricht (vgl. ähnlich Pommerin-Götze u. a. 1992). 1992 entwirft Gogolin das Konzept einer interkulturellen sprachlichen Bildung, das sich am Leitbild des mehrsprachigen Menschen orientiert, der in der Lage ist, „seine kommunikative Praxis auf eine noch unbekannte Zukunft in sprachlicher Pluralität hin auszurichten". Dazu müssten sich im schulischen Lernen „die Ausbildung der einzelnen Sprachen einerseits, die eigenwertige Ausbildung metasprachlicher Fähigkeiten andererseits" wechselseitig zu einer allgemeinen sprachlichen Bildung ergänzen (Gogolin 1994, S. 21). In zahlreichen nachfolgenden Veröffentlichungen ist dieses Konzept aufgegriffen und vielfach auch in konkrete Unterrichtsvorschläge umgesetzt worden (z. B. Krumm 1994; Luchtenberg 1995; Schader 2000/2004; Strunz 2003, S. 99–106; Oomen-Welke 2011b).

Einen eigenen Akzent setzt Budde (2000) mit ihrem Konzept des sprachsensibilisierenden Unterrichts. Darin werden die Themen der „language awareness" besonders eng mit Zielen einer reflektierten Entwicklung von Ich-Identität verbunden: Sprachbewusstsein und interkulturelles Bewusstsein sollen zu einem gestärkten Selbstbewusstsein führen. Demgemäß treten Fragen der sprachlichen Interaktion, der kulturellen Einbettung und der Wirkung sprachlicher Äußerungen stärker in den Vordergrund (vgl. Budde u. a. 2011, S. 151–156).

War die Beschäftigung mit Mehrsprachigkeit zunächst noch eine „anerkannte, aber randständige Strömung innerhalb der Deutschdidaktik" (Wintersteiner 2003, S. 602), so haben interkulturelle Vorstellungen nach 2000 doch auch schon Eingang in die Didaktiken und Handbücher gefunden, die das Fach Deutsch insgesamt oder Teilbereiche des Faches behandeln (vgl. Bredel u. a. 2003; Oomen-Welke 2008b; Wildemann 2010; Budde u. a. 2011). Dabei zieht die Interkulturalisierung des Teilbereichs „Reflexion über Sprache" eindeutig das meiste Interesse auf sich (vgl. Luchtenberg 2001; 2008), doch sind auch in den Bereichen des Schreibens und der Gesprächserziehung Möglichkeiten der Mehrsprachigkeit im Deutschunterricht bedacht, wenn auch in geringerem Maße entfaltet worden (vgl. Reich 2000, S. 246–248).

1.4   Verbindungen von sprachlichem und fachlichem Lernen

In zunehmendem Maße ist Mehrsprachigkeit im Sinne des Verfügens über vielfache Register intralingual, aber auch interlingual, bewusst geworden. Einen für schulische Kontexte besonders bedeutsamen Platz nehmen dabei die Register der Bildungssprache und ihrer Ausprägungen in den einzelnen Schulfächern ein. In einigen Konzepten überlagern sie sich auch direkt mit Überlegungen und Vorschlägen zur Sprachenvielfalt.

So wird von mehreren Vertretern der „language awareness" geltend gemacht, dass in allen Fächern, auch den Sachfächern, Sprachenvielfalt in der einen oder anderen Weise thematisiert werden kann und thematisiert werden sollte. Beispielshalber nennen Saudan u. a. (2005, S. 23) außer den komparativen Aktivitäten, die in allen sprachlichen Fächern eine Rolle spielen können, die zugleich sprachliche und geographische Betrachtung von Ortsnamen, sprachliche Entlehnungen als geschichtliches, die Verteilung der Sprachen als geographisches, die gesellschaftliche Anerkennung von Sprachen als sozialkundliches Thema.

Bildungspolitisch hochbedeutsam ist die Beziehung zwischen sprachlichem und fachlichem Lernen beim Einsatz einer Fremdsprache als Medium fachlichen Lernens, der sich in Österreich und anderen europäischen Ländern zunächst in Modellversuchen bewährt und seit den 1990er Jahren auch in der Breite durchgesetzt hat. Zwar ist dieses „Content and Language Integrated Learning" (CLIL, im Deutschen meist „bilingualer Sachfachunterricht" genannt), wie ein Teil der damit befassten Autoren betont (vgl. Quetz 2004, S. 185; Tönshoff 2004, S. 228; Knorr/ Teske 2010, S. 142), zunächst einmal nicht auf Mehrsprachigkeit ausgerichtet, sondern strebt überwiegend einen einsprachigen Unterricht in einer zweiten Unterrichtssprache an. Dabei stellen sich aber eine Reihe von didaktischen Fragen, die dann doch in den Bereich der Mehrsprachigkeit hineinführen: die Frage nach der Auswahl und ggf. dem Wechsel der „zweiten Unterrichtssprachen", die Frage nach dem Verhältnis der Begriffe in der einen und in der anderen Unterrichtssprache einschließlich ihrer kulturspezifischen Prägungen, die Frage nach dem Verhältnis von allgemeinsprachlichem Unterricht zur spezifischen sprachlichen Vorbereitung, Begleitung oder Gestaltung des CLIL-Unterrichts, die Frage nach den in besonderer Weise benötigten Sprechhandlungen und Sprachlernstrategien. Nicht zu Unrecht betrachten daher andere Autoren CLIL als einen wesentlichen Beitrag zur Mehrsprachigkeitsdidaktik (vgl. Hallet/Königs 2010, S. 304f.). Ein kürzlich abgeschlossenes Projekt des Europäischen Fremdsprachenzentrums hat die Einarbeitung von mehrsprachigen Ansätzen in CLIL ausdrücklich zum Hauptziel erklärt (http://conbat.ecml.at).

In Österreich, wie in anderen nichtanglophonen Ländern, hat sich CLIL insbesondere als Unterricht im Medium des Englischen verbreitet. Dies muss jedoch nicht in einem eng monolingualen Sinn verstanden werden: Im Projektverbund „Englisch als Arbeitssprache" (vgl. Abuja/Heindler 1993) werden über die Verbesserung der Englischkenntnisse hinaus Zweisprachigkeit und Aufmerksamkeit auf Sprache als übergeordnete Ziele anerkannt und aktiv verfolgt. Über die vergleichsweise festen Sprachenkonzepte des herkömmlichen CLIL-Unterrichts hinausgehend betont Christ (2006), dass der bilinguale Sachfachunterricht für die Entwicklung mehrperspektivischer Sichtweisen genutzt werden solle, und plädiert für mehrsprachige Module, die die Lernenden ermutigen, Sprachen kontrastiv zu betrachten, und sie befähigen, kulturelle Mittlerfunktionen einzunehmen. Solche Module können als Erweiterung bilingualen Sachfachunterrichts konzipiert werden (z. B. als französisch-spanisches Interkomprehensionsmodul in einem französischsprachigen Geographieunterricht, vgl. Böing 2004), sind aber auch im Rahmen des regulären (also „eigentlich" deutschsprachigen) Sachfachunterrichts in sprachlich heterogenen Klassen einsetzbar (vgl. Abendroth-Timmer 2007, S. 75–78). Als Medium des Unterrichts kommen neben den gängigen Schulfremdsprachen auch die an der Schule vertretenen Migrantensprachen in Betracht (vgl. Rymarczyk/Bongartz 2010); ein konkretes Beispiel schildern Reißner/Yilmaz/Ziga (2011).

In zunehmendem Maße wird auch der Gebrauch der regulären, mehrheitlich verwendeten Schul- und Unterrichtssprache – die für manche Schüler eine Variante ihrer Erstsprache, für andere eine Variante ihrer Zweitsprache ist – in den „nichtsprachlichen" Fächern zum Gegenstand sprach- und fachdidaktischer Aufmerksamkeit. Unter Leitbegriffen wie „sprachsensibler Fachunterricht" (vgl. Leisen 2010) und „durchgängige Sprachbildung" (vgl. Gogolin/Lange 2010) wird erprobt und erforscht, wie Zugänge zu Bildungssprache und Fachsprache für Schüler und Schülerinnen unterschiedlicher sprachlicher Ausgangslagen eröffnet bzw. erleichtert werden können. Auch hier gilt, dass die Einbeziehung weiterer Sprachen sinnvoll sein kann (vgl. Reich 1989; Gogolin/Lange 2010, S. 45–47; Gogolin u. a. 2011, S. 214–216).

1.5 Zum gegenseitigen Verhältnis der Forschungsstränge und zur Didaktik der Minderheiten- und Migrantensprachen

Wie aus den obigen Skizzen zu erkennen ist, haben die Forschungsstränge zunächst je eigene diskursive Traditionen ausgebildet, die erst einmal für sich bestehen. Ein Versuch wie der von Christ (2010), Brücken zwischen dem Aufbau bildungssprachlicher Kompetenzen und dem Lehren und Lernen fremder Sprachen zu schlagen, muss als Ausnahme, vielleicht als Pioniertat gesehen werden Doch gibt es von Fall zu Fall auch engere Beziehungen. So besteht ein direkter Zusammenhang zwischen Fremdsprachendidaktik und CLIL, auf den durchgehend verwiesen wird. Dagegen gehen die Konzepte des sprachsensiblen Fachunterrichts und der durchgängigen Sprachbildung eher auf Impulse aus dem Deutschen als Zweitsprache zurück. Mit dem Programm der „language awareness" sind die deutschdidaktischen Konzepte vergleichsweise eng, die fremdsprachendidaktischen eher locker verbunden.

In jüngerer Zeit verstärken sich die Konvergenzen, wofür etwa der Band „Conscience du plurilinguisme" (Candelier u. a. 2008), in dem Beiträge aus den Bereichen des Zweitsprachenunterrichts, des *éveil aux langues* und der Interkomprehensionsdidaktik versammelt sind, oder der übergreifende Theorie-Ansatz von Oomen-Welke (2011a, S. 63–68) als Belege dienen können.

Die Praxis des Unterrichts in den Sprachen der ansässigen Minderheiten und in den Herkunftssprachen von Migranten bietet vielfältige Aspekte, die für eine Didaktik der Mehrsprachigkeit von Interesse sein müssten, insbesondere den unmittelbaren Zugang zu Sprachen, die nicht zum tradierten Kanon der Schulfremdsprachen gehören, die verbreitete Zweisprachigkeit des Unterrichtsgeschehens, die fast unumgängliche Auseinandersetzung mit Sprachkontakterscheinungen, die naheliegenden kulturellen Vergleiche. Auch auf der Erlassebene herrscht eine weitgehende Offenheit für die Entwicklung dieser Praxis zu einem Bestandteil von Mehrsprachigkeitskonzepten.

In der didaktischen Literatur kommen diese günstigen Voraussetzungen aber kaum zum Tragen. Im Vordergrund stehen Argumentationen zum sprachen- und bildungspolitischen Status und zur Legitimation dieser Unterrichtsangebote (vgl. Busch 1996; Cichon/Cichon 2009; Çınar 1998; Caprez-Krompàk 2010). Dies lässt wenig Raum für fächerübergreifende Kooperationen und offensive didaktische Vorschläge einer mehrsprachigen Gestaltung. Beispiele für Überlegungen in dieser Richtung bieten jedoch der Sammelband von Cichon/Cichon (2009) und der von Schlotmann verfasste Bericht des Landesinstituts für Schule und Weiterbildung (1998) zur Öffnung des Muttersprachlichen Unterrichts für NichtMuttersprachler mit Blick auf die Mehrsprachigkeit in Europa.

2. Grundlagen und Optionen

2.1 Zur Legitimierung von Mehrsprachigkeitskonzepten

Um die Notwendigkeit oder Wünschbarkeit von Mehrsprachigkeitskonzepten zu untermauern, werden in der Literatur bildungspolitische Argumente, allgemeindidaktische und sprachpädagogische sowie sprachpsychologische Argumente angeführt.

Die *bildungspolitische* Legitimation ist von dezidiert europäischem Gepräge. In der Wahrnehmung der Autorinnen und Autoren steht die Zielvorgabe aus dem Weißbuch der Europäischen Kommission, wonach jedem Bürger der Europäischen Union „die Möglichkeit gegeben wird, die Fähigkeit zur Kommunikation in mindestens zwei Gemeinschaftssprachen neben seiner Muttersprache zu erwerben und zu erhalten" (Europäische Kommission 1996, S. 62; wiederaufgenommen im Aktionsprogramm 2003, S. 8), weit im Vordergrund. Seither findet die Förderung der Mehrsprachigkeit Eingang in zahlreiche Entschließungen der europäischen Bildungsminister und anderer übernational agierender Gremien. Die Kommission selbst hat die Mehrsprachigkeitspolitik allerdings erst 2004 offiziell unter ihre Zuständigkeiten aufgenommen.

Vorrangig war und ist dabei zweifellos die Stärkung der binneneuropäischen Kommunikation in den Nationalsprachen der Mitgliedstaaten, doch schließt schon die zitierte Formulierung im Weißbuch dem Wortlaut nach auch die Muttersprachen europäischer Bürger mit Migrationshintergrund ein, die nicht Gemeinschaftssprachen (d. h. offizielle Sprachen von EU-Staaten) sind. Diese – ursprünglich wohl nicht intendierte – Inklusion ist nachfolgend auch explizit bestätigt worden, so z. B. in der Mitteilung der Kommission „Eine neue Rahmenstrategie für Mehrsprachigkeit" vom 22.11.2005. In dieser wird auch die Einrichtung einer Hochrangigen Gruppe „Mehrsprachigkeit" angekündigt, die dann in ihrem Abschlussbericht (2007) zu der Aussage kommt, dass auf dem Hoheitsgebiet der EU-Mitgliedstaaten nicht weniger als 450 Sprachen gesprochen und genutzt werden und dass das Erlernen *sämtlicher* Sprachen, der „Regional- oder Minderheitensprachen, Migrantensprachen und wichtigen Weltsprachen" Gegenstand der europäischen Mehrsprachigkeitspolitik sei. 2008 schlägt eine von der Kommission eingesetzte Arbeitsgruppe vor, im Rahmen der Dreisprachigkeitsprogrammatik zwischen der zweiten und der dritten Sprache einen deutlichen funktionalen Unterschied zu machen: „Indem bei der Entscheidung klar zwischen einer *internationalen Verkehrssprache* und einer *persönlichen Adoptivsprache* unterschieden wird, würden die Europäer ermutigt, in der Frage des Sprachenerwerbs zwei getrennte Entscheidungen zu treffen: Die eine würde von den Anforderungen der Kommunikation im weitesten Sinne diktiert, die andere von einem Bündel persönlicher Beweggründe geleitet, die mit dem individuellen oder familiären Lebensweg, emotionalen Bindungen, beruflichen Neigungen, kulturellen Präferenzen, intellektueller Neugier usw. zusammenhängen. Für jede dieser Entscheidungen bestünde umfassende Wahlfreiheit." (Eine lohnende Herausforderung 2008, S. 12f.). Damit sind neben den identitären und den außenwirtschaftlichen Aspekten auch die interkulturellen Aspekte der Kommunikation innerhalb der EU-Staaten, zwischen ihnen und über sie hinaus vollgültig einbezogen. Die Entschließung des Rates vom 21.11.2008 hat diese Position offiziell übernommen.

Seltener zitiert werden die sprachenpolitischen Empfehlungen des Europarats, obwohl dieser sich schon lange vor der Europäischen Kommission – im Grunde genommen seit der Kulturkonvention von 1954 – mit der Vielsprachigkeit Europas identifiziert hat. Zunächst ebenfalls auf die Vielfalt der europäischen Nationalsprachen ausgerichtet, hat der Europarat später auch eine entschiedene Politik zugunsten der Minderheitensprachen betrieben, die in der „Europäischen Charta der Regional- und Minderheitensprachen" (1992) ihren Hauptausdruck findet (vgl. Jostes 2004). Im Rahmen neuerer Initiativen sind dann auch die Migrantensprachen mit berücksichtigt worden. Unter dem Begriff der „Language Education Policy" wurde ein Analyse- und Reflexionsprozess auf den Weg gebracht, der die in den jeweiligen nationalen oder regionalen Kontexten auf verschiedene bildungsorganisatorische Einheiten verteilten Sprachlehr- und -lernangebote in eine Zusammenschau bringt. Die Grundzüge sind in der Handreichung „From linguistic diversity to plurilingual education" (Council of Europe 2007) nachzulesen, die bisherigen Ergebnisse in einer „transversalen Analyse" (Council of Europe 2009). Die für konkrete nationale bzw. regionale Kontexte angefertigten „Language Education Policy Profiles" (LEPP) analysieren aus einer ganzheitlichen Sicht des Sprachenlernens heraus den Unterricht in den National- und Bildungssprachen ebenso wie den Unterricht in Minderheiten- und Migrantensprachen, in Fremd- und Zweitsprachen. In der Handreichung heißt es einleitend (S. 7): „The fact that Europe as a whole and Member States of the Council of Europe individually are multilingual is a fundamental characteristic crucial to all social policy in Europe (…) Policies for language education should therefore promote the learning of several languages for all individuals in the course of their lives, so that Europeans actually become plurilingual and intercultural citizens, able to interact with other Europeans in all aspects of their lives."

Die 2008/2009 für Österreich durchgeführte Profilanalyse (Council of Europe 2008; ÖSZ 2009) hat die Vielfalt des vorhandenen Angebots aufgezeigt, aber zugleich „eine gründliche Revision der Sprachlehrpläne" empfohlen, „wobei man besonders auf die Diskontinuitäten zwischen Bildungsbereichen Bezug nehmen sollte", und hinzugefügt, ferner seien

„die erforderlichen Vorbedingungen für die Entwicklung eines nationalen Rahmenlehrplans für Sprachen zu bestimmen und bekannt zu geben" (ÖSZ 2009, S. 40). Eine der Leitfragen für die weitere Entwicklung lautet: „Wie kann eine nationale Strategie zur Förderung des Sprachunterrichts und der sprachlichen Bildung erarbeitet werden, die der individuellen Mehrsprachigkeit und ihrer Verwirklichung eine zentrale Rolle zuschreibt, wenn das Ideal der individuellen Mehrsprachigkeit noch nicht fest im österreichischen Bewusstsein – auch nicht im europäischen – verwurzelt ist?" (S. 54).

Die *pädagogisch-didaktische* Legitimation geht von der faktischen „Verschiedenartigkeit der sprachlich-kulturellen Voraussetzungen der Kinder und Jugendlichen" aus, der gegenüber „eine multilinguale, kulturell vielfarbige Schule den Anspruch erheben" müsse, „Schülerinnen und Schüler auf das Leben in einer noch wesentlich komplexeren außerschulischen Welt vorzubereiten" (Kurtz 2011, S. 121). Additive Konzepte des Sprachenunterrichts würden diesem Anspruch nicht gerecht, vielmehr seien – im Gegensatz zum vorherrschenden „kontraproduktiven Nebeneinander" (Fehlmann/Wider 2001, S. 181) – sprachbezogene Einsichten und Fähigkeiten in vernetzter Weise zu vermitteln: „Wenn die Schule den sprachlichen Pluralismus fördern soll, darf man die Öffnung hin zu sprachlicher und kultureller Vielfalt nicht nur als mittel- bzw. langfristiges Ziel ansehen, welches durch das Angebot einer bzw. zweier oder dreier Fremdsprachen quasi automatisch und auf autoexpansivem und/ oder kumulativem Weg erreicht werden kann. Die Vielfalt muss ein Bestandteil der Lehrinhalte werden" (Candelier 1995, S. 77f.). In diesem Zusammenhang wird die Verwirklichung von Mehrsprachigkeitskonzepten im Bildungswesen auch als ein Weg zur Verbesserung der Chancengerechtigkeit gesehen (vgl. den Beitrag von De Cillia/Krumm, in: Bundesministerium ... 2010, S. 132f.).

In einer ersten pragmatischen Argumentation wird auf die lernökonomischen Vorteile von Mehrsprachigkeitsunterricht verwiesen, wie sie im Konzept der Interkomprehension von Anfang an herausgestellt worden sind: Durch die sprachenübergreifende Bündelung von Lernprozessen, durch die Nutzung von Vorwissen, systematischen Transfer und selbstgesteuertes Lernen werde in beträchtlichem Maße Lernzeit gewonnen (Meißner/Reinfried 1998). Diese Vorteile werden auch von der Tertiärsprachendidaktik in Anspruch genommen (Hufeisen/Lindemann 1998) und haben sich schließlich als Hauptargument für die Befürwortung von Mehrsprachigkeitskonzepten bei fast allen fremdsprachendidaktischen Autorinnen und Autoren durchgesetzt (vgl. Fehlmann/Wider 2001; Bausch 2003; 2008; Krumm 2010, S. 208).

Die bildungstheoretische Argumentation setzt dagegen auf grundlegende Einsichten in den Bau und die Funktionen von Sprache und auf Möglichkeiten selbstbestimmten Handelns in der Welt der Sprachen, wie sie sich aus der reflexiven Auseinandersetzung mit eigener Mehrsprachigkeit und gesellschaftlicher Vielsprachigkeit gewinnen lassen. Die Sprachenverhältnisse in Einwanderungsgesellschaften bieten dafür in gewissem Sinne ideale Voraussetzungen. Der Begriff der genuin mehrsprachigen allgemeinen Sprachbildung (Gogolin 1992; 1994) bzw. der interkulturellen sprachlichen Bildung (Luchtenberg 1995) bezieht seine Legitimation aus dem Bildungspotenzial dieser Sprachenverhältnisse und ihrer persönlichen Verarbeitung durch Kinder und Jugendliche (vgl. Rastner 2002; Schader 2008; Oomen-Welke 2008a; Rück 2009; Krumm 2009). Rezipiert wurde diese Argumentation vor allem im Bereich der Grundschuldidaktik.

Die beiden Argumentationen konvergieren in den Arbeiten, die sich mit dem Verhältnis von Fremdsprachendidaktik und lebensweltlicher Mehrsprachigkeit befassen. Die Pionierleistung hierfür hat Hu (2003) erbracht, die anhand zweier Schul-Fallstudien nachweist, wie sehr die herkömmlichen Leitbilder des Fremdsprachenunterrichts und die tatsächlichen Sprachenkonzepte der Lernenden heute auseinanderdriften. Sie leitet daraus die Forderung ab, die Didaktik müsse sich auf diese Konzepte der Lernenden, die ja aus realen sprachlichen Erfahrungen erwachsen, einstellen und sich für eine „Kultur der Mehrsprachigkeit und Mehrkulturalität im Fremdsprachenunterricht" stark machen (a. a. O., S. 300). Eine ähnliche Position nimmt Volgger (2010) ein, die anhand von Interviews mit Migrantenschülerinnen aufzeigt, welche Bezüge diese zwischen ihren früheren Spracherfahrungen und dem Lernen der zweiten schulischen Fremdsprache sehen, und dazu auffordert, diese subjektiven Lerntheorien im Unterricht zu nutzen. Die Untersuchung von Rück (2009) vergleicht die „Auffassungen vom Fremdsprachenlernen" bei mehrsprachigen und nichtmehrsprachigen Schülerinnen und Schülern miteinander und kommt zu dem Schluss, dass Mehrsprachige dem

Fremdsprachenlernen insgesamt offener gegenüberstehen und dass die Einbeziehung der Herkunftssprachen und -kulturen von Migranten in den Fremdsprachenunterricht zu beträchtlichen Motivationssteigerungen führt. Die Arbeit von Wojnesitz (2010) bezieht in diesen Vergleich auch die Sichtweisen von Lehrpersonen ein und kommt zu pädagogischen Postulaten, die generell die Berücksichtigung auch der Migrantensprachen im Unterricht einfordern.

Die *sprachpsychologische* Legitimation beruft sich auf die These einer ganzheitlichen Sprachverarbeitung, d. h. auf die Annahme, dass die verschiedenen Sprachen im menschlichen Gehirn nicht separat voneinander zu Abruf und Speicherung bereitstehen, sondern sich in Wechselbeziehungen zueinander entwickeln. Diese These wird als allgemeine Sprachlerntheorie (vgl. Cummins 2010, S. 15–19), in je spezifischer Weise aber auch in den Kontexten der CLIL-Didaktik, der Interkomprehension und der Tertiärsprachendidaktik vertreten. In der CLIL-Didaktik wird angenommen, dass der (je einheitliche) Fachbegriff als konzeptuelle Grundlage für eine doppelte oder mehrfache Fachsprachkompetenz fungiere (vgl. Abendroth-Timmer 2007, S. 93f.). In den Modellen der Interkomprehension und der Tertiärsprachendidaktik wird den Transferprozessen eine zentrale Bedeutung beim Sprachenlernen beigemessen.

In dezidierter Weise wird das Argument der einheitlichen Verarbeitungsinstanz vom Europarat vertreten. Im „Gemeinsamen europäischen Referenzrahmen für Sprachen" (2001, S. 163) wird gefordert, „in Betracht zu stellen, dass ein Mensch nicht über eine Ansammlung von eigenständigen und voneinander getrennten Kommunikationskompetenzen verfügt, je nachdem, welche Sprachen man kennt, sondern vielmehr über eine einzige mehrsprachige und plurikulturelle Kompetenz, die das ganze Spektrum der Sprachen umfasst, die einem Menschen zur Verfügung stehen"; ähnlich argumentiert auch die Grazer Erklärung zur Sprachenbildung (Europäisches Fremdsprachenzentrum 2010) unter Punkt I.8.

In dieser allgemeinen Formulierung bedarf die These beim heutigen Stand der psycholinguistischen Forschung allerdings der Differenzierung. Die interlingualen Verarbeitungsprozesse verlaufen unterschiedlich, je nachdem, wie ausgeprägt das Sprach- und Sprachlernbewusstsein ist, welche Arten von sprachlichen Aufgaben zu bewältigen sind, welche Niveaus die bereits erlernten Sprachen erreicht haben, und ob die Strukturen und Elemente dieser Sprachen Transfers nahelegen oder nicht. Dabei unterliegen die angenommenen Verarbeitungsprozesse durchaus auch biographischen Restrukturierungen (vgl. insgesamt Hufeisen 2003; Kroll/Tokowicz 2005; Wahl 2009).

Auch für die Hirnforschung ist klar, „dass die Frage nach überlagernder oder differentieller Darstellung der Sprachen im Gehirn nicht generell beantwortet werden kann" (Zappatore 2006, S. 79). Festzuhalten ist jedoch, dass es für die Annahme völlig getrennter Verarbeitungsprozesse keine belastbaren Hinweise gibt; es ist im Gegenteil von einer „Tendenz in Richtung überlagernde Aktivierungsmuster für die verschiedenen Sprachen eines Menschen" auszugehen (Weskamp 2007, S. 53; vgl. auch Nitsch 2007, S. 54–38). Dabei scheinen Annäherungen in der Kompetenz auch Annäherungen in den Verarbeitungsprozessen zu bewirken. Zu beobachten ist jedenfalls, dass bei zweisprachigen Personen „bei hoher Kompetenz beide Sprachen, ob früh oder spät gelernt, dasselbe Aktivierungsmuster aufweisen" (Zappatore 2006, S. 81). Dies deutet auf eine (ggf. didaktisch zu fördernde) Möglichkeit der Entwicklung hin zu einer einheitlichen Verarbeitung von Sprachen, die zunächst unterschiedlich weit entwickelt waren und (darum) zunächst unterschiedlich verarbeitet worden sind.

2.2 Zu den pädagogischen Zielen

In der Literatur besteht grundsätzlich Einigkeit darüber, dass die Ziele einer jeden Mehrsprachigkeitsdidaktik breit anzulegen sind (vgl. z. B. Luchtenberg 2001, S. 89f.; Osterwalder 2002, S. 341). Mit unüberbietbarem Lakonismus formulieren Candelier/Macaire die Leitvorstellung mit den Worten: „mieux apprendre les langues et vivre dans une société multilingue et multiculturelle" (zitiert bei Macaire 2001, S. 204).

Die meisten Autoren konzentrieren sich aber doch auf die sprachliche Zieldimension. Für Hutterli u. a. (2008, S. 109) geht es beim schulischen Sprachenlernen darum, „ein sprachliches Repertoire zu entwickeln, in dem alle sprachlichen Fähigkeiten und Kenntnisse ihren Platz haben und zum Aufbau einer gemeinsamen mehrsprachigen Kompetenz beitragen". Saudan u. a. (2005, S. 9) fassen die Ziele des *éveil aux langues* in den folgenden vier Kategorien zusammen:

- „das Bewusstsein und das Interesse für die eigene(n) und andere Sprachen wecken,
- die Motivation für das Erlernen von Fremd- und Schulsprachen unterstützen,
- Methodenkompetenz im Sinne von Verständigungs-, Lern- und „Erforschungs"-Strategien und selbstgesteuertes Arbeiten beim sprachlichen Lernen schulen,
- und mittels vergleichender Reflexionen über Sprache(n) und Sprachenlernen metasprachliche und metakognitive Fähigkeiten aufbauen helfen".

In der Ausführung ihrer Vorstellungen setzen die Autoren und Autorinnen allerdings je eigene Akzente. Im Überblick kann man eine Gruppe primär affektiver und attitudinaler Zielsetzungen (Interesse an Sprachen, Motivation zu weiterem Sprachenlernen) und eine Gruppe primär kognitiver und metakognitiver Zielsetzungen (Wissen über Sprachen und Sprachenlernen, Prozeduren der Sprachanalyse und des Sprachenvergleichs) unterscheiden. Aufs Ganze gesehen werden die kognitiven Ziele in den Vordergrund gestellt; es gibt aber auch andere Gewichtungen: Wintersteiner (2003, S. 606) hält es für erforderlich, „die bestehende Dominanz von Sprachreflexion innerhalb einer interkulturellen Sprachdidaktik zugunsten ausgewogenerer Konzepte zu überwinden." Kurtz (2004, S. 115) vertritt die Ansicht, das „Fundament für die gesamte schulische Entwicklung von Mehrsprachigkeit" müsse „vor allem affektiv nachhaltig tragfähig, aber auch sprachlich-kognitiv anschlussfähig und für mehrkulturelle Perspektivenwechsel offen sein".

Die in den Veröffentlichungen auch genannten sprachpraktischen Ziele, die man unter dem Begriff der sprachlichen Flexibilität zusammenfassen könnte (Kommunikation in mehreren Sprachen, Umgang mit Texten in mehreren Sprachen, Verfassen mehrsprachiger Texte, interlingualer Transfer textueller Fähigkeiten), werden von den Autorinnen und Autoren im Kontext der Mehrsprachigkeit nicht als eigene Gruppe didaktischer Ziele gefasst, sondern je nachdem mit motivationalen oder kognitiven Zielen in Verbindung gebracht. Über diese Praxis ließe sich diskutieren, doch würden dabei die Grenzen eines bloßen Berichtes sicherlich überschritten. Der Bericht folgt also in diesem Punkt dem Beispiel der Autorinnen und Autoren. Eigens hingewiesen sei aber auf den Vorschlag, durch das Erfinden einer neuen Sprache ein ganz breites Spektrum von Zielen, von der Sprechmotorik über den Umgang mit Texten bis hin zur Sprachsoziologie, abzudecken (Thorwartl 1995).

Die *affektiven und attitudinalen Ziele* könnte man mit dem – in der Literatur allerdings so nicht verwendeten – Begriff des souveränen Umgangs mit der Sprachenvielfalt insgesamt charakterisieren. In diesem Begriff kommen zwei sich ergänzende Zielvorstellungen zum Tragen: die offene Wahrnehmung der „Welt der Sprachen" einerseits, die Meisterung der eigenen Sprachenbiographie andererseits.

Die angestrebte Einstellung zur Sprachenvielfalt wird als *Aufgeschlossenheit gegenüber Sprachen und Kulturen* umschrieben, die mit einer positiven Bewertung einhergeht (Candelier 2003, S. 23f., 79; Luchtenberg 2001, S. 89; Macaire 2001, S. 204; Osterwalder 2002, S. 341; Schader 2008). Sie soll sich umsetzen in „Neugierde gegenüber allem Sprachlichen" (Fehlmann/Wider 2001, S. 181), „Freude am Spiel mit Sprache" (Luchtenberg 2001, S. 89), „Interesse und Freude am experimentellen Umgang mit sprachlichen und literarischen Phänomenen" (Osterwalder 2002, S. 341), „Neugier auf andere Sprachen", „Lust am Umgang mit verschiedenen Sprachen" (beides Bartnitzky 2000, S. 264; vgl. Saudan/Sauer 2007). In der Klasse soll sich diese Haltung in der „Entwicklung eines positiven Sprachklimas" (Bär 2009), in der „Wertschätzung für alle vorhandenen Sprachen und Kulturen" (Macaire 2001, S. 204; vgl. Saudan/Sauer 2007; Wintersteiner 2008) niederschlagen. Nur ganz selten findet sich zwischen den vielen affirmativen Zielen auch einmal eine Formulierung, die eine kritische Haltung zum Ziel setzt, so bei Osterwalder (2002, S. 341): „was man kennt, in seiner Entstehung und Gültigkeit durchschauen wollen".

Mit engerem Bezug auf das sprachliche Handeln der Schülerinnen und Schüler wird vor allem die *Lernbereitschaft* als attitudinales Ziel der Mehrsprachigkeitsdidaktik formuliert: Motivation für das Lernen von Sprachen (Candelier 2003, S. 79; Saudan/Sauer 2007; Bär 2009), „den Wunsch, Sprachen zu erlernen, wecken bzw. verstärken" (Macaire 2001, S. 204), Vorbereitung auf lebenslanges Sprachenlernen (Burwitz-Melzer 2008, S. 34; Rück 2009, S. 33f.).

In zweiter Linie wird *Kommunikationsbereitschaft* unter den Bedingungen der Mehrsprachigkeit als Ziel gesetzt: „sich in verschiedenen

Sprachen mitteilen und verständigen wollen" (Osterwalder 2002, S. 341); eine Sprache gebrauchen, auch wenn man sie noch nicht so gut beherrscht (Bär 2009, S. 29); kommunizieren, auch wenn die Partner keine gemeinsame Sprache haben (Candelier 2003, S. 79). Daran schließen dann Zielsetzungen an, die psychische Voraussetzungen des Bestehenkönnens in herausfordernden Kommunikationssituationen thematisieren: Stärkung der Ich-Identität in Interaktionen (Budde 2000, S. 12f., 49f.), Bereitschaft zum Gebrauch von Sprachen durch gemeinsames Lernen von Schülern und Schülerinnen verschiedener Sprachen und Kulturen (Abendroth-Timmer 2007, S. 20), sprachliches Selbstvertrauen (Luchtenberg 2001, S. 90), Vermeidung von Sprachängsten (Schader 2008, S. 70).

Diese Zielbestimmung greift damit bereits auf den Bereich der Persönlichkeitsentwicklung aus, der in anderen Formulierungen noch deutlicher angesprochen wird: Entwicklung einer positiven Beziehung zur eigenen Erstsprache (Schader 2008, S. 71; Degen/Stadelmann 2007), Ausbildung einer mehrsprachigen Identität (Rück 2009, S. 33), Entwicklung von Selbstbewusstsein und „Weltgewandtheit" (Reichel-Wehnert/ Schulz 2008). Auch hier sind Vorschläge, die auf eine kritische Haltung hinauslaufen, selten; doch sieht Macaire (2001, S. 211f.) die Relativierung der eigenen Sprache als wichtiges Ziel einer Mehrsprachigkeitsdidaktik.

Die *kognitiven und metakognitiven Ziele* werden in der Literatur unter Begriffen wie Sprachaufmerksamkeit, Sprachsensibilisierung, Sprachwahrnehmung, Sprachbewusstheit, Sprachbewusstsein, Sprachreflexion, Sprachwissen und Sprachbetrachtung gefasst, gerne wird auch der Begriff der metasprachlichen Fähigkeiten verwendet (vgl. insgesamt Portmann-Tselikas/Schmölzer-Eibinger 2001, S. 14–20; Oomen-Welke 2003, S. 453; Abendroth-Timmer 2007, S. 98; Eichler 2007; Gnutzmann 2007; Saudan/ Sauer 2007; Cichon/Cichon 2009, S. 146–148; Burwitz-Melzer u.a. 2012). Der Terminologiegebrauch ist dabei alles andere als einheitlich (zur Entwirrung vgl. Hug 2007); doch wird die Bezeichnung *Sprachbewusstheit* besonders häufig verwendet. Diese ist auch weit genug, um schulische und alltägliche Prozesse miteinander zu verbinden und als Oberbegriff für variable Kognitionsformen (deklaratives und prozedurales Wissen, mehr oder minder automatisierte Fähigkeiten), für variable Grade der Bewusstheit (Wahrnehmungsbereitschaft, willentliche Richtung der Aufmerksamkeit, planvolle Analyse, Reflexion und bewusste Steuerung) und für variable Bewusstseinsinhalte zu dienen. Die Bewusstseinsinhalte, die im Folgenden angesprochen werden, lassen sich in drei Gruppen zusammenfassen: Kognitionen bezüglich der eigenen Sprachverwendung und des eigenen Sprachenlernens, Kognitionen bezüglich des Sprachengebrauchs und des Sprachenerwerbs in unterschiedlichen Kontexten (sozial, politisch, kulturell) und Kognitionen bezüglich der involvierten Sprachsysteme und der Sprache überhaupt.

Verarbeitung und Steuerung der eigenen Spracherfahrungen, des eigenen Sprachengebrauchs und des eigenen Sprachenlernens, werden in der Literatur in mehrfacher Hinsicht als grundlegend angesehen. Programmatisch sprechen List/List (2001, S. 19) von der „Systemstelle, wo kulturelle als sprachliche Differenzen aufeinandertreffen, um in gelebter, beschreibbarer, letztlich auch unterrichtlich anvisierbarer Konkretheit miteinander organisiert zu werden". Didaktisch geht es in diesem Sinne um die Aktivierung des Vorwissens, die Bereitstellung der Wissensbasis für Vergleiche, die generelle Aufmerksamkeit auf Sprache und schließlich die selbstkritische Beurteilung und die selbstbewusste Planung von Lernwegen.

Die Ausbildung von *Sprachlernkompetenz* erscheint bei fast allen Autorinnen und Autoren als wesentliches Ziel der Mehrsprachigkeitsdidaktik. Hierzu gehören die Kenntnis und die Fähigkeit zur Anwendung von Sprachlernstrategien sowie Fähigkeiten der Selbstevaluation und Selbststeuerung, die auf ein autonomes Lernen hinauslaufen. Das Ziel der Sprachlernkompetenz kann auch inhaltlich aufgegliedert werden; so nehmen Hallet/Königs (2010, S. 306) eine Dreiteilung in Transferwissen, Aktivierung des kulturellen Schema- und Begriffswissens und Ausbildung individueller Sprachlernstrategien vor.

Zum Teil wird darauf hingewiesen, dass Sprachlernautonomie ein sehr hohes Ziel ist, das nicht auf einen Schlag erreicht werden kann, dass also z. B. Sprachlernstrategien eingeführt und geübt werden müssen, dass die Eigenreflexion der Schülerinnen und Schüler über ihre Lernwege mehrfacher Impulse von Lehrerseite bedarf (Bär 2009), dass für selbständige Recherchen im Internet didaktische Orientierungen und sachliche Anhaltspunkte unerlässlich sind (vgl. Rösler 2003, der in diesem Zusammenhang von „halboffenen Lernumgebungen" spricht).

Den Gebrauch von Sprachen zu erkunden und sie bestimmten Sprechern und Kommunikationssituationen zuzuordnen, gehört zum Traditionsbestand aller „language awareness"-Konzepte (vgl. Couillaud/Khan 1989; Bartnitzky 2000, S. 250–267; Candelier 2003, S. 44), ist aber als kognitives Bildungsziel theoretisch nur in geringem Maße aufgearbeitet. Es müsste hinauslaufen auf eine weit verstandene, systematische *Sprachenökologie*. In der Literatur finden sich vor allem Aufzählungen möglicher Themen, so z. B. die vielen kreativen Auslegungen und Erweiterungen, die Luchtenberg (1995) in ihrer Auseinandersetzung mit bestehenden Lehrplänen und verfügbaren Sprachbüchern aufgelistet hat, einschließlich des Hinweises, dass es auch um „sprachkritische Auseinandersetzung mit sprachlichem Missbrauch wie Diskriminierung durch Sprache" gehe (Luchtenberg 2001, S. 89). Häufig, wenn auch nicht durchgehend zu finden, sind Hinweise auf den Status von Dialekten und Soziolekten, seltener sind Zielsetzungen, die den Zusammenhang von Sprache und Politik betreffen. Die Zielsetzung, die Candelier (2000, S. 13) für diesen Aspekt der sprachlichen Bildung formuliert, erscheint gleichwohl geeignet, allen Themen im Bereich der Sprachenökologie eine im weiten Sinne politische Richtung zu geben: Für ihn ist die Fähigkeit, in einer multilingualen und multikulturellen Gesellschaft zu leben, Teil einer „education for democratic citizenship".

Fast durchgängig wird in diesem Zusammenhang die Beziehung von *Sprache und Kultur* angesprochen, oft im Sinne einer besonders engen Verbindung, so dass Sprachenvielfalt und Kulturenvielfalt manchmal wie ein und dasselbe erscheinen. Die Zielformulierungen fordern, dass Schüler und Schülerinnen Einsicht in diesen Zusammenhang gewinnen; auf die hochkomplizierten theoretischen Fragen, die sich damit verbinden, geht die Literatur zur Mehrsprachigkeitsdidaktik jedoch nicht ein.

Die Ziele, die sich auf *Sprache(n) als System(e)* richten, werden überwiegend im Sinne von generellen Wissenszielen formuliert. So fasst Osterwalder (2002, S. 340) die Ziele des sprachenübergreifenden Lernens in der Formulierung „Vermittlung grundlegender Einsichten in das Wesen von Sprache und Literatur, die für alle Sprachen gelten" zusammen (ähnlich Fehlmann/Wider 2001, S. 185). Sprachwissen als schulisches Ziel im mehrsprachigen Kontext bedeute, so Oomen-Welke (2003, S. 453), „Wissen um Gemeinsamkeiten und Verschiedenheiten von Sprachen, (…) um allgemein mögliche Bauformen/Strukturen und um Realisierungen in einzelnen Sprachen (…) Wissen um prinzipiell meinbare, denkbare, unterscheidbare und in einer einzelnen Sprache tatsächlich ausgedrückte

Inhalte, Wissen um die Konstitution der Zeichen". Diese Tendenz, Wissensbestände als Ziele zu setzen, findet sich auch dort, wo es konkreter wird, etwa im grammatischen Bereich.

Von einigen Autorinnen und Autoren wird diesen deklarativen Wissenszielen die Ausbildung von prozeduralen Fähigkeiten des Analysierens und Vergleichens entgegen oder zur Seite gestellt. So heißt es bei Fehlmann/Wider (2001, S. 189): „Nicht bestimmte Resultate sind das Ziel, sondern Schärfung des Sprachbewusstseins und Freude am Experimentieren". Macaire (2001, S. 204) fordert neben der Entwicklung von deklarativem Sprachwissen mit gleichem Nachdruck die „Entwicklung von Fertigkeiten bei der Beobachtung und Analyse von Sprache(n) und Kommunikation"; ähnlich auch Candelier (2003, S. 23) oder, speziell auf die Interkomprehension bezogen, Behr (2006, S. 16; vgl. 2011, S. 74), die „einen generellen Spürsinn für Ähnliches und Bekanntes" als Ziel sieht. Oomen-Welke (1991, S. 13) formuliert es als Wunschvorstellung: „Das gemeinsame Lernen von Kindern verschiedener Herkunftssprachen müsste eigentlich den Unterricht in ständige Sprachreflexion verwandeln."

2.3 Zu den didaktischen Grundsätzen

Soweit in der herangezogenen Literatur didaktische Grundsätze angesprochen werden (was nicht durchgehend der Fall ist), steht die *Lernerorientierung* an erster Stelle. In der Formulierung von Krumm (2004, S. 108): „Kern eines Konzepts, das den vorhandenen Sprachbesitz der Lernenden nutzt und darauf aufbauend eine Erweiterung anstrebt, sollten curriculare und didaktische Aussagen sein, die […] sowohl auf der sprachlichen wie auf der inhaltlichen und auf der Lernprozess-Ebene danach fragen, wie Sprach- und SprachLERNerfahrungen in mehreren Sprachen im Unterricht genutzt werden können."

In einer ersten Auslegung bedeutet dies, dass beim Sprachenlernen ein besonderer Nachdruck auf der Ermittlung und Berücksichtigung des Vor-Wissens und des Vor-Könnens liegen soll und diesem Vor-Wissen und Vor-Können gemäß unterschiedliche Wege zu gehen sind. In dieser Auslegung ist die Lernerorientierung funktional auf das Ziel des Sprachenlernens ausgerichtet und primär lernökonomisch gerechtfertigt.

So sehen z. B. Neuner u. a. (2009, S. 36) „die grundlegende Aufgabe der Tertiärsprachendidaktik" darin, „dass das, was die Lernenden [...] in den Lernprozess einbringen, im Hinblick auf das Ziel eines effizienten und selbständigen Fremdsprachenlernens aufgegriffen, gefördert und ausgebaut wird".

In einer komplexeren Auslegung geht es um die Lernenden als mehrsprachige und multikulturelle Personen und ihre sprachliche Bildung in einem weiter gefassten pädagogischen Sinn. Ziel ist die Fähigkeit selbstbestimmten Handelns in der Welt der Sprachen: „Mutter- und Fremdsprache sowie Muttersprachen- und Fremdsprachenunterricht werden als miteinander in Beziehung stehende Erscheinungen betrachtet, die sich auf die Lernenden unter kognitiven, sozialen, affektiven und politischen Aspekten auswirken und somit weit über den Erwerb instrumenteller fremdsprachlicher Kompetenzen hinausgehen" (Gnutzmann 2003/2007, S. 337).

Die beiden Auslegungen können als gegensätzliche Positionen verstanden werden, wie etwa in der Entgegensetzung der Begriffe der „Erwerbsorientierung" und „Begegnungsorientierung" bei Schader (2000, S. 60f./2004, S. 58f). Gegen die Erwerbsorientierung lässt sich dann einwenden, dass sie die Lernerorientierung um wesentliche Dimensionen verkürze (vgl. Edmondson 2004, S. 42), gegen die Begegnungsorientierung, dass sie auf didaktische Strukturierung verzichte und einem reinen Gelegenheitsunterricht das Wort rede (vgl. Quetz 2004, S. 184). Von der Mehrzahl der Autoren werden sie aber – meist stillschweigend – als miteinander verträglich behandelt. Was in beiden Auslegungen enthalten ist, aber nicht gleichermaßen deutlich hervortritt, ist das *Spannungsverhältnis* zwischen Lernerorientierung und Ziel- oder Stofforientierung, das alle institutionalisierten Bildungsprozesse kennzeichnet. Die Bindung an das Erwerbsziel setzt der Lernerorientierung erkennbar Grenzen, aber auch das Bildungsziel impliziert inhaltliche Bestimmungen, die mit der Lernerorientierung abgeglichen werden müssen. Am klarsten hat Oomen-Welke (2003, S. 458) dieses Spannungsverhältnis gesehen. Sie bezieht sich auf die Inhaltskataloge der didaktischen Materialien zur Mehrsprachigkeit (Evlang, KIESEL, ELBE, „Sprachenfächer"), denen sie „den Vorteil fachlicher Eignung und guter Planbarkeit für den Unterricht" zuspricht, und stellt sie einem „lebensweltlichen Ansatz" gegenüber, der die aktuellen sprachlich-sozialen Erfahrungen der Schülerinnen und Schüler zum

Anlass der Sprachreflexion nimmt. Am Ende plädiert sie für eine Synthese: „Der Ausgangspunkt liegt dann zunächst bei den Lernenden, ihren Fragen und ihrem Sprachwissen. Gemeinsam werden Fragestellung und Methoden entwickelt, vertieft durch vorgefertigte, abrufbare Arbeitsmaterialien."

In diesem Sinne kann man es auch verstehen, wenn auf eine Gefahr der Lernerorientierung hingewiesen wird, die Gefahr nämlich einer einseitigen Hervorhebung der „besonderen" Sprachsituation der zwei- oder mehrsprachigen Migrantenschüler. Mit großem Ernst warnt Schader (2008, S. 67) davor, „einzelne Schüler/innen aufgrund ihrer Sonderkompetenzen herauszugreifen und auszustellen. Dies widerspricht dem legitimen Bedürfnis der Kinder und Jugendlichen, in erster Linie so zu sein wie die anderen und nicht auf Sonderrollen und -identitäten behaftet zu werden". Mehrsprachige Unterrichtsaktivitäten sollten stets „gemeinschaftliche Projekte" sein, „bei denen die Klasse dank des Zusammenspiels der verschiedenen Ressourcen zu einem Produkt oder Ziel gelangt, handle es sich dabei nun um eine einfache Wörtersammlung, um ein mehrsprachiges Buch oder um sprachstrukturelle Vergleiche auf der Sekundarstufe II."

Der Lernerorientierung entspricht die starke Betonung der *Eigentätigkeit*. Das dominante lerntheoretische Modell ist das des entdeckenden Lernens. Die Schülerinnen und Schüler sollen Sprachlernstrategien kennen und gezielt einsetzen. Sie sollen eigenständige Erkundungen durchführen und deren Ergebnisse präsentieren, sprachbezogene Informationen in vergleichender Absicht identifizieren, unterscheiden, ordnen, kontrastieren und klassifizieren, sie sollen Schlussfolgerungen ziehen, eigene Hypothesen bilden und anhand von schriftlichen Materialien überprüfen, ob oder inwieweit ihre Hypothesen zutreffen. Sie sollen sich die Strategien (z. B. Kompensationsstrategien) bewusst machen, die sie in authentischen Sprachsituationen anwenden. (Vgl. insgesamt Schader 2000/2004; Macaire 2001, S. 209–211; Fehlmann/Wider 2001; Morkötter 2005, S. 223, 293f.; Behr 2006, S. 13–16; Abendroth-Timmer 2007, S. 99f.; Behr/Kierepka 2009; Bär 2009; Neuner u. a. 2009, S. 44f.; Behr 2011, S. 74; Oomen-Welke 2011b, S. 87.)

Ähnlich wie bei den Zielen kann auch hier die Orientierung an der Eigentätigkeit der Schülerinnen und Schüler in ein gewisses Spannungsverhältnis zur Ergebnisorientierung des Lernens treten: „Im Zentrum stehen nicht primär der Erwerb von Sprachen und deren Strukturen, sondern das Erforschen, Vergleichen und Entdecken. Es handelt sich also nicht um eine Methode für den Fremdsprachenunterricht; ein solcher Unterricht wird dadurch nicht ersetzt, sondern vorbereitet", betonen Saudan/Sauer (2007, S. 51).

Mit der Lernerorientierung kann auch die prinzipielle *Offenheit für alle Sprachen* in Verbindung gebracht werden. In dem Maße, in dem der „language-awareness"-Gedanke das fremdsprachendidaktische Denken beeinflusst, weitet sich der Kreis der in die Mehrsprachigkeitsdidaktik einbezogenen Sprachen: vom Kreis der miteinander verwandten Sprachen über alle schulisch unterrichteten Fremdsprachen weiter zur Einbeziehung des „muttersprachlichen" Unterrichts der National- und Bildungssprache (in den deutschsprachigen Ländern also: des Deutschen, auch des Deutschen als Zweitsprache, auch der NichtStandard-Varietäten) und zu den Herkunftssprachen der Migranten; schließlich wird am Rande sogar angedeutet, auch ganz ferne Sprachen (vgl. Candelier 2003, S. 283: „langues inconnues voire franchement ,exotiques'") und selbst das klassische Latein (Teufel 2002; vgl. Edmondson 2004, S. 42f.; Hallet 2008, S. 5; Doff/Lenz 2011) könnten mehrsprachigkeitsdidaktischen Zwecken dienstbar gemacht werden. Als didaktischer Grundsatz kann gelten, dass keine Sprache von vornherein ausgeschlossen wird, auch wenn in der Praxis die schulischen Fremdsprachen, die jeweilige Nationalsprache und die in der Klasse vertretenen Herkunftssprachen von Migranten den regulären Rahmen bilden. Dieser Grundsatz impliziert eine grundsätzlich universalistische und, damit verbunden, eine grundsätzlich komparatistische Ausrichtung. Das Vergleichen von (ausgewählten) sprachlichen Erscheinungen ist ein durchgehend kennzeichnendes Verfahren der Mehrsprachigkeitsdidaktik.

Schließlich haben *Metakommunikation und Metakognition* als integrale didaktische Grundsätze von Mehrsprachigkeitskonzepten zu gelten. Wenn die Voraussetzungen der Lernenden wahrgenommen werden und für die Lernwege Konsequenzen haben sollen, dann muss über beides auch im Unterricht gesprochen und nachgedacht werden. „Die immer wieder durchgeführte Besprechung von Lernergebnis und Lernprozess ist für den Tertiärsprachenunterricht außerordentlich wichtig, weil sie den Aspekt ,Lernen lernen' nachhaltig fördert und auf das selbständige Weiterlernen von Sprachen nach dem Ende der Schulzeit vorbereitet"

(Neuner u. a. 2009, S. 42). Was hier für den Tertiärsprachenunterricht formuliert ist, wird auch von den Vertretern und Vertreterinnen anderer Forschungs- und Entwicklungsstränge der Mehrsprachigkeitsdidaktik als wesentlich erachtet. Jessner (2004, S. 26) spricht geradezu von einer „Schlüsselrolle des metalinguistischen Bewusstseins in der Dynamik der Mehrsprachigkeit".

3. Spezifische Ziele, Methoden und Inhalte im Unterricht

Summarisch sei vorab auf die Sammlungen von Schader (2000; 2004; auch Pädagogische Hochschule Zürich 2010), Perregaux u. a. 2003, Kervran 2006, EOLE-Luxemburg (Ministère ... 2010, S. 19–71), die CD zu Hutterli u. a. 2008, die Materialien-Reihe „Kinder entdecken Sprachen" (KIESEL, Österreichisches Sprachen-Kompetenz-Zentrum 2001 bis 2003/2011) und den „Sprachenfächer" von Oomen-Welke (2010) verwiesen.

Die folgende Darstellung einzelner Vorschläge orientiert sich an der Systematik, die bei der Darstellung der pädagogischen Ziele erarbeitet wurde.

3.1 Motivation und Interesse

Das Wecken von Neugier und Motivation wird, wie es scheint, mehr als allgemeindidaktische Kunst der Lehrkräfte, nicht als spezifisches Erfordernis der Mehrsprachigkeitsdidaktik gesehen. Doch gibt es immerhin einige Fingerzeige:

Ihnen zufolge soll eine positiv getönte Wahrnehmung der Sprachenvielfalt hauptsächlich auf den Wegen der Sprachenbegegnung erreicht werden. Für die Primarstufe werden als geeignete Inhalte immer wieder Lieder und Verse in verschiedenen Sprachen, mehrsprachige Rituale in der Klasse, mehrsprachige Karteikarten, Bilderbücher und Beschriftungen in der Schule genannt. Das Arbeiten mit altersgerechten zwei- oder mehrsprachigen Kinderbüchern spielt eine große Rolle (vgl. insgesamt Schader 2004, S. 116f., 180, 248f.; Oomen-Welke/Krumm 2004; Erziehungsdepartement ... 2006, Sprachprofil I, S. 25; Doyé 2007, S. 201f.; Degen/Stadelmann 2007; Eder 2009; Pädagogische Hochschule Zürich 2010; Ministère ... 2010, S. 21, 24, 48f.; Otte 2011; Rabkin 2012). Konkrete Vorschläge zur Arbeit mit zweisprachigen Texten finden sich bei Rösch (2009, S. 235–239). Die Möglichkeit einer halbszenischen Aufführung mehrsprachiger Texte schon auf der Primarstufe schildert Frickemeier (2011, S. 89). Daneben gibt es Vorschläge zur eigenen Produktion mehrsprachiger Texte durch die Schülerinnen und Schüler selbst, z. B. das Formulieren kleiner Sätze zu Familienfotos (Elfert/Rabkin 2009), das schriftliche Festhalten elterlicher Erzählungen (Miksch 2005, S. 147) oder das kooperative Verfassen eines zweisprachigen Sachtextes (Cummins 2010, S. 19f.).

Analog dazu werden für die Sekundarstufe literarische Texte empfohlen, die entweder in verschiedenen Sprachen präsentiert werden (Pädagogische Hochschule Zürich 2010: Projekt „Der Löwe und die Maus"; Ministère ... 2010, S. 53f.: „Les sacs d'histoires") oder selbst eine zweisprachige Textur mit motivierendem Inhalt haben (z. B. Anne Frank Haus 1995; Kervran 2006, Bd. 2, S. 49–51; die englisch-deutschen Liebesgeschichten von Lansburgh (1977/2011) und O'Sullivan/Rösler (1983; 1986 u. a.; auch hierzu Eder 2009; Rösch 2009, S. 239–241)). Literarische Texte eignen sich auch dazu, ein empathisches Verstehen zwei- oder mehrsprachiger Lebenssituationen anzubahnen (Bredella 1998; Hu 2003, S. 41–44). Die gleiche Funktion können authentische biographische Interviews oder Selbstaussagen zwei- oder mehrsprachiger Menschen erfüllen (vgl. Reich 1998; List 2001; Larcher 2003; Wagner 2005; Billiez/Lambert 2008).

Mehrfach wird betont, dass die Wahl interessanter und bedeutsamer Inhalte im Vordergrund stehen sollte, nicht der Sprachbezug (vgl. Bär 2009; Neuner u. a. 2009, S. 43f.). „Themen von allgemein-menschlichem Interesse" empfiehlt Rück (2009, S. 150), während Abendroth-Timmer (2007, S. 269) auf die motivierende Kraft ernsthafter curricularer Fachinhalte setzt. Es gibt aber auch Stimmen, die darauf hinweisen, dass Mehrsprachigkeit per se motivierend sein kann, sei es im Sinne methodischer Abwechslung im Unterricht (Abendroth-Timmer 2007, S. 274), gegenseitiger Werterhöhung der einbezogenen Sprachen oder positiver Verstärkung des sprachlichen Selbstkonzepts der Schülerinnen und Schüler, die ihre sonst wenig geachteten Ausgangssprachen in wesentlichen unterrichtlichen Funktionen erleben (Saudan u. a. 2005, S. 42–44;

Abendroth-Timmer 2007, S. 272; Göbel/Vieluf/Hesse 2010). Doyé (2007, S. 101: „Butterflies und Schmetterlinge") weist darauf hin, dass auch das Herausfordern sprachästhetischer Urteile über Ausdrücke verschiedener Sprachen das Interesse der Schülerinnen und Schüler wecken kann.

Daneben wird, mehr implizit als explizit, auf die Möglichkeiten extrinsischer Motivation verwiesen, etwa durch motivierende visuelle Darbietung, spannende Aufgabenstellung, z. B. mit Rätselstruktur (Macaire 2001, S. 201: Entschlüsselung fremder Schriften; Candelier 2003, S. 79: Heraushören bekannter Laute aus unbekannten Sprachen, unbekannte Sprachen dem Klangbild nach identifizieren), Einforderung kreativer gestalterischer Lösungen (zahlreiche Vorschläge bei Schader 2000/2004), Aufgaben, die „motivierend sind, weil sie zu eigenständigem und selbstentdeckendem Lernen anregen" (Neuner u. a. 2009, S. 43).

Wodurch das Interesse, mehr Sprachen zu lernen, geweckt oder gesteigert werden kann, wird in der Literatur nicht näher ausgeführt. Erkennbar ist lediglich die häufig zugrundeliegende Annahme, dass der Bezug zur Person, zu den persönlichen Zielen und Neigungen der Schülerinnen und Schüler dabei als eine wesentliche Komponente gilt.

Wie die Bereitschaft zu mehrsprachiger Kommunikation im Unterricht konkret gefördert werden kann, wird nur selten thematisiert; es mag mit der unaufhebbaren Kluft zwischen schulischer und realer Kommunikation zu tun haben. In Betracht kommen motivierende Simulationen realer Situationen einerseits, die allerdings auch einigermaßen plausibel sein müssen, und funktionale Einbettungen in fachliche Lernprozesse andererseits. Am ehesten bieten sich hier Tätigkeiten der *Sprachmittlung* an, wie sie auch in der neueren Fremdsprachendidaktik zunehmend an Interesse gewinnen. Mit Bezug auf den Unterricht des Deutschen als Zweit- oder Fremdsprache hebt House (2010, S. 328–330) besonders das Übersetzen als „Katalysator für metasprachliche Reflektionen" hervor. Dirim (2005, S. 236–242) hat authentische Beispiele von deutsch-türkischen und türkisch-deutschen Übersetzungen zweier Grundschülerinnen veröffentlicht, die zwar vorwiegend auf ihre Richtigkeit hin beurteilt werden, um die Sprachmittlungskompetenz der Mädchen zu demonstrieren, die aber zugleich sehr geeignet sind, unterrichtliche Reflexionsmöglichkeiten zu veranschaulichen, die daran anschließen können.

Eine gewisse Rolle spielen didaktisch reduzierte Formen von schriftlicher Kommunikation in mehreren Sprachen. In der Grundschule kann z.

B. das Verfassen von (lexikalisch gut vorbereiteten) Wetterberichten motivierend sein (Gödde 2006, S. 34ff.). Einen Unterricht, der Textverstehen anhand fremdsprachiger Mathematikaufgaben zum Gegenstand hat, schildern Degen/Stadelmann (2007). In EOLE-Luxemburg findet sich der Vorschlag, durch den Vergleich mehrerer Fassungen einer kleinen Fabel in verschiedenen (mehr oder minder unbekannten) Sprachen zu einer Rekonstruktion des Erzählinhaltes zu gelangen; ein weiterer Vorschlag geht dahin, eine „Geschichte ohne Worte" in den Familiensprachen der Schülerinnen und Schüler „vorlesen" zu lassen (Ministère … 2010, S. 46f., 53). Auch für den Unterricht auf der Sekundarstufe liegen Vorschläge vor, z. B. Nutzung mehrerer Sprachen im Darstellenden Spiel, Hörverstehen im Sport, Leseverstehen mit anschließender Sprachenmittlung in Geschichte (Abendroth-Timmer, S. 134–139).

Hallet (2008) hat ein Konzept integrativ-mehrsprachigen Unterrichts entworfen, der als Diskurs über „eine thematisch kohärente Menge von [ggf. auch didaktisch vereinfachten] Ausgangstexten und -medien aus mehreren Sprachen" (ebd. S. 5) organisiert ist. Die Sprachen der Texte orientieren sich dabei an den in der Klasse vertretenen Kompetenzen, die in Kleingruppen gebündelt werden; als gemeinsame Arbeitssprache wird die erste oder zweite Fremdsprache der Klasse vereinbart. Die konkrete Umsetzbarkeit dieses Konzepts haben Hallet (2008) am Beispiel einer Unterrichtseinheit über verschiedene Austragungsorte der Olympischen Spiele und Hallet/Vignaud/Wlasak-Feik (2006) am Beispiel eines sprachenübergreifenden Arbeitsheftes zum Thema Fußball demonstriert.

Außerdem ist auf das kreative Schreiben hinzuweisen, das z. B. in der Didaktik des Deutschen als Fremdsprache einen festen Stellenwert hat, aber auch mehrsprachig praktiziert werden kann (vgl. Schader 2004, S. 200–214; Wintersteiner 2008; Kruckenfellner 2008) und mit hoher Wahrscheinlichkeit motivierende Wirkungen entfaltet. Die Nutzung von Schreibhilfen im Internet kann Schwellen abbauen und Zugänge zu interaktivem Schreiben eröffnen (vgl. Bräuer 2009).

3.2 Sprachwissen und Sprachbewusstheit

Die *Reflexion des eigenen Sprachengebrauchs* im Sinn einer Vergewisserung über die eigene sprachliche Identität, des Bewusstmachens der eigenen Mehrsprachigkeit und ihrer Bedeutung für das eigene Selbst kann auf unterschiedliche Art und Weise angeregt werden (vgl. Ministère … 2010, S. 28–30).

In besonders motivierender und leicht zugänglicher Weise leiten die Sprachensilhouetten (Krumm/Jenkins 2001) dazu an, sich selbst als sprachliche Person im Medium bildnerischen Gestaltens darzustellen und aus solchen Darstellungen Bewusstseinsprozesse als „Entdeckungsreise zu sich selbst und zu den Mitschülern" (Krumm/Jenkins 2001, S. 97) werden zu lassen. Konkrete didaktische und methodische Hinweise dazu finden sich z. B. bei Hutterli u. a. (2008, S. 138–142 sowie beigegebene CD), Ahrenholz (2010) und Pritchard-Smith (2011, S. 180f.), exemplarische Interpretationen bei Krumm (2003, S. 42–49; 2006). Andere Formen der graphisch unterstützten Selbstdarstellung sind die „Sprachenschnecke" (Strunz 2001, S. 18f.), das „Linguaegramm" (Hornung 2003, S. 143–145) und der „Sprachenbaum" (Wildemann/Hoodgarzadeh 2011, S. 228–230), auch Mindmaps kommen in Betracht (vgl. Hutterli u. a. 2008, beigegebene CD, Track 35). An alle diese Formen sprachlicher Selbstdarstellung können und sollen Eigen- oder Fremdinterpretationen, mündlich oder schriftlich, auch dialogisch, und sprachenbiographische Interviews anschließen, die die angesprochenen Aspekte der sprachlichen Identität vertiefen und weitere Aspekte sprachlichen Selbsterlebens erkennbar machen (Krumm 2011, S. 65–73).

In Unterrichtsgesprächen können Berichte über mehr oder minder leidvolle (aber manchmal vielleicht auch komische) Erfahrungen von Verständnis- oder Formulierungsschwierigkeiten oder das Missglücken kommunikativer Absichten Ausgangspunkte für Selbstreflexion (und darüber hinaus für sprachsystematische Reflexion) sein, darauf hat besonders Budde (2000, S. 12f., 18) aufmerksam gemacht. Ebenso sind die mehr oder minder problematischen Erfahrungen, die Schülerinnen und Schüler mit Dialekt und Standardsprache (vgl. Schader 2000, S. 53–55/2004, S. 51–53; Degen/Stadelmann 2007) und mit der Wahl des angemessenen Registers (Budde 2000, S. 50; Dirim 2007, S. 153) machen, Anlässe, Eigenwahrnehmungen zu artikulieren und zum Gegenstand der Reflexion zu machen. Eine weitere Möglichkeit zeigt Hoodgarzadeh (2011). Sie führt an Beispielen vor, dass tiefgehende und vielfältige autobiographische Aussagen über Sprache angeregt werden können, wenn man mehrsprachige Jugendliche oder junge Erwachsene nur einfach nach ihrer Muttersprache fragt – falls man sensibel und differenziert genug mit den Antworten umgeht.

Vor allem aber wird Selbstreflexion mit dem Sprache-Lernen in Verbindung gebracht. Das aufmerksame Beobachten der eigenen Lernprozesse, das Registrieren von Erfolgen und Misserfolgen, das genauere Beschreiben des eigenen Könnens, aber auch der eigenen Vorlieben, Abneigungen, Widerstände beim Lernen (des „Lerntyps"), sollen Grundlage und Ausgangspunkt für selbstgesteuertes Lernen werden. Die Schülerinnen und Schüler sollen z. B. entdecken, dass „es interlinguale Transferbasen gibt, deren Nutzung das Verstehen erleichtert", sie sollen herausfinden, dass „der Sprachvergleich (…) das Verstehen weiterer Fremdsprachen erleichtern kann und zudem interessant ist", sie sollen erkennen, dass „die Übertragung von Lerntechniken und -strategien für das Lernen verschiedener (moderner) Fremdsprachen möglich ist" (Behr 2006, S. 16; 2011, S. 74). Der Entfaltung des Sprachlernbewusstseins dienen Gespräche zwischen Lehrenden und Lernenden, aber auch der Austausch der Lernenden untereinander (Rück 2009, S. 150), die Praxis des „lauten Denkens" (Bär 2009, S. 69; Behr 2006, S. 14) und das Führen von Lerntagebüchern (Candelier 2003, S. 54–57; Bär 2009, S. 69). Ein vorzügliches Mittel ist die kurzfristige Übernahme einer Sprachlehrer-Rolle durch Lernende, wie sie aus der Fremdsprachendidaktik als „Lernen durch Lehren" bekannt ist. Pritchard-Smith (2011, S. 182–185) hat dieses Verfahren an die Situation von mehrsprachigen DaZ-Lerngruppen adaptiert, wobei sie diese Adaptation durch die Lektüre jugendliterarischer Texte über das Lehren und Lernen von Sprachen anreichert und durch kommunikative Bearbeitung der Erfahrungen beim Rollentausch kognitiv vertieft.

So gut wie alle Autorinnen und Autoren verweisen in diesem Zusammenhang auf die Sprachenportfolios. Diese sind zwar aus dem Bereich des Fremdsprachenlernens erwachsen, sie waren aber auch in diesem Bereich schon auf Mehrsprachigkeit hin angelegt, und es gilt als ausgemacht, dass sie – ggf. mit Modifikationen – auch im Unterricht der National- und Bildungssprachen und der Herkunftssprachen von Migranten einsetzbar sind (vgl. Burwitz-Melzer 2008, S. 33f.; Hutterli u. a. 2008, S. 142–149; Österreichisches Sprachen-Kompetenzzentrum 2010b, S. 10). Sie taugen daher auch zum Instrument einer übergreifenden Mehrsprachigkeitsdidaktik. Mit deren oben skizzierten didaktischen Grundsätzen gibt es viele

Gemeinsamkeiten: Die Portfolios leiten zur Eigentätigkeit an, sie dienen der Bewusstmachung, sie entwickeln die Fähigkeit zur Selbstevaluation und sollen insgesamt dazu verhelfen, dass die Schülerinnen und Schüler ihre Eigenverantwortung für das Sprachenlernen entdecken und davon im Rahmen ihrer Möglichkeiten auch Gebrauch machen (vgl. Burwitz-Melzer 2010). Sie gelten bei den Lehrkräften als praktikabel (Oomen-Welke 2006, S. 117–119; Burwitz-Melzer 2010, S. 234) und sie haben nachweisbar positive Auswirkungen auf die Motivation der Lernenden (Burwitz-Melzer 2006). Vom Österreichischen Sprachen-Kompetenz-Zentrum sind Portfolios gemäß den Vorgaben des Europarats für drei Altersstufen ausgearbeitet worden (Österreichisches Sprachen-Kompetenz-Zentrum 2010a; 2006/2009; 2004a); außer der deutschen liegen auch eine slowenische und eine italienische Fassung vor. Sie sind motivierend und praxisnah und werden von hilfreichen Lehrerhandreichungen (ÖSZ 2010b; 2007; 2004b) begleitet.

Die Unterrichtsvorschläge zum Bereich der *Sprachenökologie* umfassen eine besonders große Vielzahl an Themen. Schon Luchtenberg (1995) nennt: Zweisprachigkeit und die Reaktionen darauf, Zweitspracherwerb, Migrantensprachen, *foreigner talk* und „Gastarbeiterdeutsch", Sprachgebrauchsmuster von Zweisprachigen, sprachlich-kulturell bedingte Missverständnisse, Sprachen in den Massenmedien, beruflicher Sprachenbedarf, mehrsprachige Gesellschaften, Mehrsprachigkeit am Ort und in der Schule, Sprachverhalten in fremdsprachiger Umgebung u. a. Ähnlich breite Spektren möglicher Themen, die hierher gehören, allerdings gemischt mit Themen, die sich eher auf die Sprachsysteme als solche beziehen, bieten eine spätere Publikation von Luchtenberg (2001, S. 89–101) und die Bilanz des Evlang-Projekts (Candelier 2003, S. 81f.).

Die hierher gehörigen Unterrichtsvorschläge sind insgesamt eher „soziologisch" als „psychologisch" ausgerichtet. Doch weist z. B. EOLE-Luxemburg auf die Möglichkeit hin, Spracheinstellungen durch einfaches Hervorrufen von Assoziationen schon in der Grundschule zu erkunden (Ministère ... 2010, S. 60f.). Hélot (2008, S. 55f.) berichtet über die Auslösung von Spracheninteresse in einer französischen Grundschulklasse durch das Auftreten einer spanischsprachigen Mutter. Und Kervran (2006, Bd. 2, S. 43–54) präsentiert den Sprachenwechsel im Verlauf einer Migrantenbiographie als interessantes unterrichtliches Thema. Hélot

(2008, S. 375) schlägt vor, alle Sprachen einer Klasse jeweils durch einen Elternteil als „Vertreter" dieser Sprache vorstellen zu lassen und dies mit Gesprächen über die Familiengeschichte zu verbinden.

Typisch „soziologisch" sind Aufträge zur Erkundung der Sprachenvielfalt und des Sprachengebrauchs in der Familie, in der Schule, auf dem Schulweg, beim Einkauf und in der näheren örtlichen Umgebung, die ebenfalls schon in der Grundschule reichhaltige Ergebnisse bringen (vgl. Schader 2004, S. 109–144; Ministère … 2010, S. 31–34) und auf der Sekundarstufe fortgeführt werden können, u. a. dadurch, dass man die in der Literatur nur nebenbei und oberflächlich erwähnten Möglichkeiten sprachlicher Erkundungen in den Ferien oder bei touristischen Unternehmungen hinzunimmt.

Spätestens auf der Sekundarstufe sollte der unmittelbare Erfahrungsraum der Lernenden auch überschritten werden, der Titel „Von den Sprachen des Kindes zu den Sprachen der Welt" (Pirstinger 2005) bringt dieses Weiterschreiten treffend zum Ausdruck. Einen leichten Einstieg bieten die Neuen Medien, die von einfachen Erkundungen bis hin zu systematischem Studium zahlreiche Möglichkeiten eröffnen, differenzierte Eigentätigkeit in den Mehrsprachigkeitsunterricht einzubauen. Bezogen auf Themen der Sprachenökologie finden sich in der didaktischen Literatur bisher allerdings so gut wie keine konkreten Vorschläge dieser Art, sei es, dass es an Auswahlkriterien fehlt, sei es, dass politisch allzu heikle Verhältnisse angeschnitten werden müssten. Hinzuweisen ist aber auf die Unterrichtsmaterialien „Sprachwege" zum Burgenland-Romani (Glaeser/Haumann 2005) und die (in Fortsetzung von Oomen-Welke 2010 angekündigten) Unterrichtsmaterialien zu „New York als internationale Stadt". Die Académie française zum Unterrichtsthema zu machen (Osterwalder 2002, S. 346) ist der einzige explizit sprachenpolitische Vorschlag, der in der herangezogenen Literatur gefunden wurde.

Einblicke in die *Beziehungen zwischen Sprache und Kultur* zu vermitteln ist eines der am häufigsten vertretenen pädagogischen Ziele. Zwar fehlt es an theoretischer Untermauerung und die Hinweise zur unterrichtlichen Umsetzung bleiben z. T. recht vage; manchmal begnügt man sich auch mit der Nennung von Kulturemen, ohne deren Zusammenhang mit Sprache zu thematisieren (so z. B. Bär 2009). Es liegen jedoch zahlreiche Einzelvorschläge vor, die aufzeigen, wie Beispiele sprachlich-kultureller

Verflochtenheit im Unterricht konkret zu behandeln sind. Zu nennen sind die Betrachtung der sprachlichen Ausgestaltung von Alltagssituationen (besonders beliebt: Begrüßungen, Essenssituationen; originell: Situationen des körperlichen Ausweichens bei Oomen-Welke 2011a, S. 52), aber auch von Festtagsritualen (Doyé 2007, S. 101) und das sprachliche Handeln in Institutionen (im weitesten Sinne des Worts: politisches System, Schule, aber auch Gastronomie, Handel). Häufig genannt werden der sprachliche Ausdruck von Höflichkeit, die sprachgebundenen Konventionen der Anrede und als besonders ergiebiges Thema die Namengebung in verschiedenen Kulturen (vgl. insgesamt Bartnitzky 2000; Luchtenberg 2001; Oomen-Welke 2010; 2011b, S. 88–101), wozu auch die Bildung und Verwendung von Kosenamen gehören kann (vgl. Ministère … 2010, S. 62f.). Hinzu kommen Vergleiche von Sprichwörtern und Redensarten (Kervran 2006, Bd. 2, S. 81–92; Behr 2011, S. 86), von Texten und Textsorten. Als Beispiele von kulturspezifisch unterschiedlichen Sachtexten werden z. B. Produktinformationen (Oomen-Welke 2011a, S. 58), Zeitungsanzeigen, Lexikonartikel (Mehlhorn 2011, S. 127f.) genannt. Ein zugleich einfacher und ergiebiger Vorschlag ist der, die Beschriftungen und Darstellungen auf EURO-Scheinen und -Münzen einmal unter sprachlich-kulturellem Gesichtspunkt genauer zu betrachten (Lipóczi 2009, 37f.). Als Beispiele für literarische Texte im interkulturellen Vergleich sind Märchen besonders beliebt: Macaire (2001, S. 206–209; wieder aufgenommen in Kervran 2006, Bd. 1, S. 65–76, und Bd. 2, S. 17–28) bietet ein ausgearbeitetes Beispiel: „Rotkäppchen" in mehreren Sprachen (vgl. auch Kepser 2004).

Auf höheren Schulstufen kommt die Behandlung kulturspezifischer Konnotationen von Wortbedeutungen in Betracht (Farangis 2002: „Dorf", „spazieren gehen", „allein/einsam" als Beispiele). Reich (2000, S. 245) empfiehlt – mit Hinweis auf die von Hansen (1996, S. 88f.) zusammengestellten Bezeichnungen für „Völkerwanderung" – allgemein den „Vergleich von Begriffen, die in verschiedenen Sprachen zur Konstruktion von sozialer und historischer Wirklichkeit verwendet" werden. Luchtenberg (2001, S. 98) verweist insbesondere auf Bezeichnungen für (diskriminierte) Minderheiten und verpönte Berufe. Auf Darstellungen der Diskriminierung von und durch Sprachen in der Jugendliteratur weist Rösch (2009, S. 242f.) hin. Wintersteiner (2009, S. 228) schlägt vor, Übersetzungen eines literarischen Textes als Schreibimpuls zu verwenden, um Jugendliche zur Reflexion der eigenen Identität und zur Auseinandersetzung mit dem Anderen anzuregen (vgl. auch Wintersteiner 2008). Vielfach liegt es nahe, auch den sprachgeschichtlich-kulturellen Wandlungen und Wanderungen einzelner Wörter nachzuspüren (vgl. Ministère … 2010, S. 43–45). Candelier (2003, S. 79) empfiehlt, ein ausdrückliches Wissen darüber zu vermitteln, dass Sprachen und Kulturen keine geschlossenen Systeme sind, sondern sich wandeln und gegenseitig beeinflussen.

Als bevorzugte Methoden nennen Neuner u. a. (2009, S. 43) im fremdsprachlichen Kontext das „diskursive" Sprechen über Eigenheiten der Zielsprachenkultur und intensives Arbeiten mit Lesetexten, auch multimedial, auch vergleichend. Vertiefte Einsichten in den Zusammenhang von Sprache und Kultur sind auch von den (bereits bei den motivierenden Inhalten erwähnten) autobiographischen und literarischen Texten zu erwarten, die Mehrsprachigkeitsverhältnisse thematisieren. Im Migrationskontext werden gelegentlich Texte mit ethnolektalen Zügen als besonders geeignete Beispiele einer Beschäftigung mit Sprachvarietät und Subkultur herausgehoben (so z. B. bei Rösch 2009, S. 241f.; vgl. Schumann 2003 für entsprechende französische Texte); Kotthoff (2009) zeigt an einigen exemplarischen Interpretationen, wie dabei Einsichten in den Umgang mit Stereotypen in einer lebensnahen und zugleich differenzierenden (multiperspektivischen) Weise gewonnen werden können.

Zahlreich sind die Vorschläge zur *vergleichenden Betrachtung sprachsystematischer Erscheinungen*. Ihre Menge lässt vermuten, dass die Autorinnen und Autoren darin einen besonders naheliegenden oder besonders wichtigen Zugang zur Sprachenbewusstheit sehen, auch wenn dies nicht explizit ausgeführt wird, vielleicht gilt es als zu selbstverständlich. Selbst auf den kognitiven Mehrwert, der durch interlinguale Verfahren erreicht werden kann (allgemeinere Gültigkeit der Begriffe, damit vermehrte Anwendungsmöglichkeiten und festere Verankerung im Gehirn; vgl. Dirim 2007, S. 154), wird nur von Wenigen gelegentlich hingewiesen. Die lernökonomischen Vorteile werden überall dort hervorgehoben, wo das didaktische Konzept (auch) durch Transferprozesse gekennzeichnet ist.

Grundsätzlich wird von den meisten Autoren implizit oder explizit davon ausgegangen, dass im Mehrsprachigkeitsunterricht alle Sprachen miteinander verglichen werden können, doch ist die Tendenz, sich zunächst und vor allem auf die unterrichteten Schulsprachen in ihren Schrift- und Standardformen zu beziehen, unverkennbar. Rothstein (2011, S. 20f.) versucht dem mit dem Vorschlag Rechnung zu tragen, die Sprachenvergleiche im Deutschunterricht zunächst mit Deutsch und einer Fremdsprache durchzuführen und danach auch Herkunftssprachen von Migranten einzubeziehen. Die umgekehrte Perspektive vertreten die Autoren und Autorinnen des Handbuchs „Deine Sprache – meine Sprache" (2011). Sie liefern Beschreibungen von Migrantensprachen und beziehen dabei eben auch Englisch und Französisch mit ein. Die Beschreibungen sind ausdrücklich an Sprachlehrkräfte, insbesondere DaZ-Lehrerinnen und -Lehrer, adressiert; einleitend (S. 5–8) werden sprachenübergreifend methodische Vorschläge zum Umgang mit Sprachkontakterscheinungen unterbreitet.

Die in der Literatur vorgebrachten Vorschläge zum Sprachenvergleich im Unterricht berühren alle Ebenen des Sprachsystems, allerdings in ungleicher Gewichtung:

Die lautliche Ebene kann zwar durchaus zum Gegenstand interlingualer Aufmerksamkeit gemacht werden, spielt aber insgesamt keine prominente Rolle. Nur im Rahmen der Interkomprehension wird eine systematische Behandlung vorgeschlagen (vgl. Mehlhorn 2011, S. 120–124). Bei anderen Autorinnen und Autoren finden kleinere Aktivitäten Erwähnung: Candelier (2003, S. 88f.) nennt vor allem Aufgaben zur gezielten Hörunterscheidung. Auch Saudan u. a. (2005, S. 46) registrieren eine Verfeinerung der Hörkompetenz durch Übungen zum Erraten von Sprachen. Als produktive Aufgabe schlägt Candelier (2003, S. 89) vor, den Tonfall einer (nur gehörten, nicht verstandenen) fremden Sprache zu imitieren. Pritchard-Smith (2011, S. 182) berichtet von motivierenden phonetischen Variationen beim Nachsprechen neuer Wörter und ihrer mehrsprachigen „polyphonen Vertonung" in der Gruppe.

Auch bewusstmachende Verfahren werden gelegentlich genannt: Luchtenberg (2001, S. 105) verweist auf die lautliche Assimilierung von Orts- und Personennamen, die ein Anlass sein kann, sich mit Ähnlichkeiten und Verschiedenheiten von Sprachlauten zu beschäftigen. Die vielfach vorgeschlagene Behandlung der Tierlaute und ihrer unterschiedlichen sprachlichen Fassungen (vgl. z. B. Oomen-Welke 1998, S. 205; Candelier 2003, S. 89; Ministère … 2010, S. 41f.) schließt hier an und schlägt zugleich eine Brücke zu Einsichten in die Arbitrarität von Sprache.

Meist geht es darum, Aussprache und (Recht-)Schreibung aufeinander zu beziehen und damit auch generelle Einsichten in Laut-Buchstaben-Verhältnisse zu erzielen (vgl. Mehlhorn 2011, S. 119–124). Für den Anfangsunterricht wird mehrfach ein zwei- oder mehrsprachiges Arbeiten mit Anlauttabellen vorgeschlagen (Büchner 1999; Belke 2001, S. 144, Dirim/Döll/Neumann 2011, S. 149). Als Beispiel kindgemäßer Reflexion präsentiert Belke (a. a. O., S. 161–168) ein türkisch-deutsches „Buchstabenfest". Neuner u. a. (2009, S. 86–88) empfehlen für den Tertiärsprachenunterricht deutsch-englische Laut- und Buchstabenvergleiche.

Gelegentlich werden nichtlateinische Schriften auch ohne Bezug zu Lautsystemen, sozusagen als ästhetische Objekte, zu Betrachtung und Vergleich vorgeschlagen (z. B. Schader 2000, S. 175f./2004, S. 173f.; Ministère … 2010, S. 25, 59).

Im lexikalisch-semantischen Bereich geht es darum, Ähnlichkeiten und Unterschiede in der Lautung bzw. Schreibung von Wörtern in verschiedenen Sprachen zu erkennen, z. B. beim Anlegen eigener Wortschatzsammlungen (vgl. Gödde 2006, S. 111ff.). Wortähnlichkeiten werden dabei besonders häufig als nützliche Brücken zwischen den Sprachen, aber auch als Aufforderungen, „falschen Freunden" auf die Spur zu kommen, verstanden. Vielfach wird nahegelegt, die historische Dimension einzubeziehen, also nach geschichtlichen Gründen für Ähnlichkeiten bzw. Verschiedenheiten von Bezeichnungen zu fragen. Häufig vorgeschlagen werden in diesem Sinne: Bezeichnungen der Wochentage und der Monate, geographische Namen, Verwandtschaftsbezeichnungen, Zahlwörter, Farbwörter, Internationalismen in den Bereichen Schule, Sport, Medizin, Computer, Musik usw. (vgl. insgesamt Luchtenberg 2001; Macaire 2001; Hufeisen 2004; Karagiannakis 2004; Erziehungsdepartement … 2006, Sprachprofil IV, S. 22f.; Doyé 2007, S. 102; Hutterli u. a. 2008, S. 126f.; Ministère … 2010, S. 22f., 36).

Interkomprehension und Tertiärsprachendidaktik haben dieses Verfahren im Modell der „sieben Siebe" (von denen sich drei auf die Lexik beziehen) systematisiert (Hufeisen/Marx 2007, S. 7–12 und 27–144; Neuner u. a. 2009, S.48–67; Mehlhorn 2011, S. 125f.). Farangis (2002) legt den Akzent auf den Unterschied von Bedeutungsnuancen und schlägt vor, die diesbezüglich anzustellenden Beobachtungen zur begrifflichen

Unterscheidung von (sprachenübergreifender) Denotation, (kulturspezifischer) Konnotation und (individueller) Assoziation zu nutzen. Oomen-Welke (2011a, S. 58–61) zeigt, dass für solche Zwecke auch Verfahren der schriftlichen Sprachenmittlung mit Gewinn eingesetzt werden können. Vielfältig verwendbar ist auch der Vergleich von Wortfeldbesetzungen (vgl. Schader 2000, S. 278–281/2004, S. 296–299). Für die Sekundarstufe II schlägt Osterwalder (2002, S. 343) die Behandlung des uneigentlichen Sprachgebrauchs vor und nennt im Einzelnen: Ironie, Euphemismus, Tabu und Metapher.

Für den bilingualen Sachfachunterricht ist die doppelte fachsprachliche Bewältigung der unterrichtlichen Themen die durchgängige sprachliche Aufgabe, dabei hat der konzeptuelle Aufbau der Begriffe (mit welchen kommunikativen Mitteln auch immer) Vorrang vor den einzelnen fachsprachlichen Benennungen. So verfährt auch der Sachunterricht an den bilingualen Grundschulen in Hamburg. Er wird anfangs auf Deutsch erteilt, nur zentrale Begriffe werden auch in der Partnersprache vermittelt. In einer späteren Phase dient dann auch die Partnersprache als durchgehendes Medium des Unterrichts (Dirim/Döll/Neumann 2011, S. 131).

Vergleichende Morphologie und Syntax sind das am dichtesten besetzte Gebiet in diesem Bereich. Durchgehend wird dabei von der National- und Bildungssprache, bei den deutschsprachigen Autorinnen und Autoren also vom Deutschen her, gedacht. Genannt werden als mögliche morphologische Unterrichtsthemen: Plural des Nomens, Genus des Nomens und Artikel, Wortbildung (z. B. Diminutivbildung, Movierung, Zahlwörter, nominale Komposita); als mögliche syntaktische Unterrichtsthemen: Wortarten, Satzglieder, direktes und indirektes Objekt, Stellung des Adjektivattributs, Negation, Formen des Fragesatzes, direkte und indirekte Rede, Modalität, Aktiv und Passiv (vgl. insgesamt Luchtenberg 2001; Candelier 2003; Klemenschitz 2005; Mehlhorn 2011, S. 115–118; Behr 2011, S. 78–86; Oomen-Welke 2011b, S. 88–101; mit konkreten methodischen Anregungen: Oomen-Welke 1998, S. 206–209 und 2011a, S. 52–67; Fehlmann/Wider 2001, S. 190–194; Gödde 2006, S. 15–31; Degen/Stadelmann 2007; Pädagogische Hochschule Zürich 2010; Ministère ... 2010, S. 25; Rothstein 2011, S. 18f.; Mehlhorn 2011, S. 115–118 und S. 129; Behr 2011, S. 78–85; Topalović/Michalak 2012,

S. 242–246; mit Bezug auf Deutsch als zweite Fremdsprache: Neuner u. a. 2009, S. 72–85).

Im Gebiet der Sprachpragmatik geht es um den Vergleich kommunikativer Regeln (Luchtenberg 2001, S. 89) und um Unterschiede in der konventionellen Ausführung bestimmter Sprachhandlungen bzw. Textsorten (vgl. Gogolin 2003, S. 61). Genauere Ausführungen dazu sind selten (vgl. jedoch die Unterrichtsvorschläge bei Schader 2000, S. 285–287/2004, S. 303–305; Gödde 2006, S. 32ff.; Weiss 2008).

4. Curriculare Strukturen

Ein Curriculum durchgängigen Mehrsprachigkeitsunterrichts bedarf nicht nur einer Konzentrierung der vielen und vielfältigen Einzelvorschläge auf zentrale und bewältigbare Ziele und Inhalte, sondern auch einer Ordnung nach sachlogischen („horizontal") und entwicklungslogischen Gesichtspunkten („vertikal"). Diesem Erfordernis wird die Literatur zur Mehrsprachigkeitsdidaktik nur in geringem Maße gerecht. Auf weite Strecken stellt sie sich als Sammlung von Einzelvorschlägen und programmatischen Entwürfen dar; weitergehende Strukturierungen liegen typischerweise nicht in der Absicht der Verfasserinnen und Verfasser.

4.1 Teilbereiche des Curriculums

Wo Vorschläge zu einer horizontalen Ordnung gemacht werden, handelt es sich zumeist um die Sortierung von Inhalten auf einer etwas abstrakteren begrifflichen Ebene – ein Verfahren, das der Übersicht und der Orientierung dienen kann. In diesem Sinne nennt Luchtenberg (1995, S. 102–110) Zwei- und Mehrsprachigkeit, sprachliche Varietäten und die Beziehungen zwischen Sprache und Kultur als die drei Themenkomplexe der interkulturellen sprachlichen Bildung. Candelier (2003, S. 23) gliedert seine Leitziele in drei Bereiche, die auch als Teilgebiete eines Curriculums verstanden werden können: positive Einstellung zu Sprachenvielfalt und Motivation für das Sprachenlernen; kognitive und metalinguistische Fähigkeiten der Beobachtung, der Argumentation und der Erwerbssteuerung; Entwicklung einer Sprachkultur, die zum Verstehen der multilingualen und multikulturellen Welt verhilft, in der die Schüler leben. Oomen-Welke (2003, S. 458) spricht von einer „quasi curricularen Bewusstseinsbildung" in den vier Teilbereichen Sprachwissen, sprachliche Fähigkeiten, Sprachbewusstsein und Sprachkultur (vgl. auch Oomen-Welke 2008b, S. 483). Ähnlich teilen Neuner u. a. (2009, S. 24f.) die grundlegenden Orientierungen der Tertiärsprachendidaktik in die drei Bereiche Erweiterung des Sprachwissens und des Sprachbewusstseins, Entfaltung des Sprachlernbewusstseins und Begegnung mit einer neuen Soziokultur. Mit stärkerer Hervorhebung der Lernerperspektive heißt es bei Edmondson (2004, S. 42): „In der Schule müsste ein neues Schulfach Kenntnisse über die Vielfalt der Welt der Sprachen vermitteln, Erfahrungen mit dem Erlernen von unterschiedlichen Aspekten ganz verschiedener Sprachen ermöglichen, Sprachvergleiche auf verschiedenen linguistischen Ebenen anstreben und Sprachlernstrategien fördern."

An anderen Stellen finden sich auch weiter ausdifferenzierte Gruppierungen bzw. Auffächerungen der vorgeschlagenen Inhalte: Bei Schader (2000/2004) greifen inhaltliche und methodische Gesichtspunkte ineinander. Er unterscheidet die Teilbereiche: Sprachliche und kulturelle Vielfalt bewusst machen und erleben, Spiele mit Sprachen, Über das Lernen von und Probleme mit Sprache nachdenken, Die Sprachen der Anderen kennen lernen, Schwerpunkt Schreiben, Schwerpunkt Lesen und Medien, Schwerpunkt Sprachbetrachtung und Grammatik, Verschiedene Kulturen kennen lernen, Interkulturelle Aspekte in fächerübergreifenden Themen und in verschiedenen Unterrichtsbereichen. Diese Gliederung erleichtert die Einpassung der Vorschläge in bestehende Strukturen des Unterrichtens, hat aber für sich selber nur einen geringen systematischen Anspruch. Nach unterschiedlichen sachlogischen Aspekten benannt sind die zwölf „Domänen" der Evlang-Materialien (Candelier 2003, S. 81–84): Langage et culture, Relations entre langues, Langage oral et écrit, Langage verbal et non verbal, Alphabets et systèmes d'écriture, Structure des langues, Emprunt et néologisme, Systèmes phonologiques, Environnement linguistique de l'enfant, Registre et variétés de langues/Plurilinguisme, Statut des langues, Acquisition et apprentissage (L1 + L2). Ähnlich EOLE-Luxemburg (Ministère ... 2010, S. 27–71): (Auto)biographies et identités langagières, Langues en contact, Au cœur des langues (sprachsystematische Aspekte), Les mots voyageurs, Lectures et écritures plurilingues, Langues, mathématiques, histoire, géographie, sciences et arts, Langues et expressions culturelles; Lëtzebuergesch.

Als sprachenübergreifend präsentiert der Gemeinsame europäische Referenzrahmen (2001, S. 103–109) seine Gliederung der „allgemeinen Kompetenzen" in die vier Gruppen: Deklaratives Wissen (*savoir*), Fertigkeiten und prozedurales Wissen (*savoir-faire*), Persönlichkeitsbezogene Kompetenz (*savoir-être*) und Lernfähigkeit (*savoir-apprendre*). Diese Kompetenzen beziehen sich jedoch wohlgemerkt auf den Erwerb einzelner Sprachen, nicht auf mehrsprachliche Fähigkeiten. In der Literatur gibt es nur einen sehr allgemein gehaltenen Versuch einer solchen Übertragung, nämlich die Ableitung von Lernzielen für einen Verbund von Englisch- und Lateinunterricht in der Sekundarstufe I (Doff/Lenz 2011, S. 149–153) gemäß dieser Begrifflichkeit.

Aus diesen Ansätzen hebt sich eine umfassende Systematisierung sprachlicher und kultureller Ziele heraus, die in nahezu erschöpfender Weise aufgegliedert sind: der „Referenzrahmen für Plurale Ansätze zu Sprachen und Kulturen" RePA (Candelier 2009), der auch unter dem Kürzel CARAP („Cadre de référence pour les approches plurielles") firmiert und auf den Ergebnissen des vom Europäischen Fremdsprachenzentrum getragenen Projektes ALC („À travers les Langues et les Cultures"/„Across Languages and Cultures") beruht. Dieser Referenzrahmen ist zweidimensional, als System von Kompetenzen einerseits, Ressourcen andererseits, aufgebaut. Dabei werden Kompetenzen als Fähigkeiten der Mobilisierung von Ressourcen zur Lösung spezifischer Aufgaben oder Probleme, Ressourcen als Wissensbestände, persönliche Haltungen und erworbene Fertigkeiten verstanden, durch deren Nutzung sich die Kompetenzen aufbauen.

Als Deskriptoren für Kompetenzen fungieren in der obersten Ebene die Kompetenz zum Aufbau eines mehrsprachigen und plurikulturellen Repertoires und die Kompetenz zur Kommunikation im Kontext kultureller Heterogenität. Diese werden weiter unterteilt in die Kompetenz, die eigenen interkulturellen und plurilingualen Erfahrungen zu nutzen, die Kompetenz, im interkulturellen Kontext systematische und kontrollierte Lernprozesse zu initiieren, die Kompetenz zur Konfliktlösung, die Aushandlungskompetenz, die Kompetenz der Sprachmittlung und die Adaptationskompetenz; hinzu kommen – für beide Globalkompetenzen gültig – die Kompetenz zum Perspektivenwechsel, die Kompetenz, dem sprachlich und/oder kulturell Unvertrauten einen Sinn zu geben, die Kompetenz der Distanzierung, die Kompetenz, die eigene kommunikative Situation oder eine Lernsituation und die anhängigen Aktivitäten kritisch zu analysieren, und die Kompetenz, Alterität in ihren Unterschieden und Ähnlichkeiten zu erkennen.

Als Deskriptoren für Ressourcen fungieren

1) deklaratives Wissen über Sprachen, u. a. über den Zeichencharakter, die Vielfalt, die Wandelbarkeit und den Erwerb von Sprachen, und deklaratives Wissen über Kulturen, u. a. über innere kulturelle Vielfalt, kulturelle und soziale Diversität, interkulturelle Beziehungen und interkulturelle Kommunikation, kulturellen Wandel, Kultur und Identität und interkulturelles Lernen;

2) persönlichkeitsbezogene Kompetenzen, wozu u. a. Sprachaufmerksamkeit, Sensibilität für und Interesse an fremden Sprachen und Kulturen, Akzeptanz kultureller Vielfalt und Respekt gegenüber anderen Sprachen und Kulturen, Bereitschaft zur Annäherung an andere Sprachen und Kulturen und zur Revision von Vorurteilen, Anpassungsbereitschaft und kulturelles Selbstbewusstsein gehören;

3) Fertigkeiten und prozedurales Wissen, u. a. das Beobachten sprachlicher und kultureller Phänomene in mehr oder weniger vertrauten Kontexten, das Analysieren und Vergleichen dieser Erscheinungen, der bewusste Transfer zwischen Sprachen, das Handeln in sprachlich-kulturellen Kontaktsituationen und das bewusste Lernen sprachlicher und kultureller Elemente, Verhaltensweisen und Bezüge.

Alle hier genannten Ressourcen sind weiter untergliedert. So gliedert sich z. B. die Ressource des Transferierens folgendermaßen: zwischensprachliche Hypothesen aufstellen, die vorhandene oder nicht vorhandene Korrespondenzen betreffen; Transferbasen identifizieren; interlingualen Transfer von einer bekannten in eine nicht vertraute Sprache durchführen (formal, inhaltlich, funktional, pragmatisch); intralingualen Transfer durchführen zur Vorbereitung auf Weiterführung im interlingualen Transfer; die durchgeführten Transfers kontrollieren; Lesestrategien in der Erstsprache identifizieren und diese in der nachgelernten Sprache anwenden.

Der Referenzrahmen ist wegen seines umfassenden und erschöpfenden Charakters vor allem als Instrument der Orientierung und als

Angebot von Auswahlmöglichkeiten zu verstehen und zu nutzen. Der Konstruktion eines (notwendigerweise begrenzteren) Curriculums kann er nicht unmittelbar zugrunde gelegt werden.

4.2 Progressionen

Nur wenige Veröffentlichungen enthalten Gedanken über vertikale Strukturen eines durchgängigen Mehrsprachigkeitsunterrichts. Als eine Annäherung kann man die „Suchhilfe" bei Schader (2000, S. 386–392; 2004, S. 405–413) lesen. Schader gliedert die von ihm vorgeschlagenen Aktivitäten nach methodischen Gesichtspunkten und markiert sie einzeln im Hinblick auf ihre (meist sehr weit gefasste) Alterseignung (vgl. auch Pädagogische Hochschule Zürich 2010). Hinzuweisen ist auch auf Oomen-Welke (1997, S. 37; 1998, S. 202–209; 2008b, S. 484–486), die eine Stufung interkultureller Spracharbeit vorschlägt, welche sie zwar ausdrücklich nicht als „Abfolgen im Unterricht" verstanden wissen will, die aber doch geeignet erscheint, zumindest den Übergang von grundlegender Begegnung zu bewusster Bearbeitung von Mehrsprachigkeit zu beschreiben: Sprachen zulassen – Aufmerksamkeit erwecken – Vorschläge aufgreifen – Sprachen herbeiholen – Sprachen vergleichen.

Jenseits dieser Annäherungen gibt es Hinweise, wie eine etwas systematischere Stufung aussehen könnte: Im Rahmen der Interkomprehension wird von einer Abfolge Lexik – Morphologie – Syntax ausgegangen (vgl. Meißner/Reinfried 1998; Hufeisen/Marx 2007). Macaire (2001) schlägt für die Arbeit auf der Primarstufe einen dreistufigen Aufbau mit zunehmender Aufgabenschwierigkeit vor, der sich ebenfalls an sprachsystematischen Gesichtspunkten orientiert: mehrsprachige Wortschatzarbeit, allgemeine (strukturelle) Unterschiede zwischen Sprachen, detaillierte syntaktische Vergleiche. Schader (2008, S. 71f.) schlägt vor, „mit kleinen und unaufwändigen Ausblicken auf die Sprachen der Klasse und ihres Umfeldes" zu beginnen, später dann lexikalische und morphologische, auf der Sekundarstufe II auch syntaktische Sprachenvergleiche hinzuzunehmen.

Burwitz-Melzer (2008, S. 33f.) postuliert – mit Bezug auf das Sprachenportfolio – Fortschrittskriterien in drei Dimensionen, die zwar recht allgemein formuliert sind, aber bei Überlegungen zu aufbauenden Lernprozessen in einem Teilbereich der Mehrsprachigkeitsdidaktik hilfreich sein können: Die Schüler und Schülerinnen sollen „in allmählich wachsender Selbstständigkeit ihre Sprachkompetenzen einschätzen lernen, ihre Lernstrategien kennen lernen und ihre weiteren Lernwege planen lernen", sie sollen „eine mehrsprachige Identität aufbauen und sich verstärkt mit Konzepten anderer Kulturen auseinandersetzen".

Osterwalder (2002) kombiniert in seinem Bericht über die Arbeit im 10. und 11. Schuljahr thematische Abwechslung mit zunehmender Komplexität. Er skizziert zwei unterschiedliche Curricula für zwei Schuljahre. Das erste, eher grammatikalisch orientierte Curriculum beginnt mit Mehrsprachigkeitsaspekten zum Wortschatz (Wortbildung, Semantik, Adjektiv/Adverb) und zur Struktur einfacher Sätze, behandelt dann Grundfragen der Metrik und den uneigentlichen Sprachgebrauch (Ironie, Euphemismus etc.). Es folgt die Behandlung des Erzählens in verschiedenen Sprachen, des Übersetzens und schließlich ein Ausschnitt aus der Sprachtheorie („Sprache und Wirklichkeit"). Das andere, eher soziolinguistisch orientierte Curriculum beginnt mit Sprachnormen in der Kommunikation, wechselt dann zu Varietäten des Englischen und des Französischen, geht über zur Behandlung sprachenpolitischer Fragen und endet mit komparatistischer Literaturbetrachtung.

Im Rahmen möglicher Gesamtsprachenkonzepte skizziert der Gemeinsame Europäische Referenzrahmen (2001, S. 166–168) zwei curriculare „Szenarios", bei denen im System des Fremdsprachenlernens auch Mehrsprachigkeitsinhalte verortet werden: Das erste Szenario sieht Sprachwahrnehmung als vorrangiges Ziel im Unterricht der ersten Fremdsprache an der Grundschule vor, dann Fortführung dieser Lernprozesse mit dem vorrangigen Ziel des Kompetenzerwerbs auf der Sekundarstufe I, mit spezifischer Abwandlung der Ziele im Unterricht der neu hinzutretenden zweiten Fremdsprache, Verbindung von sprachlichem und fachlichem Lernen auf der Sekundarstufe II und Verbindung von „muttersprachlichem" Unterricht (der nationalen Schulsprache) und Fremdsprache, etwa im Bereich des Textverstehens, Hinführung zu autonomem Lernen bei Wahl einer dritten Fremdsprache. – Das zweite Szenario beginnt mit dem Erwerb einer elementaren sprachlichen Kompetenz im Unterricht der ersten Fremdsprache an der Grundschule, die dabei und im „muttersprachlichen" Unterricht gemachten Sprachlernerfahrungen und die verwendeten Sprachlernstrategien werden zu Beginn der Sekundarstufe I und im weiteren Verlauf des Fremdsprachenunterrichts reflektiert, im „muttersprachlichen" Unterricht und im Unterricht der zweiten Fremdsprache werden die soziokulturellen und soziolinguistischen Aspekte besonders betont, dies wird auf der Sekundarstufe II, ggf. mit Zuwahl einer beruflich relevanten dritten Fremdsprache, fortgesetzt.

Ebenfalls mit Blick auf das Fremdsprachenlernen schlagen Sauer und Saudan einen Rahmen für Mehrsprachigkeitsziele vom Kindergarten bis zur Sekundarstufe I vor (zitiert bei Hutterli u. a. 2008, S. 134f.): Bewusstwerden der sprachlichen und kulturellen Vielfalt der Klasse und der näheren Umgebung (Kindergarten) – Entwicklung von Strategien zur Beobachtung und zum Vergleich von Schriften, Erkennen von Bezügen zwischen gesprochener und geschriebener Sprache (Primarstufe 1./2. Klasse) – Entwicklung von Strategien zum Erkennen von Gemeinsamkeiten und Unterschieden zwischen den Sprachen (Primarstufe 3./4. Klasse) – Erkennen der Beziehungen zwischen den Sprachen (Fremdwörter, Lehnwörter, Sprachfamilien) (Primarstufe 5./6. Klasse) – Erkennen, wie Sprachen funktionieren, Erkennen von kulturellen Kommunikationsmodellen, Entwicklung von Erforschungsstrategien zum Sprachenvergleich (Sekundarstufe I 7.-9. Klasse). Von allen hier referierten Ansätzen erscheint diese Skizze am ehesten geeignet, als Ausgangspunkt für weitere Ausarbeitungen zu dienen.

4.3 Aspekte der Schulorganisation

In einer Reihe von Veröffentlichungen finden sich Aussagen, die sich – teils explizit begründend, teils eher nebenbei – zur schulorganisatorischen Verortung von Mehrsprachigkeitskonzepten äußern.

Ganz allgemein plädiert Behr (2011, S. 77) für ein offenes Nebeneinander unterschiedlicher Organisationsformen. Auch Kurtz (2011, S. 126) warnt ausdrücklich vor der Illusion eines großen Wurfs und fordert Überlegungen, die „die Realwelt des heutigen schulischen Lehrens und Lernens" im Auge haben. Die etwas konkreteren Vorschläge reichen von prinzipieller Berücksichtigung in Schulsprachenprogrammen und gemeinsamer Verantwortung aller Fächer über sprachenübergreifende Projekte, temporär einsetzbare Module, die in unterschiedlichen Kontexten verwendbar sind, fachinterne Umformulierungen von Zielen und Inhalten, Zuweisung an ein bestehendes Fach oder an mehrere bestehende Fächer (Unterricht im Rotationsprinzip) bis hin zur Einrichtung eines neuen Faches.

Die konservativste Lösung ist die, von den bestehenden Unterrichtsfächern ganz allgemein eine gewisse Berücksichtigung der Mehrsprachigkeitsthematik zu erwarten. Das erfordert nicht mehr als einige fachinterne Modifikationen und Ergänzungen an Zielen und Inhalten. Konkrete Beispiele der Umsetzung dieses Gedankens in einem Schulkonzept nennt Haase (2003, S. 218f.). Vielfach findet eine Konzentration auf die sprachlichen Fächer statt. Es sei richtig, formuliert Oomen-Welke (2008b, S. 483), „die übergreifenden Aspekte im bestehenden Sprachunterricht zu verankern, weil das Wünschbare mit dem Machbaren verbunden werden kann und weil eine völlige Abkehr vom Bestehenden weder möglich noch sinnvoll ist". In den Schweizer Mehrsprachigkeitsprojekten wird generell eine Einbindung in die bestehenden Sprachenfächer bevorzugt (vgl. Schweizerische Konferenz … 1998; Erziehungsdepartement des Kantons Basel-Stadt 2003; Saudan u. a. 2005, S. 23f.; Degen/Stadelmann 2007). Das gleiche gilt für die zweisprachige Erziehung in Südtirol (vgl. Wintersteiner 2003, S. 606).

Schader (2008, S. 71f.) stellt sich vor, dass in der Grundschule der Deutschunterricht entsprechend „erweitert" wird und auf der Sekundarstufe der Fremdsprachunterricht hinzutreten kann. Dass in den Englischunterricht auch Aspekte der Mehrsprachigkeit einfließen sollten, ist allgemein akzeptiert. Ein konkretes Beispiel der Umsetzung in einem die Fächer Deutsch und Englisch übergreifenden Projekt schildert Reif-Breitwieser (2002). Die Berücksichtigung der Mehrsprachigkeit im Französischunterricht fordern u. a. Nieweler (2001), Rück (2009), De Florio-Hansen (2008), Volgger (2010) und Wojnesitz (2010).

In solchen integrierten Formen findet die Forderung nach einer Mehrsprachigkeitsdidaktik sicherlich am ehesten Akzeptanz, weil sie kaum schulorganisatorische Umstellungen erfordert. Dafür muss dann allerdings in Kauf genommen werden, dass sie in einer solchen Struktur von dauerhafter institutioneller Fragilität (so der Ausdruck von Saudan u. a. 2005, S. 33) bedroht ist. Von einigen Vertretern der Englisch- und der Französisch-Didaktik wird auch ausdrücklich davor gewarnt, die Einzelsprachspezifik zu verwässern. Einzelsprachliches Lernen sei die Grundlage aller Mehrsprachigkeit, in die nicht von außen eingegriffen werden dürfe. Förderung der Mehrsprachigkeit könne auch bei weiterbestehenden fachlichen Strukturen „als eine gemeinsame Aufgabe der einzelnen Fremdsprachendidaktiken" (Christ 2004, S. 32) verstanden werden. Es liege dann aber in der je einzelfachlichen Verantwortung, für die Anschlussfähigkeit an Lernprozesse in anderen Sprachen zu sorgen (so z. B. Legutke 2004, S. 127f.; Schocker-von Ditfurth 2004, S, 222f.; Behr/ Kierepka 2009, S. 93; ausführlich und konkret: Seyler 2005, S. 110–116; für die besondere Situation in Südtirol: Wintersteiner 2003, S. 606).

Das schließt eine gegenseitige Abstimmung zwischen den Fächern nicht aus. Diese können von einzelnen terminologischen Vereinbarungen bis hin zu einer langfristigen Parallelisierung von Teilcurricula (Hufeisen 2005) reichen; soweit dabei Koordinationsaufgaben zu lösen sind, könnten diese von einer gemeinsamen Fachkonferenz aller Fremdsprachenlehrkräfte einer Schule übernommen werden. Kurtz (2006, S. 50–53) schlägt – allerdings primär mit Blick auf den Englischunterricht – sogar den Abschluss von lokalen „Sprachenpakten" vor, die sich jeweils über eine schulübergreifende Fachkonferenz organisieren sollen.

Eine verbindlichere Koordination von Lernprozessen bei grundsätzlichem Erhalt der Fachautonomie ist in den Konzepten der Interkomprehension und der Tertiärsprachendidaktik angelegt. In beiden Konzepten steht zunächst das neu hinzukommende Sprachfach in der Pflicht, die zuvor im Medium einer oder mehrerer anderer Sprachen erworbenen sprachbezogenen Kenntnisse und Fähigkeiten als Ausgangspunkte für ein hinzufügendes und differenzierendes Lernen zu nutzen, mithin Mehrsprachigkeitsaspekte aufzunehmen. Diese Perspektive kann jedoch auch umgekehrt werden. Der Fokus liegt dann darauf, dass der vorausgehende Unterricht in der Muttersprache, der allgemeinen Schulsprache oder der ersten Fremdsprache so gestaltet wird, dass er auch künftige Sprachlernprozesse vorbereitet und erleichtert, mithin als „Türöffner" für weiteres Sprachenlernen mehrsprachig konzipiert ist. Diese Perspektive wird vor allem für das Englische als erste Fremdsprache diskutiert (vgl. Vollmer 2000; Bausch/Helbig-Reuter 2003), aber z. B. auch für Deutsch als erste Fremdsprache (in der Westschweiz: vgl. Neuner 2005, S. 56–66). Meißner plädiert im Rahmen der Interkomprehensionsdidaktik ausdrücklich für pro- *und* retrospektive, d. h. aufnehmende und vorbereitende Lernprozesse sowohl in der Ausgangs- wie in der Brücken- und der Zielsprache (vgl. Bär 2009, S. 51).

Mehrfach wird vorgeschlagen, ein einzelnes Sprachfach *ausdrücklich* mit der Aufgabe der Vermittlung sprachenübergreifender Kenntnisse und Fähigkeiten zu beauftragen:

So plädiert etwa Gogolin (2003, S. 58) für eine Reform des Deutschunterrichts, der „systematisch als ein Unterricht angelegt sein sollte, dessen Adressaten Mehrsprachige sind". Auch für Oomen-Welke ist „der Deutschunterricht das Fach, in dem grundlegende Reflexionen zu Sprachen ihren Platz haben, in dem also die Lernenden ihre Beobachtungen und Hypothesen und subjektiven Theorien zu Sprache und Sprachendifferenz zum Ausdruck bringen und weiter entwickeln sollten" (Oomen-Welke 2003, S. 457; vgl. 2011a, S. 63–68); ähnlich Wintersteiner (2003, S. 609): „Dem Deutschunterricht kommt in einer Kultur der Mehrsprachigkeit die Aufgabe zu, allgemeine sprachliche Bildung im Medium der Lingua franca des deutschen Sprachraums zu vermitteln". In dem Projekt „Marille" des Europäischen Fremdsprachenzentrums wird diese Vorstellung verallgemeinert und internationalisiert: Plurilinguale Erziehung an den Sekundarschulen sei auf der Basis des Mehrheitssprachenunterrichts aufzubauen (http://marille.ecml.at).

Im Gegenzug plädiert Vollmer (2000; 2001; 2004) dafür, die Aufgaben einer Grundlegung für individuelle Mehrsprachigkeit dem Unterricht der ersten Fremdsprache, in der Regel also dem Englischunterricht an der Grundschule, zuzuweisen; denn mit der ersten Fremdsprache beginne der Einstieg in die Mehrsprachigkeit. Weitere Anglisten (z. B. Gnutzmann 2004, S. 49f.; Kurtz 2004, S. 115; Legutke 2004, S. 124; Quetz 2004, S. 186f.; Schocker-von Ditfurth 2004, S. 215; Doyé 2007; Klippel 2009, S. 19) haben sich dieser Position angeschlossen.

Es versteht sich, dass solche Lösungen einschneidende curriculare und eigentlich auch schulorganisatorische Folgen für das betreffende Fach haben müssten; doch liegen hierzu fast keine ausgearbeiteten Vorschläge vor. Eine Ausnahme stellt der Bericht einer Grundschule in Sachsen dar, die Polnischunterricht in Initialisierungsfunktion, d. h. mit Zielsetzungen, die sich an der Mehrsprachigkeit orientieren, durchgehend vom 1. bis zum 4. Schuljahr anbietet und dazu genaue schulorganisatorische Regelungen erarbeitet hat (Reichel-Wehnert/Schulz 2008).

In mehreren Modellen wird der Begriff einer integrativen Mehrsprachigkeitsdidaktik dahingehend erweitert, dass die sprachlichen Aspekte der Sachfächer generell einbezogen sind (vgl. Saudan u. a. 2005, S. 23;

Ministère ... 2010, S. 14, 54–61). Mehrsprachigkeit wird dann zum übergreifenden Prinzip für alle Unterrichtsfächer, zu einer Querschnittsaufgabe der Schule insgesamt. Die organisatorische Umsetzung dieses Gedankens ist allerdings ein offenes Problem. Sehr vorsichtig spricht das Projekt „Sprach- und Kulturerziehung" von einem „möglichen zukünftigen Lernbereich" (Huber u. a. 1995, S. 7), der als „integratives sprachenunabhängiges bzw. sprachenübergreifendes Element jedes Sprachunterrichts (Muttersprachen/Fremdsprachen/Fachsprachen) und auch als Aufgabe jedes Unterrichtsgegenstandes, jeder Lehrerin und jedes Lehrers" (Huber/Huber-Kriegler 1995, S. 132) vorgestellt wird. In dieser Vorstellung mag die Idee einer weitreichenden Reform enthalten sein, sie bleibt aber institutionell unverbindlich.

Andere Vorschläge greifen stärker in bestehende Strukturen ein. Nachdrücklich fordert Bausch (2003/2007, S. 115 und 462) einen „für alle Fremdsprachen verbindlichen Kernlehrplan", in den die Lehrpläne der Einzelsprachdidaktiken zu überführen seien und der in Kooperation der Lehrkräfte, auch stufenübergreifend, umgesetzt werden solle. In einer anderen, gleichzeitigen Veröffentlichung wird darüber hinaus auch der („muttersprachliche") Deutschunterricht in die Pflicht genommen, „einen systematischen und grundlegenden Beitrag für die Ökonomisierung und Koordination von sprachlichen Lehr- und Lernprozessen" zu leisten (Bausch/Helbig-Reuter 2003, S. 196), und eine Einbindung der „natürlichen Mehrsprachigkeit" in den Klassenverbänden gefordert, allerdings ohne nähere Angaben dazu zu machen.

Eine offizielle Regelung hat das deutsche Bundesland Thüringen getroffen: In die Lehrpläne der Fächer Deutsch, Englisch, Französisch, Russisch und Latein wurde jeweils wortgleich ein Kapitel „Sprachenübergreifende Kompetenzen" aufgenommen, für dessen Erfüllung jedes dieser Fächer – natürlich im Rahmen schulinterner Absprachen – verantwortlich ist (vgl. Behr 2011).

Andere Vorschläge fordern über bloße Absprachen und Parallelisierungen hinaus auch ganz konkrete Formen der Zusammenarbeit, sei es durch Austausch zwischen verschiedenen Lerngruppen, sei es durch gemeinsame Lernaktivitäten. Diese können namentlich an Erfahrungen des Projektunterrichts anknüpfen: Leicht zu realisieren sind Aktivitäten des medialen Austauschs von Teilergebnissen oder Materialien. Aber auch der Austausch von Gruppen oder Halbklassen kann für die fächerübergreifende Durchführung einzelner Projekte, Projekttage oder Projektwochen genutzt werden (vgl. Wiater 2006, S. 69; vgl. Hutterli u. a. 2008, S. 127). Weiter geht die Vorstellung eines verbindlichen Team-Teachings, etwa von Lehrkräften des Deutschunterrichts und des Herkunftssprachenunterrichts oder von Lehrkräften der ersten und der zweiten Fremdsprache, sei es epochal (so Wiater 2006, S. 66) oder in einem regelmäßigen Rhythmus (wie es z. B. in dem Konzept der koordinierten Alphabetisierung realisiert wird; vgl. Scharfenberg 2008, S. 59). Am weitesten gehen die Vorschläge, die eine schulorganisatorisch selbständige Wahrnehmung der Aufgaben der Mehrsprachigkeitsdidaktik konzipieren.

Hiervon gibt es mehrere Varianten:

Eine erste mögliche Form sind neu formulierte Themenkomplexe, die als eigenständige curriculare Einheiten fungieren. Die Autoren des Gemeinsamen Europäischen Referenzrahmens (2001, S. 170) denken an „kurze, fächer- und sprachenübergreifende Module", die an bestimmten Punkten während der Schulzeit in das Schulcurriculum eingebaut werden. Bausch/Helbig-Reuter (2003, S. 195) erwägen die Möglichkeit, bestimmte Sprachlerntechniken und grammatische Kategorien „in einer Art konzertierter Aktion" *vor* den einzelsprachspezifischen Lernprozessen einzuführen, möglicherweise im Rahmen des Deutschunterrichts. Macaire (2001) sieht einen Sprachaufmerksamkeitsunterricht auf der Primarstufe als Vorbereitung bzw. Begleitung des Fremdsprachenlernens. Bär (2009) experimentiert auf der 8. bis 10. Schulstufe mit einem eigenständigen Interkomprehensionsmodul (Umfang ca. 15 Unterrichtsstunden) in verschiedenen sprachpädagogischen Funktionen (Vorschaltmodul, Schnuppermodul, Beschleunigungsmodul ...). Abendroth-Timmer (2007, S. 78) entwirft bilinguale Module zu Sachthemen, die – je nach Standortbedingungen – systematisch in den regulären Sachfachunterricht der Sekundarstufen I und II, aber auch epochal in reguläre Kurse des Fremdsprachenunterrichts eingebracht werden können. Real erprobt ist ein bilingual vergleichender Unterricht im 4. bis 6. Schuljahr unter Auflösung der Klassenverbände für zwei Wochenstunden während eines halben Jahres (Sträuli 2003, S. 69–71).

Im Rahmen der Schweizer Mehrsprachigkeitsprojekte wird, wie schon erwähnt, generell eine integrierte Sprachendidaktik bevorzugt. In einigen Kantonen besteht aber auch die Möglichkeit eines zweijährigen Zusatzfaches auf der Sekundarstufe, das neben den regulär weiterlaufenden Einzelsprachunterrichten angeboten wird. Es wird von den Lehrkräften des Deutsch-, Englisch- und Französischunterrichts in gemeinsamer Verantwortung erteilt und kann als „Sprachwerkstatt" oder als Grundlagenunterricht gestaltet werden. Fehlmann/Wider (2001) berichten über die Umsetzung im Kanton Zürich, Osterwalder (2002) berichtet über die Umsetzung im Kanton Aargau.

Gogolin (1988, S. 110–114) fordert einen „Lernbereich Zweisprachigkeit", welcher „der Entfaltung der besonderen Fähigkeiten Zweisprachiger explizit gewidmet ist" (a. a. O., S. 112). Ein „Lernbereich" wird dabei – im Unterschied zu einem in sich geschlossenen „Fach" – als eine zum „gesamten Inhaltekanon der Schule" hin offene Organisationsform verstanden, in der Spracherfahrungen aus vielerlei Quellen „zusammengeführt, systematisiert und vertieft" werden. In einer späteren Publikation (1994, S. 23) denkt sie an einen Lernbereich „Begegnung mit Sprachen" für alle Schülerinnen und Schüler in der Grundschule und ein entsprechendes Fach „Interkulturelle Sprachbetrachtung" auf den höheren Schulstufen.

Edmondson (2004, S. 42), der das Konzept von Bausch als zu eng kritisiert, erhebt die uneingeschränkte Forderung nach einem neuen Schulfach, das die Grundlagen jedweder sprachlichen Bildung vermitteln solle.

4.4 Aus- und Fortbildung von Lehrerinnen und Lehrern

Die Durchsetzung von Mehrsprachigkeit als Bildungsziel bedarf auch entsprechend aus- bzw. fortgebildeter Lehrender. Forderungen nach einer Aufnahme des Themas Mehrsprachigkeit in die Lehrerbildung und einer Sensibilisierung der Lehrenden für die sprachliche und kulturelle Heterogenität der Lernenden finden sich daher in vielen Beiträgen der bereits genannten Autoren (vgl. Behr 2006; Dirim 2007; Hu 2003; Oomen-Welke 2008b, Abschnitt 3: Vielsprachiger Deutschunterricht: Sensibilisierungsprogramm für Lehrpersonen) und werden in jüngerer Zeit verstärkt hervorgehoben (vgl. Winters-Ohle u. a. 2012).

Studien, die Reaktionen von Lehrkräften auf die Sprachenvielfalt in der Schule erheben bzw. nach der Zulassung oder gar einer aktiven Einbeziehung im Unterricht fragen, kommen aber zu dem Ergebnis, dass es zwar immer wieder Beispiele dafür gibt, dass Lehrkräfte ihre Schülerinnen und Schüler dazu ermutigen, ihre mehrsprachigen Kompetenzen einzubringen (vgl. z. B. Haglund 2008, S. 153–160; Christmann 2011, S. 76), dass aber die Mehrzahl der Lehrkräfte den Forderungen und methodischen Ansätzen der Mehrsprachigkeitsdidaktik eher hilflos gegenübersteht (vgl. Candelier 2003, S. 266–270; Leichsering 2003, S. 227–229; Strunz 2003, S. 57–59; Billiez/Lambert 2008; De Florio-Hansen 2008, S. 90–96; Wojnesitz 2010, S. 162–181 und 191–200; Graßmann 2011; Haenisch 2011; Pölzlbauer 2011; Oomen-Welke 2011b, S. 90f.). Entsprechende Aus- und Fortbildungsangebote, die eine große Zahl von Adressaten erreichen müssten, sind ein dringendes bildungspolitisches Erfordernis.

Daneben wird der vermehrte Einsatz qualifizierter Lehrkräfte, die selbst mehrsprachig sind und über einen Migrationshintergrund verfügen, als Weg gesehen, Schulen in die Lage zu versetzen, konstruktiv mit Mehrsprachigkeit umzugehen (vgl. Georgi/Ackermann/Karakas 2011; Karakaşoğlu 2011).

Auch in sprachenpolitischen Dokumenten wird immer wieder auf die Notwendigkeit einer gezielten Lehrerausbildung hingewiesen. So formuliert der Europäische Rat bereits in seiner Empfehlung vom 14.02.2002 (Dok. 6365/02 EDUC 27), in der das Erlernen von zumindest zwei Fremdsprachen durch die europäischen Bürger als Ziel der europäischen Sprachenpolitik formuliert wird, dass eine entsprechende Lehrerausbildung Voraussetzung für das Erreichen dieses Zieles sei. Im Rahmen der Frühjahrskonferenzen zur Erforschung des Fremdsprachenunterrichts wurde und wird eine entsprechende Veränderung der Lehrerausbildung gefordert und mit Vorschlägen für entsprechende Module konkretisiert (vgl. die Beiträge von Caspari, Gogolin, Krumm und Quetz in Bausch/Königs/Krumm 2003 sowie die Beiträge von Gnutzmann, Hu, Kleppin, Krumm u. a. in Bausch/Königs/Krumm 2004): Qualifikationen in den Bereichen der Lernberatung, der Interkulturalität und vor allem der Mehrsprachigkeitsdidaktik stehen dabei im Zentrum. Einen differenzierten Katalog von Lehrerbildungszielen hat das Projekt „Marille" des Europäischen Fremdsprachenzentrums erarbeitet (Boeckmann u. a. 2011, S. 31–36, und http://marille.ecml.at).

Immer wieder wird auf die Gefahr hingewiesen, dass gerade Sprachlehrkräften, weil sie für die Vermittlung nur einer Sprache ausgebildet werden und dies auch ihrem beruflichen Selbstverständnis entspricht, die Sensibilität für mehrsprachige Lernkontexte fehlt (mit empirischen Belegen: Vetter 2008). Krumm (2005, S. 35) fordert daher, Lehrkräfte nicht mehr ausschließlich als Lehrer für eine bestimmte Sprache auszubilden, sondern als Expertinnen und Experten für Mehrsprachigkeit.

5.   Ertrag

Über Mehrsprachigkeit als Ziel, Medium und Thema von Unterricht wird in Europa seit über zwei Jahrzehnten diskutiert, und die Zahl der einschlägigen Publikationen hat in den letzten Jahren rasch zugenommen. Dabei gilt Mehrsprachigkeit unbestritten als ein hoher Wert, die Diskussion verläuft nicht sonderlich kontrovers. Zwar wären die Forderungen der Mehrsprachigkeitsdidaktik sehr wohl geeignet, langjährige fachliche Strukturen der Bildungssysteme in Frage zu stellen, doch wird ihre Durchschlagskraft offenbar nicht als so bedrohlich eingeschätzt, dass starke Verteidigungslinien dagegen aufgebaut würden.

Die Veröffentlichungen haben in ihrer Gesamtheit eher den Charakter von Vorschlägen zur inhaltlichen Neuausrichtung der sprachlichen Bildung. Charakteristisch sind programmatische Forderungen, wobei didaktische und bildungspolitische Aussagen oft dicht beieinander stehen, manchmal auch miteinander vermischt werden. Hinzu kommen Unterrichtsbeispiele und -materialien in großer Zahl. Seltener sind Berichte über tatsächliche Erprobungen. Sehr selten sind empirische Untersuchungen, die Auskunft über Erfolge oder Misserfolge, Erreichbares und Nichterreichbares geben würden. Eine umfassende pädagogische Theorie der Mehrsprachigkeit ist bisher nicht ausgearbeitet worden; die in der Literatur vorgebrachten Argumente zur Fundierung und Legitimierung der Mehrsprachigkeitsdidaktik beziehen sich auf die sprachliche Pluralisierung moderner Gesellschaften, die europäische Politik der Sprachenvielfalt, die lernökonomischen Vorteile und die psychologische Hypothese einer einheitlichen Instanz miteinander verbundener Sprachlernprozesse.

Die vorliegenden Vorschläge sind aus mehreren disziplinären Zusammenhängen heraus erarbeitet worden, zunächst aus dem Programm der „language awareness", das sich auf Sprachenlernen und sprachliche Bildung allgemein bezieht, dann aus den Bestrebungen zur Vernetzung fremdsprachlicher Lernprozesse, die sich der Diversifizierung des Fremdsprachenlernens verdanken, aus der Interkulturalisierung der Deutschdidaktik, die durch die Migration angestoßen worden ist, und aus der zunehmenden Bewusstwerdung der sprachlichen Dimension des Lernens auch in den „nichtsprachlichen" Fächern. Diese ursprünglich getrennten Entwicklungslinien konvergieren in zunehmendem Maße. Noch sind Richtungsunterschiede erkennbar, doch haben sich die Ansätze einander so weit angenähert, dass von gemeinsamen Entwicklungstendenzen gesprochen werden kann. Diese bilden die Grundlage und den Inhalt einer als einheitliche Größe begriffenen *Mehrsprachigkeitsdidaktik*.

Allen Ansätzen gemeinsam ist die Vorstellung, dass mehr Sprachen als die bisher üblicherweise unterrichteten Schulsprachen für die sprachliche Bildung herangezogen werden sollten. Diese Vorstellung variiert allerdings in beträchtlichem Maße – von der vergleichenden Behandlung einer begrenzten Zahl historisch verwandter Standardsprachen, die lernökonomisch begründet wird, bis hin zu einer grundsätzlichen Offenheit für alle Sprachen und Dialekte, die mit dem Bildungsziel eines selbstbewussten Zurechtkommens mit der lebensweltlichen Sprachenvielfalt in den Unterricht eingebracht werden.

Das Postulat grundsätzlicher Offenheit ist durch die faktische Vielsprachigkeit der heutigen Gesellschaften und die daraus resultierende Mehrsprachigkeit der individuellen Lebensläufe hinreichend gerechtfertigt, und findet erstaunlich viel Zustimmung. Es wirft aber unabweislich die Frage nach der Auswahl der sprachlichen Beispiele in einer notwendigerweise begrenzten Unterrichtszeit auf. Die Literatur gibt nicht sehr viele Antworten darauf. In einer Reihe von Beiträgen wird aber der Gedanke erkennbar, die von den Lehrenden und Lernenden zu treffenden Auswahlentscheidungen sollten von der Erreichbarkeit der Sprachen in der Klasse und im sozialen Nahraum abhängig gemacht werden. Umso auffälliger ist dann allerdings die geringe Beachtung, die die Didaktiken der Minderheiten- und Migrantensprachen in diesem Zusammenhang bisher gefunden haben. Auf Dauer müssten von der Mehrsprachigkeitsdidaktik Argumente erarbeitet werden, die exemplarisches Lernen dadurch ermöglichen, dass sie nicht nur den Ausgangssituationen der Lernenden Rechnung tragen, sondern auch die in der Sache (dem „Gegenstand Mehrsprachigkeit") begründeten Prioritäten systematisch benennen.

Eine ebenfalls für alle Ansätze gültige These ist die, dass durch die Koordination der Lernprozesse die verschiedenen sprachlichen Potenziale der Lernenden insgesamt in breiterer Weise aktiviert werden, als es bei einem bloßen Nebeneinander einzelsprachlicher Unterrichtsangebote möglich ist. Es herrscht Einigkeit darüber, dass eine solche Koordination nicht nur zu einer effektiveren Nutzung der Lernzeit, sondern auch zu stärkerer Motivation und höherer Sprachbewusstheit führt.

Leitend ist das Ziel eines aufmerksamen und bewussten Umgangs mit Sprachen. Eine Konsequenz davon ist, dass in den Veröffentlichungen die kognitiven Ziele und Verfahren im Vordergrund stehen. Durchgehend herrscht die Vorstellung, dass die Fähigkeiten der Reflexion sprachlicher Erfahrungen, des systematischen Sprachenvergleichs und des strategisch gesteuerten Sprachenlernens nicht nur einen Wert an sich darstellen, sondern auch die Kompetenzen in den Einzelsprachen wirksam fördern – eine Vorstellung, die durchaus in Übereinstimmung mit allgemeinen Entwicklungen in der Sprachendidaktik steht. Die affektiven Ziele sind nicht ausgeblendet, im Gegenteil, sie werden aber in der Regel eher allgemein formuliert, sie bleiben dadurch blasser und sind weniger greifbar. Sprachpraktische Fähigkeiten der Bewältigung vielsprachiger Situationen und Textangebote kommen in Einzelvorschlägen zum Tragen, sind aber in die Didaktik der Mehrsprachigkeit bisher nicht systematisch integriert.

Mit Blick auf eine durchgängige mehrsprachliche Bildung wäre es wünschenswert, die Ziele etwas gleichmäßiger bearbeitet zu sehen. Dabei kann das Leitziel der Sprachbewusstheit unverändert bleiben, es entspricht dem Bildungsauftrag des Mehrsprachigkeitsunterrichts und es erfüllt seine vernetzende Funktion gegenüber anderen (sprachlichen und „nichtsprachlichen") Schulfächern. Auch bei den kognitiven Zielen im Einzelnen muss nicht umgesteuert werden. Es liegen zahlreiche Vorschläge vor, die aufgegriffen und systematisiert werden können. Bei den affektiven Zielen dagegen wären genauere Unterscheidungen zu wünschen. Motivations- und Einstellungspsychologie halten ja differenzierte Begriffe bereit, die auch auf die Auseinandersetzung mit Viel- und Mehrsprachigkeit angewendet werden können. An solche etwas präziseren Begriffe könnten dann auch gezieltere methodische Vorschläge in schlüssiger Weise angeschlossen werden. Schließlich wäre es der Mühe wert, die in der Literatur aufgewiesenen Möglichkeiten der rezeptiven Nutzung wie der aktiven Produktion mehrsprachiger Texte und der Gestaltung vielsprachiger Kommunikationssituationen zu sammeln und systematisch zu ergänzen. Es ließe sich dann eine eigene Gruppe sprach-praktischer multilingualer Ziele daraus konstituieren.

Die Literatur bietet Unterrichtsideen in Form von Anregungen, Vorschlägen, Berichten und Materialien, die inhaltlich konkret und me-thodisch realistisch genug sind, um zu verbürgen, dass ein Curriculum Mehrsprachigkeit nicht ins Leere läuft, sondern in unterrichtliche Praxis umgesetzt werden kann. Zwar sind die Altersgruppen der Lernenden dabei nicht gleichmäßig berücksichtigt – die unteren Schulstufen sind deutlich besser versorgt als die höheren – doch liegen Veröffentlichungen zu allen Altersgruppen vor, und wo Beispiele fehlen, lassen sie sich durch Analogien zu vorhandenen Beispielen ohne Weiteres ergänzen. Es fehlt nicht an Stoff für einen durchgängigen Mehrsprachigkeitsunterricht. Zum Teil besteht das Problem eher darin, aus einer Fülle von Vorschlägen so auszuwählen, dass bildungswirksames exemplarisches Lernen auf den Weg gebracht wird.

Hinsichtlich der Umsetzbarkeit in die Praxis der Lehrkräfte ist zu un-terscheiden: Manche Ideen schließen an bekannte unterrichtliche Inhalte und Verfahren an, sind also unschwer zu realisieren. Andere verlangen Qualifikationen, die in der Lehrerbildung eher selten vermittelt werden, etwa auf den Gebieten des Sprachenvergleichs, der Sprachensoziologie oder einer mehrsprachigen Literaturdidaktik. Diese Qualifikationen sind aber nicht unerreichbar, es müssten spezifische Fortbildungsangebote dazu entwickelt werden.

Die Vorschläge zur Gliederung der Ziele und Inhalte in Teilbereiche reichen von lockeren Clusterbildungen über begriffliche Grobeinteilun-gen bis hin zu einer hochdifferenzierten Taxonomie, die man als Versuch einer erschöpfenden Analyse des „Lerngegenstands Mehrsprachigkeit" betrachten kann. Für die praktischen Zwecke eines durchgängigen Mehrsprachigkeitsunterrichts ist wohl eher auf Lösungen mit geringe-rem Differenztheitsgrad zurückzugreifen, da es hierbei vor allem auf didaktische Plausibilität und auf eine überschaubare Zahl von Kategorien ankommt, an denen sich die Unterrichtsplanung orientieren kann.

Fragen der Progression ist erst sehr wenig Aufmerksamkeit gewid-met worden. Die vereinzelten Vorschläge, die vorliegen, haben einen begrenzten Geltungsbereich und können nur als erste Annäherungen betrachtet werden. Eine Fundierung durch Anwendung lern- und/oder entwicklungspsychologischer Theorien auf den Gegenstand Mehrsprachigkeit wäre wünschenswert, ist aber bisher nicht versucht worden.

Zur Frage der schulorganisatorischen Verortung liegt eine Reihe von recht unterschiedlichen Aussagen vor, die mutmaßlich alle in Betracht kommenden Möglichkeiten mindestens einmal ausgesprochen haben. Es ist aber auffällig, dass diese Frage, die doch für die Realisierbarkeit des Programms mit von entscheidender Bedeutung ist, in vielen Veröffentlichungen eher nebenbei behandelt wird. Auch werden die Vorschläge nur in geringem Maße von Argumenten begleitet, über die relativen Vor- und Nachteile der verschiedenen Modelle wird kaum diskutiert. Das Fehlen empirisch evaluierter Erprobungen macht sich hier besonders gravierend bemerkbar.

Mit Blick auf die Realisierung eines durchgängigen Mehrsprachigkeitsunterrichts bleibt festzuhalten, dass auf jeden Fall eine Form der Organisation gefunden werden müsste, deren Verbindlichkeit institutionell verbürgt ist. Veränderungen in der Praxis werden erfahrungsgemäß weder durch die bloße Proklamation von Prinzipien noch durch die Verbreitung einzelner Unterrichtsideen bewirkt. Die mehrfach vorgeschlagene Einführung eines eigenen neuen Faches würde hier zweifellos das deutlichste Zeichen setzen, stellt aber, wie man einräumen muss, eine beträchtliche Zumutung an die bestehenden Fächer dar.

Besser anschlussfähig sind Vorschläge, die verbindliche Angebote von Mehrsprachigkeitsunterricht vorsehen, ohne bestehende Strukturen grundsätzlich in Frage zu stellen. Zu nennen ist der Vorschlag verbindlicher, aber flexibel einsetzbarer Module, die an unterschiedlichen Stellen im Jahresprogramm untergebracht werden können. Zu nennen ist vor allem die verbindliche Festschreibung in Fachlehrplänen. Dabei ist die Zuweisung an ein einzelnes bestehendes Fach leichter zu verwirklichen als die Zuweisung an mehrere bestehende Fächer. Sie erscheint aber von der Sache her als die weniger günstige Lösung, da sie ein Alibi-Verhalten der übrigen Fächer zur Folge haben könnte. Die gemeinsame Verantwortung mehrerer bestehender Fächer würde den Aufgaben des Mehrsprachigkeitsunterrichts eher gerecht und könnte die ohnedies wünschenswerte fächerübergreifende Kooperation wirksam begünstigen.

Literatur

Abendroth-Timmer, Dagmar: Akzeptanz und Motivation: empirische Ansätze zur Erforschung des unterrichtlichen Einsatzes von bilingualen und mehrsprachigen Modulen, Frankfurt/M.: Lang 2007.

Abuja, Gunther/Heindler, Dagmar (Hrsg.): Englisch als Arbeitssprache. Fachbezogenes Lernen von Fremdsprachen, Graz: Zentrum für Schulentwicklung 1993.

Ahrenholz, Bernt: Sprachenporträts anfertigen, in: Deutschunterricht, Heft 6–2010, S. 10f.

Ahrenholz, Bernt/Oomen-Welke, Ingelore (Hrsg.): Deutsch als Zweitsprache, Baltmannsweiler: Schneider 2008.

Anne Frank Haus (Hrsg.): Das sind wir. Ein Lesebuch mit Geschichten von Olivia, Irfan, Gülcihan, Stephan, Sadber, Filipp; dazu: Handbuch Das sind wir. Interkulturelle Unterrichtsideen für Klasse 4–6 aller Schularten: Anregungen für den Unterricht, beide: Weinheim und Basel: Beltz 1995.

Bär, Marcus: Förderung von Mehrsprachigkeit und Lernkompetenz: Fallstudien zu Interkomprehensionsunterricht mit Schülern der Klassen 8 bis 10, Tübingen: Narr 2009.

Bartnitzky, Horst: Sprachunterricht heute. Sprachdidaktik. Unterrichtsbeispiele. Planungsmodelle, Berlin: Cornelsen Scriptor 2000.

Bausch, Karl-Richard: Erwerb von zweiten und weiteren Fremdsprachen im Sekundarschulalter, in: K.-R. Bausch u.a. (Hrsg.): Handbuch Fremdsprachenunterricht, Tübingen und Basel: Francke, 4. Aufl. 2003 (5. unveränderte Auflage 2007), S. 459–464.

Bausch, Karl-Richard: Funktionen des Curriculums für das Lehren und Lernen fremder Sprachen, in: K.-R. Bausch u.a. (Hrsg.): Handbuch Fremdsprachenunterricht, Tübingen und Basel: Francke, 4. Aufl. 2003 (5. unveränderte Auflage 2007), S. 111–116.

Bausch, Karl-Richard: Zwei- und Mehrsprachigkeit: Überblick, in: K.-R. Bausch u.a. (Hrsg.): Handbuch Fremdsprachenunterricht, Tübingen und Basel: Francke, 4. Aufl. 2003 (5. unveränderte Auflage 2007), S. 439–444.

Bausch, Karl-Richard/Burwitz-Melzer, Eva/Königs, Frank G./Krumm, Hans-Jürgen (Hrsg.): Fremdsprachenlernen erforschen: sprachspezifisch oder sprachenübergreifend? Arbeitspapiere der 28. Frühjahrskonferenz zur Erforschung des Fremdsprachenunterrichts, Tübingen: Narr 2008.

Bausch, Karl-Richard/Heid, Manfred (Hrsg.): Das Lehren und Lernen von Deutsch als zweiter oder weiterer Fremdsprache: Spezifika, Probleme, Perspektiven. Manuskripte zur Sprachlehrforschung 32, Bochum: Brockmeyer 1990.

Bausch, Karl-Richard/Helbig-Reuter, Beate u. a.: Überlegungen zu einem integrativen Mehrsprachigkeitskonzept: 14 Thesen zum schulischen Fremdsprachenlernen, in: Neusprachliche Mitteilungen 56 (2003), Heft 4, S. 194–201.

Bausch, Karl-Richard/Königs, Frank G./Krumm, Hans-Jürgen (Hrsg.): Fremdsprachenlehrerausbildung. Konzepte, Modelle, Perspektiven. Arbeitspapiere der 23. Frühjahrskonferenz zur Erforschung des Fremdsprachenunterrichts, Tübingen: Gunter Narr 2003.

Bausch, Karl-Richard/Königs, Frank G./Krumm, Hans-Jürgen (Hrsg.): Mehrsprachigkeit im Fokus. Arbeitspapiere der 24. Frühjahrskonferenz zur Erforschung des Fremdsprachenunterrichts, Tübingen: Gunter Narr 2004.

Behr, Ursula: Sprachenübergreifendes Lernen aus der Sicht des muttersprachlichen Deutschunterrichts in der Sekundarstufe I, in: Rothstein, Björn (Hrsg.): Sprachvergleich in der Schule, Baltmannsweiler: Schneider 2011, S. 49–70.

Behr, Ursula: Förderung sprachübergreifenden Lernens in der Sekundarstufe I – Konzeption, Durchführung und Ergebnisse eines Kooperationsprojektes der drei Phasen der Lehrerausbildung, in: Behr, Ursula (Hrsg.): Mehrsprachigkeit/Sprachlernbewusstheit (II). Expertentagung 28./29. März 2006, Jena: Friedrich-Schiller-Universität 2006, S. 11–22.

Behr, Ursula/Kierepka, Adelheid: Sprachenübergreifendes Lernen und Aspekte seiner unterrichtspraktischen Umsetzung in der Primarstufe, in: Werlen, Erika/Tissot, Fabienne (Hrsg.): Sprachvermittlung und Leistungsmessung im Kontext der Mehrsprachigkeit, Baltmannsweiler: Schneider 2009, S. 93–116.

Belke, Gerlind: Mehrsprachigkeit und Deutschunterricht. Sprachspiele – Spracherwerb – Sprachvermittlung, Baltmannsweiler: Schneider 1999, 2. Aufl. 2001.

Berque, Jacques: L'immigration à l'école de la République. Rapport au ministre de l'Education Nationale, Paris: CNDP 1985.

Billiez, Jacqueline (Hrsg.): De la didactique des langues à la didactique du plurilinguisme. Hommage à Louise Dabène, Grenoble: CDL-LIDILEM 1998.

Billiez, Jacqueline/Lambert, Patricia: Autour des savoirs sur les langues dans une classe de seconde professionnelle, in: Candelier, Michel u. a. (Dir.): Conscience du plurilinguisme. Pratiques, représentations et interventions, Rennes: Presses Universitaires 2008, S. 79–91.

Boeckmann, Börge/Aalto, Eija/Abel, Andrea/Atanasoska, Tatjana/Lamb, Terry: Promoting plurilingalism. Majority language in multilingual settings, Graz: ECML 2011.

Bongartz, Christiane M./Rymarczyk, Jutta (Hrsg.): Languages across the curriculum. Ein multiperspektivischer Zugang, Frankfurt u. a.: Peter Lang 2010.

Böing, Màik: Interkomprehension und Mehrsprachigkeit im zweisprachig deutsch-französischen Bildungsgang – ein Erfahrungsbericht, in: Rutke,

Dorothea/Weber, Peter J. (Hrsg.): Mehrsprachigkeit und ihre Didaktik: Multimediale Perspektiven für Europa, St. Augustin: Asgard 2004, S. 63–80.

Bräuer, Gerd: Mit Aufgabenarrangements die Kompetenzen Schreibender in anderen Sprachen stärkenorientiert fördern, in: Nauwerck, Patricia (Hrsg.): Kultur der Mehrsprachigkeit in Schule und Kindergarten. Freiburg: Fillibach 2009, S. 201–217.

Bredel, Ursula/Günther, Hartmut/Klotz, Peter/Ossner, Jakob/Siebert-Ott, Gesa (Hrsg.): Didaktik der deutschen Sprache, 2 Bände, Paderborn u.a.: Schöningh 2003.

Bredella, Lothar: Immigranten zwischen Sprachlosigkeit und Sprachbeherrschung: Eva Hoffmanns Lost in Translation und Richard Rodriguez' Hunger of Memory, in: Gogolin, Ingrid/Graap, Sabine/List, Günther (Hrsg.): Über Mehrsprachigkeit, Tübingen: Stauffenburg 1998, S. 191–211.

Brent Language Service: Sprache bereichert: Den Schriftsprachgebrauch in der Schule bereichern, in: Mecheril, Paul/Quehl, Thomas (Hrsg.): Die Macht der Sprachen. Englische Perspektiven auf die mehrsprachige Schule, Münster u.a.: Waxmann 2006, S. 63–78.

Büchner, Inge: Keine Angst vor anderen Sprachen!, in: Grundschule, Heft 10/1999, S. 44–49.

Budde, Monika: Sprachsensibilisierung: eine Übertragung des Language-Awareness-Konzepts auf den Deutschunterricht multikultureller Klassen der Sekundarstufe I; Entwicklung und Evaluation eines sprachsensibilisierenden Curriculums, Diss. CD, Universität Kassel 2000.

Budde. Monika/Riegler, Susanne/Wiprächtiger-Geppert, Maja: Sprachdidaktik, Berlin: Akademie Verlag 2011.

Bundesministerium für Bildung und Forschung/Bundesministerium für Unterricht, Kunst und Kultur/Schweizerische Konferenz der kantonalen Erziehungsdirektoren (Hrsg.), Die Bedeutung der Sprache. Bildungspolitische Maßnahmen und Konsequenzen, Berlin: Berliner Wissenschaftsverlag 2010.

Burwitz-Melzer, Eva: Sprachenportfolios, in: Hallet, Wolfgang/Königs, Frank G. (Hrsg.): Handbuch Fremdsprachdidaktik, Seelze-Velber: Klett/Kallmeyer 2010, S. 232–236.

Burwitz-Melzer, Eva: Das Sprachenportfolio als Medium aus sprachenübergreifender und sprachspezifischer Perspektive, in: Bausch, Karl-Richard/Burwitz-Melzer, Eva/Königs, Frank G./Krumm, Hans-Jürgen (Hrsg.): Fremdsprachenlernen erforschen: sprachspezifisch oder sprachenübergreifend?, Tübingen: Narr 2008, S. 32–42.

Burwitz-Melzer, Eva: Motivation durch Selbsteinschätzung. Fremdsprachenportfolios für die Klassen 3 bis 10, in: Küppers, Almut/Quetz, Jürgen (Hrsg.): Motivation Revisited. Festschrift für Gert Solmecke, Berlin: LIT 2006, S. 103–114.

Burwitz-Melzer, Eva/Königs, Frank G./Krumm, Hans-Jürgen (Hrsg.): Sprachenbewusstheit im Fremdsprachenunterricht. Arbeitspapiere der 32. Frühjahrskonferenz zur Erforschung des Fremdsprachenunterrichts, Tübingen: Narr Verlag 2012.

Busch, Brigitte: Lepena. Ein Dorf macht Schule. Eine Mikrountersuchung sozialer und kultureller Gegensätze, Klagenfurt: Drava 1996.

Candelier, Michel (Koord.): Referenzrahmen für Plurale Ansätze zu Sprachen und Kulturen, Deutsche Fassung von Franz-Joseph Meißner und Anna Schröder-Sura, Graz: Europäisches Fremdsprachenzentrum 2009 (http://www.ecml.at/efsz).

Candelier, Michel/Ioannitou, Gina/Omer, Danielle/Vasseur, Marie-Thérèse (Dir.): Conscience du plurilinguisme. Pratiques, représentations et interventions, Rennes: Presses Universitaires 2008.

Candelier, Michel: Sprachen- und Kulturenvielfalt in der Grundschule. Evlang: Ein Beitrag zur Verwirklichung von Zielen der europäischen Sprachenpolitik, in: Fremdsprache Deutsch, Heft 31–2004, S. 14–18.

Candelier, Michel: L'éveil aux langues à l'école primaire. Evlang: bilan d'une innovation européenne. Préface de Louise Dabène, Bruxelles: de boeck 2003.

Candelier, Michel (Koord.): The introduction of language awareness into the curriculum, Graz: ECML 2000.

Candelier, Michel: Fünf Thesen zur Verbindung von Sprachenpolitik und Sprachendidaktik, in: Huber, Josef/Huber-Kriegler, Martina/Heindler, Dagmar (Hrsg.): Sprachen und kulturelle Bildung. Beiträge zum Modell: Sprach- & Kulturerziehung, Graz: Zentrum für Schulentwicklung 1995, S. 77–80.

Caprez-Krompàk, Edina: Entwicklung der Erst- und Zweitsprache im interkulturellen Kontext. Eine empirische Untersuchung über den Einfluss des Unterrichts in heimatlicher Sprache und Kultur (HSK) auf die Sprachentwicklung, Münster u. a.: Waxmann 2010.

Chlosta, Christoph: Welche Sprachen sprechen die Schüler? in: Deutschunterricht, Heft 6–2010, S. 42–45.

Christ, Herbert: Der Aufbau bildungssprachlicher Kompetenzen beim Lehren und Lernen fremder Sprachen, in: Krüger-Potratz, Marianne/Neumann, Ursula/Reich, Hans H. (Hrsg.): Bei Vielfalt Chancengleichheit. Interkulturelle Pädagogik und Durchgängige Sprachbildung, Münster u. a.: Waxmann 2010, S. 244–257.

Christ, Herbert: Lernen in zwei Sprachen mit Blick auf zwei Kulturen, in: Praxis Fremdsprachenunterricht 6/2006, S. 16–19.

Christ, Herbert: Didaktik der Mehrsprachigkeit im Rahmen der Fremdsprachendidaktik, in: Bausch, Karl-Richard/Königs, Frank G./Krumm, Hans-Jürgen (Hrsg.): Mehrsprachigkeit im Fokus. Arbeitspapiere der 24. Frühjahrskonferenz zur Erforschung des Fremdsprachenunterrichts, Tübingen: Gunter Narr 2004, S. 30–38.

Christ, Herbert: Von der Zielsprachendidaktik zur Didaktik der Mehrsprachigkeit?, in: Helbig, Beate/Kleppin, Karin/Königs, Frank G. (Hrsg.): Sprachlehrforschung im Wandel, Tübingen: Stauffenburg 2000, S. 3–20.

Christmann, Nadine: Der Vielfalt (k)eine Chance geben – zur Rolle der Mehrsprachigkeit im pädagogischen Alltag einer luxemburgischen Vor- und Grundschule, in: Diehm, Isabell/Panagiotopoulou, Argyro: Bildungsbedingungen in europäischen Migrationsgesellschaften. Ergebnisse qualitativer Studien in Vor- und Grundschule, Wiesbaden: VS Verlag für Sozialwissenschaften 2011, S. 73–83.

Cichon, Peter/Cichon, Ludmila (Hrsg.): Didaktik für eine gelebte Mehrsprachigkeit, Wien: Praesens 2009.

Çınar, Dilek (Hrsg.): Gleichwertige Sprachen? Muttersprachlicher Unterricht für die Kinder von Einwanderern, Innsbruck und Wien: STUDIENVerlag 1998.

Couillaud, Xavier/Khan, Verity Saifullah: Sprachenvielfalt im interkulturellen Unterricht – Das „Children's Language Project", in: Hohmann, Manfred/Reich, Hans H. (Hrsg): Ein Europa für Mehrheiten und Minderheiten. Diskussionen um interkulturelle Erziehung, Münster: Waxmann 1989, S. 215–235.

Council of Europe, Language Policy Division: Language Education Policy Profiles. A transversal analysis: trends and issues. 2009. (http://www.coe.int/t/dg4/linguistic/Source/Profiles_TranversalAnalysis2009_EN.doc)

Council of Europe, Language Policy Division/Ministry of Education, the Arts and Culture/Ministry of Science and Research: Language Education Policy Profile. Austria. 2008. (http://oesz.at/download/spol/lepp_engl_1.pdf)

Council of Europe, Language Policy Division: From Linguistic Diversity to Plurilingual Education: Guide for the Development of Language Education Policies in Europe. 2007. (http://www.coe.int/t/dg4/linguistic/Source/Guide07_Executive_20Aug_EN.doc)

Cummins, Jim: Language Support for Pupils from Families with Migration Backgrounds: Challenging Monolingual Instructional Assumptions, in: Benholz, Claudia/Kniffka, Gabriele/Winters-Ohle, Elmar (Hrsg.): Fachliche und sprachliche Förderung von Schülern mit Migrationsgeschichte. Beiträge des Mercator-Symposions im Rahmen des 15. AILA-Weltkongresses ‚Mehrsprachigkeit: Herausforderungen und Chancen', Münster u. a.: Waxmann 2010, S. 13–23.

Dabène, Louise: Repères sociolinguistiques pour l'enseignement des langues, Paris: Hachette 1994.

De Florio-Hansen, Inez: Mehrsprachigkeit – ein Gesamtsprachenkonzept für alle. Wie kann der Französischunterricht zur Umsetzung beitragen?, in:

Frings, Michael/Vetter, Eva (Hrsg.): Mehrsprachigkeit als Schlüsselkompetenz: Theorie und Praxis in Lehr- und Lernkontexten, Stuttgart: ibidem 2008, S. 85–108.

Degen, Peter/Stadelmann, Toni: ELBE – ein Film über Begegnung mit Sprache. Eveil aux langues/Language awareness/Begegnung mit Sprachen, Bern: Schulverlag blmv 2007 (DVD).

Deine Sprache – meine Sprache. Handbuch zu 14 Migrationssprachen und zu Deutsch. Für Lehrpersonen an mehrsprachigen Klassen und für den DaZ-Unterricht, Lehrmittelverlag Zürich 2011. (Projektleitung: Basil Schader)

Dirim, İnci: Zur Notwendigkeit einer Sensibilisierung von Lehrerinnen und Lehrern im Hinblick auf die Nutzung und Entwicklung von Mehrsprachigkeit im schulischen Bereich, in: Hug, Michael/Siebert-Ott, Gesa (Hrsg.): Sprachbewusstheit und Mehrsprachigkeit, Baltmannsweiler: Schneider 2007, S. 144–156.

Dirim, İnci: Erfassung, Bewertung und schulische Nutzung der Übersetzungsfähigkeit mehrsprachiger Kinder. Eine erste Näherung, in: Röhner, Charlotte (Hrsg.): Erziehungsziel Mehrsprachigkeit. Diagnose von Sprachentwicklung und Förderung von Deutsch als Zweitsprache, Weinheim und München: Juventa 2005, S. 231–243.

Doff, Sabine/Lenz, Annina: Ziele und Voraussetzungen eines fächerübergreifenden Fremdsprachenunterrichts am Beispiel von Englisch und Latein, in: Elsner, Daniela/Wildemann, Anja (Hrsg.): Sprachen lernen – Sprachen lehren. Perpektiven für die Lehrerbildung in Europa. Language Learning – Language Teaching. Prospects for Teacher Education across Europe, Frankfurt a. M.: Peter Lang 2011, S. 141–156.

Doyé, Peter (Hrsg.): Interkulturelles und mehrsprachiges Lehren und Lernen: Zwölf Beiträge zur Fremdsprachendidaktik. Tübingen: Narr 2007.

Eder, Ulrike: Mehrsprachige Kinder- und Jugendliteratur für mehrsprachige Lernkontexte, Wien: Praesens 2009.

Edmondson, Willis: Je pense (in three languages), donc je suis (mehrsprachig), in: Bausch, Karl-Richard/Königs, Frank G./Krumm, Hans-Jürgen (Hrsg.): Mehrsprachigkeit im Fokus. Arbeitspapiere der 24. Frühjahrskonferenz zur Erforschung des Fremdsprachenunterrichts, Tübingen: Gunter Narr 2004, S. 39–44.

Eichler, Wolfgang: Prozedurale Sprachbewusstheit, ein neuer Begriff für die Lehr-Lernforschung und didaktische Strukturierung in der Muttersprachdidaktik, in: Hug, Michael/Siebert-Ott, Gesa (Hrsg.): Sprachbewusstheit und Mehrsprachigkeit, Baltmannsweiler: Schneider 2007, S. 32–48.

Eine lohnende Herausforderung. Wie die Mehrsprachigkeit zur Konsolidierung Europas beitragen kann. Vorschläge der von der Europäischen Kommission eingesetzten Intellektuellengruppe für den interkulturellen Dialog, Brüssel 2008 (http://ec.europa.eu/languages/documents/report_de.pdf).

Elfert, Maren/Rabkin, Gabriele: Family Literacy, in: Fürstenau, Sara/Gomolla, Mechthild (Hrsg.): Migration und schulischer Wandel: Elternbeteiligung, Wiesbaden: Verlag für Sozialwissenschaften 2009, S. 107–120.

Erziehungsdepartement des Kantons Basel-Stadt: Gesamtsprachenkonzept für die Schulen Basel-Stadt. Bericht der Reflexionsgruppe, Basel 2003 (http://sdu.edubs.ch/projekte/gesamtsprachenkonzept/dokumente-1/dokumente/gsk-bs).

Erziehungsdepartement des Kantons Basel-Stadt: Sprachprofile für die Volksschule Basel-Stadt. Ein Konzept zur Sprachförderung in allen Fächern, Basel: Lehrmittelverlag des Kantons 2006.

Europäische Kommission: Förderung des Sprachenlernens und der Sprachenvielfalt: Aktionsplan 2004–2006 (verabschiedet am 24.07.2003) (http://eur-lex.europa.eur/LexUriServ).

Europäische Kommission: Weißbuch zur allgemeinen und beruflichen Bildung. Lehren und Lernen. Auf dem Weg zur kognitiven Gesellschaft, Luxemburg: Amt für amtliche Veröffentlichungen der Europäischen Gemeinschaften 1996.

Europäisches Fremdsprachenzentrum: Grazer Erklärung zur Sprachenbildung 2010. ,Bildung mit Qualitätsanspruch für mehrsprachige Menschen in vielsprachigen Gesellschaften' (http://www.ecml.at/LinkClick.aspx?fileticket=OZb/L3ehB30=&tabid=175&language=en-GB).

Europäisches Fremdsprachenzentrum: MARILLE. Majority Language Instruction as Basis for Plurilingual Education, Graz: ecml 2011 (http://marille.ecml.at).

Europarat: siehe Council of Europe.

Fairclough, Norman (Hrsg.): Critical Language Awareness, London: Longman 1992.

Farangis, Petra C.: Begriffsbildung und Sprachbewusstheit im Zweitspracherwerb und ihre Bedeutung für die interkulturelle Kommunikation, in: Bateman, John A./Wildgen, Wolfgang (Hrsg.): Sprachbewusstheit im schulischen und sozialen Kontext, Frankfurt a.M.: Peter Lang 2002, S. 31–39.

Fehlmann, Ralph/Wider, Werner: Interdisziplinäre Sprachenwerkstatt, in: Portmann-Tselikas, Paul/Schmölzer-Eibinger, Sabine (Hrsg.): Grammatik und Sprachaufmerksamkeit, Innsbruck 2001, S. 180–199.

Frickemeier, Doris: Die „Kautsky-Grundschule" – Sprachbildung als Kern- und Querschnittsaufgabe, in: Hein, Anke/Prinz-Wittner, Viktoria: Beim Wort genommen! Chancen integrativer Sprachbildung im Ganztag (= Der GanzTag in NRW. Beiträge zur Qualitätsentwicklung, Heft 20), Münster: Institut für soziale Arbeit 2011, S. 86–89.

Gemeinsamer europäischer Referenzrahmen für Sprachen: lernen, lehren, beurteilen, Berlin u. a.: Langenscheidt 2001, darin insbesondere Kapitel 8: Sprachenvielfalt und das Curriculum, S. 163–171.

Georgi, Viola B./Ackermann, Lisanne/Karakas, Nurten: Vielfalt im Lehrerzimmer: Selbstverständnis und schulische Integration von Lehrenden mit Migrationshintergrund in Deutschland, Münster u. a.: Waxmann 2011.

Glaeser, Ursula/Haumann, Silvia: Sprachwege. Der Zusammenhang von Sprache und Kultur am Beispiel des Burgenland-Romani, Graz: Österreichisches Sprachen-Kompetenz-Zentrum 2005.

Gnutzmann, Claus: Mehrsprachigkeit als übergeordnetes Lernziel des Sprach(en)unterrichts: die ‚neue' kommunikative Kompetenz?, in: Bausch, Karl-Richard/Königs, Frank G./Krumm, Hans-Jürgen (Hrsg.): Mehrsprachigkeit im Fokus. Arbeitspapiere der 24. Frühjahrskonferenz zur Erforschung des Fremdsprachenunterrichts, Tübingen: Gunter Narr 2004, S. 45–54.

Gnutzmann, Claus: Language Awareness, Sprachbewusstheit, Sprachbewusstsein, in: Bausch, Karl-Richard/Christ, Herbert/Krumm, Hans-Jürgen (Hrsg.): Handbuch Fremdsprachenunterricht, Tübingen und Basel: Francke, 4. Aufl. 2003 (5. unveränderte Auflage 2007), S. 335–339.

Göbel, Kerstin/Vieluf, Svenja/Hesse, Hermann-Günter: Die Sprachentransferunterstützung im Deutsch- und Englischunterricht bei Schülerinnen und Schülern unterschiedlicher Sprachlernerfahrung, in: Zeitschrift für Pädagogik, Beiheft 55 (2010), S. 101–122.

Gödde, Ursula: Mehrsprachigkeit in der Grundschule, Bad Berka: Thüringer Institut für Lehrerfortbildung, Lehrplanentwicklung und Medien 2006.

Gogolin, Ingrid: Lernen, das Gespräch zwischen den Sprachen zu führen – Über die Förderung von Mehrsprachigkeit als Aufgabe des Deutschunterrichts, in: Schneider, Günther/Clalüna, Monika (Hrsg.): Mehr Sprache – mehrsprachig – mit Deutsch. Didaktische und politische Perspektiven, München: iudicium 2003, S. 53–63.

Gogolin, Ingrid: Der monolinguale Habitus der multilingualen Schule, Münster u.a.: Waxmann 1994.

Gogolin, Ingrid: Interkulturelles sprachliches Lernen. Überlegungen zu einer Neuorientierung der allgemeinen sprachlichen Bildung, in: Deutsch lernen Heft 2/1992, S. 183–197.

Gogolin, Ingrid: Erziehungsziel Zweisprachigkeit. Konturen eines sprachpädagogischen Konzepts für die multikulturelle Schule, Hamburg: Bergmann + Helbig 1988.

Gogolin, Ingrid/Dirim, İnci/Klinger, Thorsten/Lange, Imke/Lengyel, Drorit/Michel, Ute/Neumann, Ursula/Reich, Hans H./Roth, Hans-Joachim/Schwippert, Knut: Förderung von Kindern und Jugendlichen mit Migrationshintergrund FörMig. Bilanz und Perspektiven eines Modellprogramms, Münster u.a.: Waxmann 2011.

Gogolin, Ingrid/Lange, Imke: Durchgängige Sprachbildung. Eine Handreichung, Münster u. a.: Waxmann 2010.

Graf, Peter/Tellmann, Helmut: Vom frühen Fremdsprachenlernen zum Lernen in zwei Sprachen. Schulen auf dem Weg nach Europa, Frankfurt am Main u.a.: Peter Lang 1997.

Graßmann, Regina: Zwei- und Mehrsprachigkeit in Integrationskursen – Ressource oder Herausforderung für Lehrkräfte? In: Krumm, Hans-Jürgen/Portmann-Tselikas, Paul R. (Hrsg.): Theorie und Praxis. Österreichische Beiträge zu Deutsch als Fremdsprache Bd. 14 (2010): Mehrsprachigkeit und Sprachförderung Deutsch. Innsbruck: Studienverlag 2011, S. 17–27.

Haase, Gisela: Migration und Mehrsprachigkeit in der schulischen Praxis. Die Georg Büchner-Schule in Frankfurt-Bockenheim, in: Erfurt, Jürgen/Budach, Gabriele/Hofmann, Sabine (Hrsg.): Mehrsprachigkeit und Migration. Ressourcen sozialer Identifikation, Frankfurt a.M. u. a.: Peter Lang 2003, S. 217–220.

Haenisch, Hans: Empirische Befunde über Aktivitäten und Rahmenbedingungen von Sprachbildung in offenen Ganztagsschulen, in: Hein, Anke/Prinz-Wittner, Viktoria: Beim Wort genommen! Chancen integrativer Sprachbildung im Ganztag (= Der GanzTag in NRW. Beiträge zur Qualitätsentwicklung, Heft 20), Münster: Institut für soziale Arbeit 2011, S. 10–15.

Haenisch, Hans/Thürmann, Eike: Begegnung mit Sprachen in der Grundschule. Eine empirische Untersuchung. Zum Entwicklungsstand, zur Akzeptanz und zu den Realisierungsformen von Begegnung mit Sprachen in den Grundschulen Nordrhein-Westfalens, Soest: Landesinstitut für Schule und Weiterbildung 1994.

Haglund, Charlotte: Linguistic diversity, institutional order and sociocultural change: discourses and practices among teachers in Sweden, in: Budach, Gabriele/Erfurt, Jürgen/Kunkel, Melanie (dir.): Écoles plurilingues – multilingual schools: Konzepte, Institutionen und Akteure. Internationale Perspektiven, Frankfurt a.M. u. a.: Peter Lang 2008, S. 147–167.

Hallet, Wolfgang/Königs, Frank G.: Mehrsprachigkeit und vernetzendes Sprachlernen, in: Hallet, Wolfgang/Königs, Frank G. (Hrsg.): Handbuch Fremdsprachdidaktik, Seelze-Velber: Klett/Kallmeyer 2010, S. 302–307.

Hallet, Wolfgang: Das Klassenzimmer als Olympische Arena. Integrative Mehrsprachigkeit im Fremdsprachenunterricht, in: Praxis Fremdsprachenunterricht 5 (2008), Heft 3, S. 3–7 und 12.

Hallet, Wolfgang/Vignaud, Marie-Françoise/Wlasak-Feik, Christine: Football – le football – el fútbol. Das sprachenübergreifende Arbeitsheft, Seelze/Velbert: Friedrich 2006.

Hansen, Georg: Perspektivwechsel. Eine Einführung (= Lernen für Europa, 1), Münster u. a.: Waxmann 1996.

Hawkins, Eric: Awareness of Language: an Introduction, Cambridge: CUP 1984, rev. 1987.

Hegele, Irmintraut: Fremdsprachen in der Grundschule – Ansätze, Entwicklungen, Perspektiven, in: Hegele, Irmintraut u. a.: Kinder begegnen Fremdsprachen, Braunschweig: Westermann 1994, S. 5–18.

Hélot, Christine: »Mais d'où est-ce qu'il sort ce bilinguisme?« La notion de bilinguisme dans l'espace scolaire français, in: Budach, Gabriele/Erfurt, Jürgen/Kunkel, Melanie (dir.): Écoles plurilingues – multilingual schools: Konzepte, Institutionen und Akteure. Internationale Perspektiven, Frankfurt a. M. u. a.: Peter Lang 2008, S. 55–80.

Hélot, Christine: Awareness Raising und Multilingualism in Primary Education, in: Cenoz, Jasone/Hornberger, Nancy H. (Hrsg.): Knowledge about language, New York: Springer 2008, S. 371–384.

Hoodgarzadeh, Mahzad: Muttersprachen an Schulen: Funktionen von Sprachen, Kulturen und Selbstbildern, in: Elsner, Daniela/Wildemann, Anja (Hrsg.): Sprachen lernen – Sprachen lehren. Perpektiven für die Lehrerbildung in Europa. Language Learning – Language Teaching. Prospects for Teacher Education across Europe, Frankfurt a. M. u.a.: Peter Lang 2011, S. 37–52.

Hornung, Antonie: Gleichberechtigung der Sprachen im gymnasialen Klassenzimmer, in: Schneider, Günther/Clalüna, Monika (Hrsg.): Mehr Sprache – mehrsprachig – mit Deutsch. Didaktische und politische Perspektiven, München: iudicium 2003, S. 134–152.

House, Juliane: Übersetzen und Sprachmitteln, in: Krumm, Hans-Jürgen/Fandrych, Christian/Hufeisen, Britta/Riemer, Claudia (Hrsg.): Deutsch als Fremd- und Zweitsprache. Ein internationales Handbuch, Berlin: de Gruyter 2010, Band 1, S. 323–331.

Hu, Adelheid: Schulischer Fremdsprachenunterricht und migrationsbedingte Mehrsprachigkeit, Tübingen: Narr 2003.

Huber, Josef/Huber-Kriegler, Martina: Sprach- und Kulturerziehung. Der Versuch einer Verbindung von Sprachenunterricht, sprachunabhängiger kommunikativer Fertigkeiten und Inter-/Kulturellem Lernen, in: Informationen zur Deutschdidaktik 19 (1995), Heft 3, S. 136–142.

Huber, Josef/Huber-Kriegler, Martina/Heindler, Dagmar (Hrsg.): Sprachen und kulturelle Bildung. Beiträge zum Modell: Sprach- & Kulturerziehung, Graz: Zentrum für Schulentwicklung 1995.

Hufeisen, Britta (Hrsg.): Mehrsprachigkeitsdidaktik (= Jahrbuch Deutsch als Fremdsprache, Band 36/2010, Thematischer Teil), München: iudicium 2011.

Hufeisen, Britta: Gesamtsprachencurriculum: Einflussfaktoren und Bedingungsgefüge, in: Hufeisen, Britta/Lutjeharms, Madeline (Hrsg.): Gesamtsprachencurriculum. Integrierte Sprachendidaktik. Common Curriculum. Theoretische Überlegungen und Beispiele der Umsetzung. Tübingen: Narr 2005, S. 9–18.

Hufeisen, Britta: Deutsch und die anderen (Fremd)Sprachen im Kopf der Lernenden. Wie man dieses Potenzial im Deutschunterricht nutzen kann, in: Fremdsprache Deutsch, Heft 31–2004, S. 19–23.

Hufeisen, Britta: L1, L2, L3, L4, Lx – alle gleich? Linguistische, lernerinterne und lernerexterne Faktoren in Modellen zum multiplen Spracherwerb, in: Baumgarten, Nicole/Böttger, Claudia/Motz, Markus/Probst, Julia (Hrsg.): Übersetzen, Interkulturelle Kommunikation, Spracherwerb und Sprachvermittlung – das Leben mit mehreren Sprachen. Festschrift für Juliane House zum 60. Geburtstag. (= Zeitschrift für Interkulturellen Fremdsprachenunterricht [Online], 8 (2003), S. 97–109).

Hufeisen, Britta: Englisch im Unterricht Deutsch als Fremdsprache, München: Klett Edition Deutsch: 1994.

Hufeisen, Britta: Englisch als erste und Deutsch als zweite Fremdsprache. Empirische Untersuchungen zur fremdsprachlichen Interaktion, Frankfurt a.M. u.a.: Perter Lang 1991.

Hufeisen, Britta/Lutjeharms, Madeline (Hrsg.): Gesamtsprachencurriculum. Integrierte Sprachendidaktik. Common Curriculum. Theoretische Überlegungen und Beispiele der Umsetzung. Tübingen: Narr 2005.

Hufeisen, Britta/Lindemann, Beate (Hrsg.): Tertiärsprachen. Theorien, Modelle, Methoden, Tübingen: Stauffenburg 1998.

Hufeisen, Britta/Marx, Nicole: EuroComGerm – Die sieben Siebe: Germanische Sprachen lesen lernen, Frankfurt: Shaker 2007.

Hufeisen, Britta/Neuner, Gerhard (Hrsg.): Mehrsprachigkeitskonzept – Tertiärsprachenlernen – Deutsch nach Englisch, Strasbourg: Council of Europe 2003.

Hug, Michael: Sprachbewusstheit/Sprachbewusstsein – the state of the art, in: Hug, Michael/Siebert-Ott, Gesa (Hrsg.): Sprachbewusstheit und Mehrsprachigkeit, Baltmannsweiler: Schneider 2007, S. 10–31.

Hutterli, Sandra/Stotz, Daniel/Zappatore, Daniela: Do you parlez andere lingue? Fremdsprachen lernen in der Schule, Zürich: Verlag Pestalozzianum 2008.

James, Carl/Garrett, Peter (Hrsg.): Language Awareness in the Classroom, London/New York: Longman 1992.

Jessner, Ulrike: Die Rolle des metalinguistischen Bewusstseins in der Mehrsprachigkeitsforschung, in: Hufeisen, Britta/Marx, Nicole (Hrsg.): Beim Schwedischlernen sind Englisch und Deutsch ganz hilfsvoll. Untersuchungen zum multiplen Sprachenlernen (= forum Angewandte Linguistik, Band 44), Frankfurt a.M.: Peter Lang 2004, S. 17–32.

Jostes, Brigitte: Die Sprachenpolitik des Europarats: Nähe und Distanz in der europäischen Mehrsprachigkeit, in: Grenzgänge 11 (2004), H. 22, S. 6–30.

Karagiannakis, Evangelia: Von schönen Schwestern, politischen Brüdern und Gesetzesmüttern. Familien- und Verwandtschaftsbezeichnungen im mehrsprachigen Deutschunterricht, in: Fremdsprache Deutsch, Heft 31–2004, S. 25–29.

Karakaşoğlu, Yasemín: Lehrer, Lehrerinnen und Lehramtsstudierende mit Migrationshintergrund. Hoffnungsträger der interkulturellen Öffnung von Schule, in: Neumann, Ursula/Schneider, Jens (Hrsg.): Schule mit Migrationshintergrund, Münster u. a.: Waxmann 2011, S. 121–135.

Kecht, Maria-Regina/von Hammerstein, Katharina (Hrsg.): Languages Across the Curriculum. Interdisciplinary Structures and Internationalized Education, Columbus: National East Asian Languages Resource Center/Ohio State University 2000.

Kepser, Jutta: „Su nerede?" – „Wasser wo?" Das Modellprojekt „Interkulturelle Märchendidaktik", in: Fremdsprache Deutsch, Heft 31–2004, S. 36f.

Kervran, Martine (Koord.): Les langues du monde au quotidien. Observation réfléchie des langues. Band 1: Cycle 2. Band 2: Cycle 3, Rennes: CRDP Bretagne 2006.

Klein, Horst G./Stegmann, Tilbert D.: EuroComRom – Die sieben Siebe: Romanische Sprachen sofort lesen können, Frankfurt: Shaker 2000.

Klein, Horst G.: EuroCom an der Schule. Informationen zum Mehrsprachigkeitsunterricht für Fremdsprachenlehrende, Frankfurt: Shaker 2007.

Klemenschitz, Richard: Sind Obst und Gemüse männlich oder weiblich?, Graz: Österreichisches Sprachen-Kompetenz-Zentrum 2005.

Klippel, Friederike: Teaching English as a Foreign Language: New Approaches and Challenges, in: Anglistik 20 (2009), H. 2, S. 13–25.

Knorr, Petra/Teske, Doris: Moving Images. Video Art and Language: Integrated Learning, in: Bongartz, Christiane M./Rymarczyk, Jutta (Hrsg.): Languages across the curriculum. Ein multiperspektivischer Zugang, Frankfurt a.M. u.a.: Peter Lang 2010, S. 137–156.

Kotthoff, Helga: Ethno-Comedy zwischen Unterlaufung und Bestätigung von Stereotypen, in: Nauwerck, Patricia (Hrsg.): Kultur der Mehrsprachigkeit in Schule und Kindergarten. Festschrift für Ingelore Oomen-Welke, Freiburg im Breisgau: Fillibach 2009, S. 41–59.

Kroll, Judith F./Tokowicz, Natasha: Models of Bilingual Representation and Processing, in: Kroll, Judith F./De Groot, Annette M. B. (Hrsg.): Handbook of Bilingualism. Psycholinguistic Approaches, Oxford: University Press 2005, S. 531–553.

Kruckenfellner, Alexander: Geschichten auf Reisen. Mehrsprachige kreative Schreibwerkstatt im Kettenbriefformat, in: Frühes Deutsch 17 (2008), Heft 14, S. 34f.

Krumm, Hans-Jürgen: „bunt ist besser als nur deutsch". Mehrsprachigkeit und europäische Identität, in: Grimm, Thomas/Venohr, Elisabeth (Hrsg.): Immer ist es die Sprache. Mehrsprachigkeit – Intertextualität – Kulturkontrast. Festschrift für Lutz Götze zum 65. Geburtstag, Franfurt a.M.: Peter Lang 2009, S. 165–184.

Krumm, Hans-Jürgen: Mehrsprachigkeit und Identität in Sprachenbiographien von Migrantinnen und Migranten, in: Jahrbuch Deutsch als Fremdsprache 36 (2010), München: iudicium 2011, S. 55–74.

Krumm, Hans-Jürgen: Mehrsprachigkeitsdidaktik, die, in: Barkowski, Hans/Krumm, Hans-Jürgen (Hrsg.): Fachlexikon Deutsch als Fremd- und Zweitsprache, Tübingen: A. Francke 2010, S. 208.

Krumm, Hans-Jürgen: Sprachen im Kopf – Sprachen im Herzen – Sprachen in den Händen: Zum Sprachbewusstsein mehrsprachiger Kinder, in: Küppers, Almut/Quetz, Jürgen (Hrsg.): Motivation Revisited. Festschrift für Gert Solmecke, Berlin: LIT 2006, S. 49–56.

Krumm, Hans-Jürgen: Von der additiven zur curricularen Mehrsprachigkeit: Über die Notwendigkeit der Einbeziehung von Minderheiten-, Migranten- und Nachbarsprachen, in: Hufeisen, Britta/Lutjeharms, Madeline (Hrsg.): Gesamtsprachencurriculum, Integrierte Sprachendidaktik, Common Curriculum, Tübingen: Gunter Narr 2005, S. 27–36.

Krumm, Hans-Jürgen: Von der additiven zur curricularen Mehrsprachigkeit, in: Bausch, Karl-Richard/Königs, Frank G./Krumm, Hans-Jürgen (Hrsg.): Mehrsprachigkeit im Fokus. Arbeitspapiere der 24. Frühjahrskonferenz zur Erforschung des Fremdsprachenunterrichts, Tübingen: Gunter Narr 2004, S. 105–112.

Krumm, Hans-Jürgen: Mehrsprachige Welt – einsprachiger Unterricht? Plädoyer für einen Deutschunterricht mit bunten Sprachbiographien, in: Schneider, Günther/Clalüna, Monika (Hrsg.): Mehr Sprache – mehrsprachig – mit Deutsch. Didaktische und politische Perspektiven, München: iudicium 2003, S. 39–52.

Krumm, Hans-Jürgen: Das Erlernen einer zweiten oder dritten Fremdsprache im Rahmen von Mehrsprachigkeitskonzepten, in: Wodak, Ruth/de Cillia, Rudolf (Hrsg.): Sprachenpolitik in Mittel- und Osteuropa, Wien: Passagen 1995, S. 195–208.

Krumm, Hans-Jürgen/Jenkins, Eva-Maria (Hrsg.): Kinder und ihre Sprachen – lebendige Mehrsprachigkeit. Sprachenporträts – gesammelt und kommentiert von Hans-Jürgen Krumm, Wien: eviva 2001.

Krumm, Hans Jürgen/Reich, Hans H.: Curriculum Mehrsprachigkeit, Graz: Österreichisches Sprachen-Kompetenz-Zentrum 2011 (http://oesz.at/download/cm/CurriculumMehrsprachigkeit2011.pdf).

Kurtz, Jürgen: Zur Bedeutung und Funktion des Englischunterrichts für den Erhalt und die Förderung von Mehrsprachigkeit in der Schule, in: Jahrbuch Deutsch als Fremdsprache 36 (2010), München: iudicium 2011, S. 119–132.

Kurtz, Jürgen: Kernprobleme und Entwicklungsperspektiven des Englischunterrichts an integrierten Gesamtschulen, in: Zeitschrift für Fremdsprachenforschung 17 (2006), S. 35–68.

Kurtz, Jürgen: Mehrsprachigkeit und Mehrsprachigkeitsdidaktik: Visionen, Initiativen, Realitäten, in: Bausch, Karl-Richard/Königs, Frank G./Krumm, Hans-Jürgen (Hrsg.): Mehrsprachigkeit im Fokus. Arbeitspapiere der 24. Frühjahrskonferenz zur Erforschung des Fremdsprachenunterrichts, Tübingen: Gunter Narr 2004, S. 113–120.

Landesinstitut für Schule und Weiterbildung/Bezirksregierung Düsseldorf (Hrsg.): Wie Kinder miteinander und voneinander Sprachen lernen. Öffnung des Muttersprachlichen Unterrichts zur Förderung und Weiterentwicklung der Mehrsprachigkeit in Europa. Abschlussbericht eines EU-Projekts an Grundschulen in Nordrhein-Westfalen, Bönen: Verlag für Schule und Weiterbildung 1998.

Lansburgh, Werner: «Dear Doosie». Eine Liebesgeschichte in Briefen. Auch eine Möglichkeit, sein Englisch spielend aufzufrischen. München: Nymphenburger 1977, neueste Aufl. 2011.

Larcher, Dietmar: Die Maske hinter der Maske. Dimensionen der Mehrsprachigkeit, in: James, Allan (Hrsg.): Vielerlei Zungen. Mehrsprachigkeit + Spracherwerb + Pädagogik + Psychologie + Literatur + Medien, Klagenfurt: Drava 2003, S. 86–128.

Legutke, Michael K.: Fremdsprachenlernen als Kontinuum. Das Juniorportfolio als „Tor zur Mehrsprachigkeit"?, in: Bausch, Karl-Richard/Königs, Frank G./ Krumm, Hans-Jürgen (Hrsg.): Mehrsprachigkeit im Fokus. Arbeitspapiere der 24. Frühjahrskonferenz zur Erforschung des Fremdsprachenunterrichts, Tübingen: Gunter Narr 2004, S. 121–131.

Leichsering, Tatjana: Viele Sprachen – eine Schulklasse. Vom Umgang mit migrationsbedingter Mehrsprachigkeit, in: Erfurt, Jürgen/Budach, Gabriele/Hofmann, Sabine (Hrsg.): Mehrsprachigkeit und Migration. Ressourcen sozialer Identifikation, Frankfurt a.M. u. a.: Peter Lang 2003, S. 227–238.

Leisen, Josef: Handbuch Sprachförderung im Fach. Sprachsensibler Fachunterricht in der Praxis, Bonn: Varus 2010.

List, Gudula: Registrierte Lebensgeschichten gehörloser und hörender Mehrsprachiger, in: List, Gudula und Günther (Hrsg.): Quersprachigkeit. Zum transkulturellen Registergebrauch in Laut- und Gebärdensprachen, Tübingen: Stauffenburg 2001, S. 21–48.

List, Gudula und Günther: Register der Quersprachigkeit, in: List, Gudula und Günther (Hrsg.): Quersprachigkeit. Zum transkulturellen Registergebrauch in Laut- und Gebärdensprachen, Tübingen: Stauffenburg 2001, S. 9–19.

Luchtenberg, Sigrid: Language Awareness, in: Ahrenholz, Bernt/Oomen-Welke, Ingelore (Hrsg.): Deutsch als Zweitsprache, Hohengehren: Schneider 2008, S. 107–117.

Luchtenberg, Sigrid: Grammatik in Language Awareness-Konzeptionen, in: Portmann-Tselikas, Paul R./Schmölzer-Eibinger, Sabine (Hrsg.): Grammatik und Sprachaufmerksamkeit, Innsbruck u. a.: StudienVerlag 2001, S. 87–115.

Luchtenberg, Sigrid: Interkulturelle sprachliche Bildung. Zur Bedeutung von Zwei- und Mehrsprachigkeit für Schule und Unterricht, Münster u.a.: Waxmann 1995.

Macaire, Dominique: Konzepte der Sprachaufmerksamkeit in der Grundschule, in: Portmann-Tselikas, Paul R./Schmölzer-Eibinger, Sabine (Hrsg.): Grammatik und Sprachaufmerksamkeit, Innsbruck 2001, S. 200–215.

Mehlhorn, Grit: Slawische Sprachen als Tertiärsprachen – Potenziale für den Sprachvergleich im Fremdsprachenunterricht, in: Rothstein, Björn (Hrsg.): Sprachvergleich in der Schule, Baltmannsweiler: Schneider 2011, S. 111–136.

Meißner, Franz-Joseph: Umrisse der Mehrsprachigkeitsdidaktik, in: Bredella, Lothar (Hrsg.): Verstehen und Verständigung durch Sprachenlernen, Akten des 15. Kongresses für Fremdsprachendidaktik, Bochum: Brockmeyer 1995, S. 173–187.

Meißner, Franz-Joseph: Interkomprehensionsforschung, in: Hallet, Wolfgang/Königs, Frank G. (Hrsg.): Handbuch Fremdsprachendidaktik, Seelze-Velber: Klett Kallmeyer 2010, S. 381–386.

Meißner, Franz-Joseph/Reinfried, Marcus (Hrsg.): Mehrsprachigkeitsdidaktik. Konzepte, Analysen, Lehrerfahrungen mit romanischen Fremdsprachen, Tübingen: Narr 1998.

Miksch, Angela: Mehrsprachigkeit und Sprachstörungen – Öffnung und Strukturen von sprachheilpädagogischer Förderung, in: Grohnfeldt, Manfred/Triarchi-Herrmann, Vassilia/Wagner, Eugen: Mehrsprachigkeit als sprachheilpädagogische Aufgabenstellung, Würzburg: edition von freisleben 2005, S. 141–160.

Ministère de l'Éducation nationale et de la formation professionnelle (Hrsg.): Ouverture aux langues à l'école. Vers des compétences plurilingues et pluriculturelles, Luxemburg: MENF 2010 (www.men.lu/publications).

Morkötter, Steffi: Language awareness und Mehrsprachigkeit: eine Studie zu Sprachbewusstheit und Mehrsprachigkeit aus der Sicht von Fremdsprachenlernern und Fremdsprachenlehrern, Frankfurt a.M. u. a.: Peter Lang 2005.

Neuner, Gerhard: Gesamtsprachenkonzept, Mehrsprachigkeitsansatz und Tertiärsprachenlernen, Beispiel Westschweiz, in: Hufeisen, Britta/Lutjeharms, Madeline (Hrsg.): Gesamtsprachencurriculum. Integrierte Sprachendidaktik. Common Curriculum. Theoretische Überlegungen und Beispiele der Umsetzung. Tübingen: Narr 2005, S. 51–73.

Neuner, Gerhard/Hufeisen, Britta/Kursiša, Anta/Marx, Nicole/Koithan, Ute/ Erlenwein, Sabine: Deutsch als zweite Fremdsprache, Berlin u. a.: Langenscheidt 2009.

Nieweler, Andreas: Sprachenübergreifend unterrichten. Französischunterricht im Rahmen einer Mehrsprachigkeitsdidaktik, in: Der fremdsprachliche Unterricht Französisch 1/2001, S. 4–12.

Nitsch, Cordula: Mehrsprachigkeit: Eine neurowissenschaftliche Perspektive, in: Anstatt, Tanja (Hrsg.): Mehrsprachigkeit bei Kindern und Erwachsenen. Erwerb. Formen. Förderung, Tübingen: Attempto 2007, S. 47–68.

Österreichisches Sprachen-Kompetenz-Zentrum (Hrsg.): Europäisches Sprachenportfolio Grundschule (6 bis 10 Jahre), Graz: ÖSZ 2010 (a).

Österreichisches Sprachen-Kompetenz-Zentrum (Hrsg.): Europäisches Sprachenportfolio Grundschule (6 bis 10 Jahre). Leitfaden für Lehrerinnen und Lehrer, Graz: ÖSZ 2010 (b).

Österreichisches Sprachen-Kompetenz-Zentrum (Hrsg.): Sprach- und Sprachunterrichtspolitik in Österreich. Länderprofil, 2009 (http://oesz.at/download/publikationen/Themenreihe_4.pdf).

Österreichisches Sprachen-Kompetenz-Zentrum (Hrsg.): Das Europäische Sprachenportfolio für junge Erwachsene 15 + Sekundarstufe II, Graz: ÖSZ 2006, 2. Aufl. 2009 (a).

Österreichisches Sprachen-Kompetenz-Zentrum (Hrsg.): Das Europäische Sprachenportfolio für junge Erwachsene: Leitfaden für Lehrerinnen und Lehrer, Graz: ÖSZ 2007.

Österreichisches Sprachen-Kompetenz-Zentrum (Hrsg.): Das Europäische Sprachenportfolio als Lernbegleiter in Österreich (Mittelstufe, 10–15 Jahre), Graz: ÖSZ 2004 (a).

Österreichisches Sprachen-Kompetenz-Zentrum (Hrsg.): Das Europäische Sprachenportfolio als Lernbegleiter in Österreich (Mittelstufe, 10–15 Jahre). Leitfaden für Lehrerinnen und Lehrer, Graz: ÖSZ 2004 (b).

Österreichisches Sprachen-Kompetenz-Zentrum (Hrsg.): Praxisreihe Kinder entdecken Sprachen, Graz: ÖSZ 2001 bis 2003, Neuauflage 2011.

Oomen-Welke, Ingelore: Sprachen vergleichen auf eigenen Wegen: Der Beitrag des Deutschunterrichts, in: Rothstein, Björn (Hrsg.): Sprachvergleich in der Schule, Baltmannsweiler: Schneider 2011a, S. 49–70.

Oomen-Welke, Ingelore: Mehrsprachigkeit und Sprachenvielfalt: ein Segen fürs Deutschlernen, in: Hufeisen, Britta (Hrsg.): Mehrsprachigkeitsdidaktik (= Jahrbuch Deutsch als Fremdsprache 36) (2010), München: iudicium 2011b, S. 83–101.

Oomen-Welke, Ingelore (Hrsg.): Der Sprachenfächer. Materialien für den interkulturellen Deutschunterricht in der Sekundarstufe I. Kopiervorlagen, Berlin: Cornelsen 2010.

Oomen-Welke, Ingelore: Präkonzepte: Sprachvorstellungen ein- und mehrsprachiger Schülerinnen, in: Ahrenholz, Bernt/Oomen-Welke, Ingelore (Hrsg.): Deutsch als Zweitsprache, Baltmannsweiler: Schneider 2008a, S. 373–384.

Oomen-Welke, Ingelore: Didaktik der Sprachenvielfalt, in: Ahrenholz, Bernt/ Oomen-Welke, Ingelore (Hrsg.): Deutsch als Zweitsprache, Baltmannsweiler: Schneider 2008b, S. 479–492.

Oomen-Welke; Ingelore: „Meine Sprachen und ich". Inspiration aus der Portfolio-Arbeit in DaZ für Vorbereitungsklasse und Kindergarten, in: Ahrenholz, Bernt (Hrsg.): Kinder mit Migrationshintergrund. Spracherwerb und Fördermöglichkeiten, Freiburg im Breisgau: Fillibach 2006, S. 115–131.

Oomen-Welke; Ingelore: Entwicklung sprachlichen Wissens und Bewusstseins im mehrsprachigen Kontext, in: Bredel, Ursula/Günther, Hartmut/Klotz, Peter/Ossner, Jakob/Siebert-Ott, Gesa (Hrsg.): Didaktik der deutschen Sprache, Band 1, Paderborn u.a.: Schöningh 2003, S. 452–463.

Oomen-Welke, Ingelore: Schüler und Schülerinnen als ExpertInnen im mehrsprachigen Deutschunterricht, in: Oomen-Welke, Ingelore: „… ich kann da nix!" Mehr zutrauen im Deutschunterricht, Freiburg im Breisgau: Fillibach 1998, S. 198–215.

Oomen-Welke, Ingelore: Kultur der Mehrsprachigkeit im Deutschunterricht, in: ide 1997, Heft 1, S. 33–47.

Oomen-Welke, Ingelore: Umrisse einer interkulturellen Didaktik für den gegenwärtigen Deutschunterricht, in: Der Deutschunterricht, 43 (1991), Heft 2, S. 6–27.

Oomen-Welke, Ingelore/Krumm, Hans-Jürgen: Sprachenvielfalt – eine Chance für den Deutschunterricht, in: Fremdsprache Deutsch 31 (2004), 5–13.

Osterwalder, Hans: „Moderne Sprachen" als Schulfach. Wie man language awareness pädagogisch umsetzen kann, in: Praxis des Neusprachlichen Unterrichts 49 (2002), Heft 4, S. 339–348.

O'Sullivan, Emer/Rösler, Dietmar: I like you – und du? Eine deutsch-englische Geschichte, Berlin: Rowohlt 1983.

O'Sullivan, Emer/Rösler, Dietmar: Mensch, be careful! Eine deutsch-englische Geschichte, Berlin: Rowohlt 1986.

Otte, Susanne: „Warum haben Nashörner Flügel?" Bausteine für einen Unterricht in mehrsprachigen Klassen, in: Hoffmann, Ludger/Ekinci-Kocks, Yüksel (Hrsg.): Sprachdidaktik in mehrsprachigen Lerngruppen. Vermittlungspraxis Deutsch als Zweitsprache, Baltmannsweiler: Schneider 2011, S. 164–176.

Pädagogische Hochschule Zürich: Mehrsprachigkeitsprojekte: Konkrete Beispiele für die Praxis. Ein Unterrichtsfilm der Pädagogischen Hochschule Zürich, DVD und Begleitheft, Bern: schulverlag plus 2010.

Perregaux, Christiane/de Goumoëns, Claire/Jeannot, Dominique/de Pietro, Jean-François (Hrsg.): Éducation et ouverture aux langues à l'école, 2 Bände, Neuchâtel: CIIP 2003.

Pirstinger, Susanne: Von den Sprachen des Kindes zu den Sprachen der Welt, Graz: Österreichisches Sprachen-Kompetenz-Zentrum, 2005.

Pölzlbauer, Alexandra: „Mehr (als) Deutsch" – Subjektive Theorien von DeutschlehrerInnen zur Bedeutung der Erstsprache für den Zweitspracherwerb, in: Krumm, Hans-Jürgen/Portmann-Tselikas, Paul R. (Hrsg.): Theorie und Praxis. Österreichische Beiträge zu Deutsch als Fremdsprache Bd. 14 (2010): Mehrsprachigkeit und Sprachförderung Deutsch. Innsbruck u.a.: Studien Verlag 2011, S. 61–70.

Pommerin-Götze, Gabriele/Jehle-Santoso, Bernhard/Bozikake-Leisch, Eleni (Hrsg.): Es geht auch anders! Leben und Lernen in der multikulturellen Gesellschaft, Frankfurt a.M.: Dagyeli 1992.

Portmann-Tselikas, Paul R./Schmölzer-Eibinger, Sabine (Hrsg.): Grammatik und Sprachaufmerksamkeit, Innsbruck u. a.: StudienVerlag 2001.

Pritchard-Smith, Anne: „Wie heißt das in deinen Sprachen?" Ideen zur Miteinbeziehung der Erstsprachen der Lernenden in den DaZ-Unterricht, in: Hoffmann, Ludger/Ekinci-Kocks, Yüksel (Hrsg.): Sprachdidaktik in mehrsprachigen Lerngruppen. Vermittlungspraxis Deutsch als Zweitsprache, Baltmannsweiler: Schneider 2011, S. 177–187.

Quetz, Jürgen: Polyglott oder Kauderwelsch?, in: Bausch, Karl-Richard/Königs, Frank G./Krumm, Hans-Jürgen (Hrsg.): Mehrsprachigkeit im Fokus. Arbeitspapiere der 24. Frühjahrskonferenz zur Erforschung des Fremdsprachenunterrichts, Tübingen: Gunter Narr 2004, S. 181–190.

Rabkin, Gabriele (Hrsg.): Family Literacy ... in die weite Welt hinein ... Materialheft zur gleichnamigen CD, Hamburg: Landesinstitut für Lehrerbildung und Schulentwicklung 2012 (http://li.hamburg.de/contentblob/3521256/data/pdf-in-die-weite-welt-hinein.pdf).

Rastner, Eva Maria: Sprache(n) in uns – Sprache(n) um uns, in: ide 26 (2002), Heft 3, S. 4–6.

Rat der Europäischen Union: Entschließung des Rates vom 21. November 2008 zu einer europäischen Strategie für Mehrsprachigkeit, Amtsblatt Nr. C 320 vom 16.12.2008, S. 1–3 (http://eur-lex.eu/LexUriServ).

Reich, Hans H.: Deutsch: Sprache, in: Reich, Hans H. u. a. (Hrsg.): Fachdidaktik interkulturell. Ein Handbuch, Opladen: Leske + Budrich 2000, S. 235–256.

Reich, Hans H.: „Sprachen werden total gebraucht, weil irgendwie musst du ja mit den Leuten reden". Analyse eines Interviews zum Thema Spracheinstellungen und Mehrsprachigkeit, in: Gogolin, Ingrid/Graap, Sabine/List, Günther (Hrsg.): Über Mehrsprachigkeit, Tübingen: Stauffenburg 1998, S. 213–231.

Reich, Hans H.: Langues et cultures d'origine. Herkunftssprachenunterricht in Frankreich, Münster u.a.: Waxmann 1995.

Reich, Hans H.: Wege zu einem sprachsensiblen Fachunterricht, in: Deutsch lernen, Heft 2–3/89, S. 131–152.

Reichel-Wehnert, Katrin/Schulz, Dieter (Hrsg.): Förderung von Mehrsprachigkeit als Aufgabe der Schule: Entwicklungen in Europa – Erfahrungen in sächsischen Grundschulen, Leipzig: Universitätsverlag 2008.

Reif-Breitwieser, Susanne: Ein multilinguales Sprachenprojekt. „Wir sprechen zehn Sprachen", in: Rastner, Eva Maria (Hrsg.): Sprachaufmerksamkeit (= ide. Informationen zur Deutschdidaktik 26, Heft 3), Innsbruck u. a.: StudienVerlag 2002, S. 109–112; auch in: Fremdsprache Deutsch, Heft 31–2004, S. 30–35.

Reißner, Gerda/Yilmaz, Göksel/Ziga, Anna: Trilingualität: Trilingualer Geschichts- und Geographie-Unterricht, in: Hoffmann, Ludger/Ekinci-Kocks, Yüksel (Hrsg.): Sprachdidaktik in mehrsprachigen Lerngruppen. Vermittlungspraxis Deutsch als Zweitsprache, Baltmannsweiler: Schneider 2011, S. 220–229.

Riegler, Susanne: Mit Kindern über Sprache nachdenken, eine historisch-kritische, systematische und empirische Untersuchung zur Sprachreflexion in der Grundschule, Freiburg im Breisgau: Fillibach 2006.

Rösch, Heidi: Mehrsprachigkeit in der Kinderliteratur, in: Nauwerck, Patricia (Hrsg.): Kultur der Mehrsprachigkeit in Schule und Kindergarten, Freiburg: Fillibach 2009, S. 231–247.

Rösler, Dietmar: Halboffene Lernumgebungen – Fremdsprachenlernen mit den neuen Medien im Kontext von Globalisierung, Individualisierung und Mehrsprachigkeitspostulaten, in: Schneider, Günther/Clalüna, Monika (Hrsg.): Mehr Sprache – mehrsprachig – mit Deutsch. Didaktische und politische Perspektiven, München: iudicium 2003, S. 181–194.

Rothstein, Björn: Deutschunterricht und Qualifikation in der Herkunftssprache, in: Rothstein, Björn (Hrsg.): Sprachvergleich in der Schule, Baltmannsweiler: Schneider 2011, S. 9–26.

Rück, Nicola: Auffassungen vom Fremdsprachenlernen monolingualer und plurilingualer Schülerinnen und Schüler, Diss. Universität Kassel, Kassel Univ. Press 2009.

Rymarczyk, Jutta/Bongartz, Christiane M.: 40 Jahre Bilingualer Sachfachunterricht in Deutschland: Versuch einer Standortbestimmung, in: Bongartz, Christiane M./Rymarczyk, Jutta (Hrsg.): Languages across the curriculum. Ein multiperspektivischer Zugang, Frankfurt a.M. u. a.: Peter Lang 2010, S. 7–23.

Saudan, Victor/Perregaux, Christiane/Mettler, Monika/Deschoux, Carole-Anne/ Sauer, Esther/Ladner, Esther: Lernen durch die Sprachenvielfalt. Schlussbericht zum Projekt JALING Suisse. Apprendre par et pour la diversité linguistique. Rapport final sur le projet JALING Suisse, Bern: EDK/CDIP 2005.

Saudan, Victor/Sauer, Esther: Ja-Ling Suisse: ein Schweizer Pilot-Projekt im Bereich der Förderung von Sprachbewusstheit in der Schule, in: Hug, Michael/ Siebert-Ott, Gesa (Hrsg.): Sprachbewusstheit und Mehrsprachigkeit, Baltmannsweiler: Schneider 2007, S. 50–63.

Schader, Basil: Chancen des Deutschunterrichts in multilingualen – und anderen – Klassen, in: Pardy, Lisa/Schabus-Kant, Elisabeth (Hrsg.): Mehrsprachigkeit und Deutschunterricht (= Informationen zur Deutschdidaktik, 32 (2008), Heft 2, S. 66–75).

Schader, Basil: Sprachenvielfalt als Chance. Handbuch für den Unterricht in mehrsprachigen Klassen. Hintergründe und 95 Unterrichtsvorschläge für Kindergarten bis Sekundarstufe I, Zürich: orell füssli 2000. Überarbeitete Fassung unter dem Titel: Sprachenvielfalt als Chance. Das Handbuch. Hintergründe und 101 praktische Vorschläge für den Unterricht in mehrsprachigen Klassen, Troisdorf: Bildungsverlag Eins 2004.

Scharfenberg, Manuela: Koordinierte Alphabetisierung (KOALA) in der Grundschule, in: Bainski, Christiane/Krüger-Potratz, Marianne (Hrsg.): Handbuch Sprachförderung, Essen: Neue deutsche Schule 2008, S. 57–60.

Schocker-von Ditfurth, Marita: Die Rolle des Englischen in der Diskussion um eine ‚Mehrsprachigkeitsdidaktik‘, in: Bausch, Karl-Richard/Königs, Frank G./ Krumm, Hans-Jürgen (Hrsg.): Mehrsprachigkeit im Fokus. Arbeitspapiere der 24. Frühjahrskonferenz zur Erforschung des Fremdsprachenunterrichts, Tübingen: Gunter Narr 2004, S. 215–225.

Schumann, Adelheid: Sprachenvielfalt und Sprachenmischung in der littérature beur als Ausdruck einer identité métisse, in: De Florio-Hansen, Inez/Hu, Adelheid (Hrsg.): Plurilingualität und Identität. Zur Selbst- und Fremdwahrnehmung mehrsprachiger Menschen, Tübingen: Stauffenburg 2003, S. 125–136.

Schweizerische Konferenz der kantonalen Erziehungsdirektoren (EDK): Sprachenkonzept Schweiz, Bern 1998 (http://sprachenkonzept.franz.unibas.ch/ Konzept.html).

Seyler, Siegfried: Mehrsprachigkeit an der Europaschule Gladenbach, in: Hufeisen, Britta/Lutjeharms, Madeline (Hrsg.): Gesamtsprachencurriculum. Integrierte Sprachendidaktik. Common Curriculum. Theoretische Überlegungen und Beispiele der Umsetzung. Tübingen: Narr 2005, S. 101–117.

Straight, H. Stephen (Hrsg.): Languages across the curriculum: Invited essays on the use of foreign languages throughout the postsecondary curriculum, Binghamton: State University of New York 1994.

Sträuli, Barbara: „Man muss das System etwas umbauen" – Deutsch mit Blick auf andere Muttersprachen, in: Schneider, Günther/Clalüna, Monika (Hrsg.): Mehr Sprache – mehrsprachig – mit Deutsch. Didaktische und politische Perspektiven, München: iudicium 2003, S. 64–81.

Strunz, Inge Angelika: Fremde Erstsprachen: ,Added value' zeitgemäßer schulischer Bildungsprozesse?, in: Hummelsberger, Siegfried (Hrsg.): Didaktik des Deutschen als Zweitsprache und Interkulturelle Erziehung. Theorie, Schulpraxis und Lehrerbildung, Baltmannsweiler: Schneider 2001, S. 14–21.

Teufel, Ingrid: Latein lebt! Warum es in vielen Sprachen ähnliche Wörter gibt, Graz: ÖSZ 2002.

Thorwartl, Walter: Das Erfinden einer Sprache – die Rückfindung zur ,Muttersprache', in: Huber, Josef/Huber-Kriegler, Martina/Heindler, Dagmar (Hrsg.): Sprachen und kulturelle Bildung. Beiträge zum Modell: Sprach- & Kulturerziehung, Graz: Zentrum für Schulentwicklung 1995, S. 160–163.

Thürmann, Eike: Mehrsprachigkeit – didaktische Sicht, in: Krüger-Potratz, Marianne (Hrsg.): Mehrsprachigkeit macht Europa. Texte und Dokumente zu Mehrsprachigkeit und Schule (= iks 38), Münster: Arbeitsstelle Interkulturelle Pädagogik der Universität 2002, S. 25–32.

Tönshoff, Wolfgang: Der Unterricht in zweiten oder weiteren Fremdsprachen im Rahmen eines Gesamtkonzepts einer Didaktik und Methodik der Mehrsprachigkeit, in: Bausch, Karl-Richard/Königs, Frank G./Krumm, Hans-Jürgen (Hrsg.): Mehrsprachigkeit im Fokus. Arbeitspapiere der 24. Frühjahrskonferenz zur Erforschung des Fremdsprachenunterrichts, Tübingen: Gunter Narr 2004, S. 226–237.

Topalović, Elvira/Michalak, Magdalena: Sprachreflexion und Grammatik zwischen DaM und DaZ, in: Michalak, Magdalena/Kuchenreuther, Michaela (Hrsg.): Grundlagen der Sprachdidaktik Deutsch als Zweitsprache, Baltmannsweiler: Schneider 2012, S. 226–250.

Vetter, Eva: „… weil ich dieses Land und die Sprache dermaßen liebe". Die Bedeutung von Mehrsprachigkeit für die Berufswahl angehender FranzösischlehrerInnen, in: Frings, Michael/Vetter, Eva (Hrsg.): Mehrsprachigkeit als Schlüsselkompetenz: Theorie und Praxis in Lehr- und Lernkontexten, Stuttgart: ibidem 2008, S. 341–359.

Volgger, Marie-Luise: „Wenn man mehrere Sprachen kann, ist es leichter, eine weitere zu lernen …" Einblicke in die Mehrsprachigkeitsbewusstheit lebensweltlich mehrsprachiger FranzösischlernerInnen, in: Zeitschrift für Interkulturellen Fremdsprachenunterricht 15 (2010), Heft 2, S. 169–198 (http://zif.spz.tu-darmstadt.de/jg-15-2/beitrag/Volgger.pdf).

Vollmer, Helmut J.: Auf dem Wege zu Mehrsprachigkeit – Ansätze, Erfahrungen, Aufbruch, in: Bausch, Karl-Richard/Königs, Frank G./Krumm, Hans-Jürgen (Hrsg.): Mehrsprachigkeit im Fokus. Arbeitspapiere der 24. Frühjahrskonferenz zur Erforschung des Fremdsprachenunterrichts, Tübingen: Gunter Narr 2004, S. 238–248.

Vollmer, Helmut J.: Englisch und Mehrsprachigkeit: Interkulturelles Lernen durch Englisch als lingua franca?, in: Abendroth-Timmer, Dagmar/Bach, Gerhard (Hrsg.): Mehrsprachiges Europa. Festschrift für Michael Wendt zum 60. Geburtstag, Tübingen: Narr 2001, S. 91–109.

Vollmer, Helmut J.: Englisch als Basis für Mehrsprachigkeit?, in: Aguado, Karin/ Hu, Adelheid (Hrsg.): Mehrsprachigkeit und Multikulturalität. Dokumentation des 18. DGFF-Kongresses für Fremdsprachendidaktik, Berlin: Pädagogischer Zeitschriftenverlag 2000, S. 75–88.

Wagner, Eugen: Erfahrungen in Deutschland: Sprache, Kultur, Identität, in: Grohnfeldt, Manfred/Triarchi-Herrmann, Vassilia/Wagner, Eugen: Mehrsprachigkeit als sprachheilpädagogische Aufgabenstellung, Würzburg: edition von freisleben 2005, S. 127–140.

Wahl, Michael: Zwei Sprachen = Zwei Systeme? Ein Überblick über die neuronalen Grundlagen, in: Spektrum Patholinguistik 2 (2009), S. 9–30.

Weiss, Julia: Sprachbewusstheit bilingualer Kinder, in: Pätzold, Margita (Hrsg.): Bilinguales Lernen an Berliner Schulen: eine Auswertung besonderer schulpraktischer Studien im September 2007, Kassel: Univ. Press 2008.

Weskamp, Ralf: Mehrsprachigkeit. Sprachevolution, kognitive Sprachverarbeitung und schulischer Fremdsprachenerwerb, Braunschweig: Bildungshaus Schulbuchverlage 2007.

Wiater, Werner: Didaktik der Mehrsprachigkeit, in: Wiater, Werner (Hrsg.): Didaktik der Mehrsprachigkeit: Theoriegrundlagen und Praxismodelle, München: Vögel 2006, S. 57–72.

Wildemann, Anja: „Eigentlich spreche ich nur Kurdisch und Deutsch …". Sprachinteresse und Sprachenselbstbewusstsein mehrsprachiger Schülerinnen und Schüler, in: Jantzen, Christoph/Merklinger, Daniela (Hrsg.): Lesen und Schreiben: Lernerperspektiven und Könnenserfahrungen, Freiburg/ Brsg.: Fillibach 2010.

Wildemann, Anja/Hoodgarzadeh, Mahzad: Sprachen und Identitäten. Hauptschülerinnen und Hauptschüler mit Migrationshintergrund erzählen und schreiben über sich, in: Hornberg, Sabine/Valtin, Renate (Hrsg.): Mehrsprachigkeit. Chance oder Hürde beim Schriftspracherwerb? Empirische Befunde und Beispiele guter Praxis, Berlin: Deutsche Gesellschaft für Lesen und Schreiben 2011, S. 219–235.

Winters-Ohle, Elmar/Seipp, Bettina/Ralle, Bernd (Hrsg.): Lehrer für Schüler mit Migrationsgeschichte. Sprachliche Kompetenz im Kontext internationaler Konzepte der Lehrerbildung, Münster u. a.: Waxmann 2012.

Wintersteiner, Werner: Mehrsprachigkeit und Macht. Politische und ästhetische Implikationen einer transkulturellen Literaturdidaktik, in: Nauwerck, Patricia: Kultur der Mehrsprachigkeit in Schule und Kindergarten. Festschrift für Ingelore Oomen-Welke, Freiburg/Brsg.: Fillibach 2009, S. 219–230.

Wintersteiner, Werner: „Bu taş biraz özelnikle" (Der Stein ist etwas Besonderes). Literaturunterricht in mehrsprachigen Klassen, in: Pardy, Lisa/Schabus-Kant, Elisabeth (Hrsg.): ide. Informationen zur Deutschdidaktik, 32 (2008), Heft 2 (=Themenheft Mehrsprachigkeit und Deutschunterricht), S. 104–111.

Wintersteiner, Werner: Muttersprachenunterricht – Zweitsprachenunterricht – Fremdsprachenunterricht, in: Bredel, Ursula/Günther, Hartmut/Klotz, Peter/Ossner, Jakob/Siebert-Ott, Gesa (Hrsg.): Didaktik der deutschen Sprache, Band 2, Paderborn u. a.: Schöningh 2003, S. 602–614.

Wojnesitz, Alexandra: „Drei Sprachen sind mehr als zwei". Mehrsprachigkeit an Wiener Gymnasien im Kontext von Migration, Münster: Waxmann 2010.

Zappatore, Daniela: Mehrere Sprachen – ein Gehirn. Einflussvariablen und Schlussfolgerungen für eine Didaktik der Mehrsprachigkeit, in: Wiater, Werner (Hrsg.): Didaktik der Mehrsprachigkeit. Theoriegrundlagen und Praxismodelle, München: Vögel 2006, S. 73–91.

Die Rolle der Sprache(n) in Lehrplänen

1. Funktion der Lehrplananalyse bei der Entwicklung des Curriculums

Eine der Grundlagen für die Entwicklung des Curriculums Mehrsprachigkeit bildete die Analyse ausgewählter österreichischer Lehrpläne; verfolgt wurde die Fragestellung, wo und in welcher Weise die aktuell gültigen Lehrpläne Fragen der Mehrsprachigkeit ansprechen (und das heißt im Umkehrschluss auch: wo sie diese Fragen ignorieren, obwohl sie nahe lägen). Funde waren also zunächst bei den sprachlichen Fächern zu erwarten, bei den Lehrplänen für Deutsch, Deutsch als Zweitsprache, für die Minderheitensprachen, den Muttersprachlichen Unterricht und die Lebenden Fremdsprachen. Da aber für das neu zu entwerfende Curriculum die Rolle der Sprache(n) im Lernprozess insgesamt relevant sein sollte, wurden zusätzlich ausgewählte Lehrpläne für den Sachfachunterricht einbezogen und auf ihre sprachlichen Dimensionen hin untersucht. Da schließlich während der Projektarbeit auch die ersten Bildungsstandards in Österreich entwickelt und publiziert wurden, wurden auch diese, soweit verfügbar (das waren die Bildungsstandards für Deutsch, Englisch und Internationale Wirtschaft) in die Analyse einbezogen.

Was kann man sich von einer solchen Arbeit versprechen?

Die Lehrplananalyse hat für ein fächerübergreifendes neues Curriculum wie das Curriculum Mehrsprachigkeit eine dreifache Bedeutung:

1. Sie soll zeigen, was an Erkenntnissen und Orientierungen zum mehrsprachigen Lernen bereits offiziell anerkannt ist und für das neue Curriculum genutzt werden kann. Die in den Lehrplänen verankerten Aussagen sollen als schon erbrachte Leistungen des Bildungssystems identifiziert werden, die für die Weiterentwicklung aufgegriffen werden können. Die Lehrplananalyse kann, mit anderen Worten, Fachtraditionen benennen, die zum Curriculum Mehrsprachigkeit hinführen. Dies trägt zur Akzeptanz des neuen Curriculums bei und stellt eine Möglichkeit dar, die Implementation des Curriculums zu erleichtern, indem in den einzelnen Fächern Möglichkeiten des Andockens aufgewiesen werden.

2. Die Lehrplananalyse soll im Vergleich der Einzelanalysen Verbindungen zwischen den Fächern aufzeigen, die aus deren je fachspezi-

fischem Blickwinkel heraus kaum sichtbar werden. Dadurch werden Ziele und Inhalte herausgehoben, die innerhalb der einzelnen Fächer vielleicht nur eine geringe Rolle spielen, in der Zusammenschau aber als durchgängige Aufgaben der schulischen Bildung zu erkennen sind. Die Lehrplananalyse kann dadurch den Blick für Synergien schärfen, die sich in lernförderlicher Weise nutzen lassen. Sie kann insbesondere die These von der generellen Bedeutung von Sprache für das Lernen konkretisieren, indem sie in den Lehrplänen der einzelnen Sachfächer aufspürt, wo und in welcher Weise von sprachlichen Tätigkeiten die Rede ist, die für die erfolgreiche Bewältigung von Fachunterricht durch Lehrende und Lernende einzusetzen sind. Das Herausarbeiten der fächerübergreifenden Verbindungen erleichtert es eventuell, das Curriculum Mehrsprachigkeit fächerintegrativ umzusetzen, indem einzelne Fächer Anteile des Curriculums in ihre Verantwortung übernehmen.

3. Die Lehrplananalyse soll aber auch die Defizite und Rückstände der derzeitigen fachspezifischen Lehrpläne gegenüber dem Erfordernis einer durchgängigen Sprachbildung aufweisen. Indem sie die unterschiedlichen Positionen der Lehrpläne für die einzelnen Sprachfächer und die Widersprüche zwischen den proklamierten pädagogischen Prinzipien und den fachlichen Ausführungen namhaft macht, verdeutlicht sie die unterschiedlichen Geschwindigkeiten in der bildungspolitischen Entwicklung und die Dringlichkeit einer umfassenden Neubestimmung der sprachlichen Bildung. Sie konkretisiert damit die Notwendigkeiten der gegenseitigen Abstimmung und der ergänzenden Neuformulierung von Zielen und Inhalten innerhalb des Curriculums Mehrsprachigkeit.

Die Analyse der österreichischen Lehrpläne steht insofern beispielhaft für Möglichkeiten, Mehrsprachigkeit in bestehende Strukturen einzufügen und bereits vorhandene Ansätze weiterzuentwickeln.

2. Vorgehensweise

Die dem Curriculum Mehrsprachigkeit zu Grunde liegenden Lehrplananalysen beziehen sich auf die (im Jahre 2011) aktuellen österreichischen

Lehrpläne, die im Anhang zum vorliegenden Kapitel einzeln aufgeführt sind. Für die Lehrpläne der sprachlichen Fächer wurden insbesondere die Angaben zu den Bildungs- und Lehraufgaben des jeweiligen Faches sowie die didaktischen Grundsätze herangezogen, die in jedem Lehrplan ausgewiesen sind. In Einzelfällen wurden auch Angaben zum Lehrstoff als Belege herangezogen.

Bei der Analyse ging es darum zu prüfen, ob und in welcher Form die untersuchten Lehrpläne sprachliche Lernziele und Lerninhalte enthalten, die als Beitrag zur Entwicklung allgemeinerer, die einzelne Sprache oder das einzelne Fach übergreifender Fähigkeiten und eines Bewusstseins für Mehrsprachigkeit verstanden werden können.

Was die Lehrpläne für die sog. nichtsprachlichen Sachfächer betrifft, so ging es darum, nach expliziten sprachlichen Anforderungen zu suchen, aber auch Lernziele des jeweiligen Faches, die keine expliziten Hinweise auf sprachliche Prozesse enthalten, im Hinblick auf ihre sprachlichen Implikationen zu interpretieren.

Die beiden folgenden Kriterienraster sollen die Vorgehensweise verdeutlichen.

2.1 Raster zur Analyse der Lehrpläne der sprachlichen Fächer im Hinblick auf ihre Relevanz für Sprachenvielfalt und Mehrsprachigkeit

1) Sprachaufmerksamkeit als Ziel;
2) Erschließungs- und Lernstrategien zur Sprachaneignung (in allen Fertigkeitsbereichen), wobei Hinweise auf einen sprachenübergreifenden Einsatz besonders hervorgehoben werden;
3) Fähigkeiten und Begriffe zur Beschreibung bzw. Analyse von Sprachen: alle Sprachebenen und Modi: phonisch-graphisch, pragmatisch, lexikalisch-semantisch, morphologisch-syntaktisch; mündlich – schriftlich – medial; besonders beachtet werden Hinweise auf einen Einsatz im Sprachenvergleich einschließlich des Vergleichs Dialekt/ Standardsprache;
4) Fähigkeiten der Wahrnehmung und Beschreibung von Sprachkontakterscheinungen;

5) Fähigkeiten des Umgangs mit vielsprachigen Situationen, einschließlich multidialektaler Situationen, Hinweise auf Verwendungsdomä-
nen von Dialekt, Hochdeutsch, Deutsch als Zweitsprache, Deutsch
als Muttersprache und damit verbundene Einstellungen, Hinweise
auf verschiedene Kulturen/Gesellschaften/Staaten, in denen eine bestimmte Sprache Gültigkeit hat, Hinweise auf Varianten einer Sprache
in verschiedenen Sprechergruppen (geographisch und/oder sozial),
Hinweise auf Minderheitensituationen (sprachsystematisch und
sprachsoziologisch) und auf das Verhältnis Minderheitensprache/
Staatssprache, Hinweise auf die Migrantensituation, zur Familiensprache in der Emigration und im Herkunftsland sowie zum Verhältnis Herkunftssprache (Familiensprache)/Umgebungssprache im
Aufnahmeland.

2.2   Analysekategorien für die Lehrpläne der Sachfächer

1) Sprachaufmerksamkeit/Sprachbewusstsein
Wie wird Sprache/Mehrsprachigkeit erwähnt? Gibt es ein Bewusstsein für die Bedeutung des Sprachlernens und des Sprachgebrauchs
in den verschiedenen Fächern? In welchem Sinne ist Sprache in den
Sachfächern mehrsprachig?
2) Sprachliche Anforderungen und Qualifikationen
Welche kognitiven sprachlichen Grundkompetenzen setzen die verschiedenen Lehrpläne voraus? (Sprechen Schüler und Schülerinnen
Deutsch als Zweit- oder Fremdsprache, erfordert dies z. B. eine bewusste sprachliche Übertragung?)
3) Pragmatik – Grad an Explizitheit in der Sprachanwendung
   a. Diskurs, fachsprachliche Kommunikation, kommunikative Strategien
   b. Textkompetenz und Texterschließung
   c. Formalisierungen
   d. Erschließungs- und Lernstrategien
Vermitteln die Lehrpläne hauptsächlich Fachwissen oder auch Kompetenzen, dieses Wissen zu konstruieren, zu kommunizieren und zu
nutzen? Bleibt das Bemühen um Sprache bei Fachtermini stecken

oder dient es auch der Entwicklung bildungssprachlicher Fähigkeiten?

4) Wo könnte man ansetzen, wenn Spracharbeit mit einbezogen würde?

2.3 Zur Darstellung der Analyseergebnisse

Die Analyseergebnisse wurden in Tabellen festgehalten, die nach den o.g. Analysekriterien und den eingeführten Lehrplankategorien „Bildungs- und Lehraufgabe", „Lehrstoff" und „Didaktische Grundsätze" gegliedert sind. Sie wurden für jeden Text hinsichtlich der relevanten Befunde kommentiert und durch eine zusammenfassende Charakterisierung abgeschlossen. Auf dieser Arbeit, die ganz in den Händen von Andrea Dorner lag, beruhen die folgenden zusammenfassenden Darstellungen.

3. Lehrpläne für Deutsch, Deutsch als Zweitsprache, den muttersprachlichen Unterricht und die lebenden Fremdsprachen

3.1 Primarstufe

Der Lehrplan *Deutsch, Lesen, Schreiben an Volksschulen* gibt zahlreiche Anregungen zur Sprachwahrnehmung, zum spielerischen Umgang mit Sprache und zum Zusammenhang von Sprache, Emotion und Identität, d. h. er bietet durchaus Grundlagen, auf denen auch ein Mehrsprachigkeitsunterricht aufbauen könnte. Im Konkreten aber bezieht er sich nur auf die deutsche Sprache. Andere Sprachen als Deutsch werden nicht einbezogen, auch da nicht, wo dies nahe läge – z. B. wenn auf Schulstufe 3–4 innersprachliche Vergleiche thematisiert werden. In vielen Bereichen der Sprachwahrnehmung (vielfache Fähigkeiten der zwischenmenschlichen Verständigung, denken, träumen, Erfahrung von Schriftzeichen, Auseinandersetzung mit sich selbst und den Anderen, Sprachvergleiche …) sind Kinder mit anderen Familiensprachen nicht in gleichem Maße angesprochen wie Kinder mit deutscher Muttersprache. Immerhin wird zur Toleranz ermahnt. Gefordert wird „grundsätzliches Akzeptieren

und Ermutigen von Äußerungen der Schüler in ihrer Herkunftssprache"
(Deutsch, Lesen, Schreiben, S. 24).

Für die Kinder mit anderen Familiensprachen realisiert der bereits
in den 1990er Jahren erstmals eingeführte Lehrplan-Zusatz *Deutsch für
Schüler mit nichtdeutscher Muttersprache* ein bemerkenswert integratives
Konzept: „Ziel der Unterrichtsarbeit ist es, dass die Schüler [...] *unter
Wahrung ihrer sprachlichen und kulturellen Identität* in die neue Sprach-
und Kulturgemeinschaft als aktives Mitglied hineinwachsen." (Deutsch
für Schüler mit nichtdeutscher Muttersprache, S. 6; Hervorhebung durch
Verf.) Dabei wird auch auf die Bedeutung der Sprache in allen Unter-
richtsfächern eingegangen (ebd., S. 15).

Im Verbund mit dem eigens unterstrichenen Prinzip der Lebens- und
Kulturbezogenheit können viele der hier gegebenen Hinweise zu Methoden des Deutschlernens auch für den Umgang mit anderen Sprachen
Geltung beanspruchen. Es wird auch ausdrücklich zu mehrsprachigem
Arbeiten aufgefordert: Es sei „anzustreben, dass die Schüler nichtdeutscher Muttersprache Interesse am bewussten Umgang mit der Zweitsprache und am Vergleichen der Zweitsprache mit der eigenen Muttersprache
entwickeln" (Deutsch für Schüler mit nichtdeutscher Muttersprache,
S. 14). „Der Spracherwerb erfolgt möglichst unter Rückgriff auf bereits
verfügbare Kenntnisse der Muttersprache und auf eventuell vorhandene Kenntnisse der Zweitsprache" (ebd. S. 15). Darum sei „dem sprach-
komparativen Prinzip sowie dem kontrastierenden Lernen (besonders
im Bereich der Sprachbetrachtung) besondere Beachtung zu schenken"
(ebd., S. 16). Konkret heißt es z. B. zum Erstleseunterricht: „im Vergleich
mit der jeweiligen Muttersprache können viele sprachliche Erscheinungen erfasst werden, z. B. die Gliederung von Texten in Sätze, von Sätzen
in Wörter und von Wörtern in Laute bzw. Buchstaben" (ebd., S. 14); bei
der Sprachbetrachtung soll „auf die Bedeutung von Sprachvergleichen
mit der Muttersprache bei unterschiedlichen Sprachstrukturen, z. B.
bei der Verwendung von Artikel, Fürwort, Präposition usw." verwiesen
werden (ebd., S. 9); die Schüler sollen „unter Beachtung des jeweiligen
muttersprachlichen Lautinventars zur Laut-Buchstaben-Zuordnung
geführt werden, um von Anfang an möglichst selbstständig mit Schrift
umgehen zu können" (ebd., S. 11). Unter den Lernstrategien werden
auch das „Nachschlagen in verschiedenartigen ein- und zweisprachigen

Wörterbüchern" und die „Arbeit mit muttersprachlichen Paralleltexten" erwähnt (ebd., S. 16).

Ausdrücklich wird an die sprachdiagnostischen Fähigkeiten der Lehrkräfte appelliert: „Bei der klassenbezogenen und individuellen Lernplanung ist zu berücksichtigen, dass die Schüler besonders hinsichtlich der Sprachkompetenz sowohl in der Muttersprache als auch in der deutschen Sprache (Zweitsprache) überaus unterschiedliche und möglicherweise alters- und schulstufenunabhängige Lernvoraussetzungen haben. Im Bereich der schriftlichen Sprachkompetenz ist es wichtig, zunächst festzustellen, ob ein Kind in seiner Muttersprache bereits alphabetisiert wurde bzw. welche Schriftart es beherrscht" (ebd., S. 6).

Besonders bemerkenswert ist der Hinweis auf die Selbstrelativierung des Lehrers als Sprecher: „Für das erfolgreiche Unterrichten von Deutsch als Zweitsprache ist es nötig, dass sich der Lehrer darum bemüht, seine eigene Muttersprache unter dem Gesichtspunkt der Neuheit und Fremdheit zu betrachten. Mit diesem Versuch einer gewissen Distanznahme von etwas ihm sehr Nahem kann er die Schwierigkeiten, die Menschen nichtdeutscher Muttersprache beim Erlernen des Deutschen haben, wenigstens erahnen und ihnen didaktisch angemessen begegnen" (ebd., S. 16). Ferner wird den Lehrenden empfohlen, sich um die Muttersprachen der Lernenden aktiv zu bemühen: „Wo es sich anbietet, soll der Bezug zur jeweiligen Muttersprache und Herkunftskultur des Kindes hergestellt werden (Vergleich von Sprachen und Kulturen). Dazu sind Kontakte, Kooperation und Absprachen, vor allem mit dem Lehrer für den muttersprachlichen Unterricht, aber auch mit den Eltern des Kindes, sehr hilfreich. Wenigstens gelegentlich sollte die Erarbeitung eines Themas in beiden Sprachen gleichzeitig erfolgen" (ebd., S. 16).

Die didaktischen Grundsätze und methodischen Hinweise dieses Lehrplanzusatzes gehen in ihrer Orientierung an der Mehrsprachigkeit der Kinder inhaltlich sehr viel weiter als alle anderen Lehrpläne an österreichischen Schulen, die sich mit Spracharbeit befassen. Da es sich aber nur um einen Zusatz handelt, der für Kinder mit anderer Erstsprache als Deutsch vorgesehen ist, sind für Kinder mit deutscher Muttersprache viele der hier enthaltenen Anregungen zur Sprachaneignung und Mehrsprachigkeit zunächst einmal nicht erfahrbar.

Wenig ergiebig im Sinne des Curriculums Mehrsprachigkeit ist im Vergleich dazu der Lehrplan für die erste *Lebende Fremdsprache* an der

Grundschule. Zwar wird „die Motivation zur Beschäftigung mit anderen Sprachen" als ein Ziel genannt, doch beziehen sich alle konkreten Ziel- und Inhaltsangaben allein auf eine monolingual verstandene Zielsprache, im Normalfall also das Englische.

3.2   Sekundarstufe I

Im Lehrplan *Deutsch* der Sekundarstufe I ist wie schon im Grundschullehrplan als ein durchgehendes Merkmal zu erkennen, dass Deutsch mit Sprache gleichgesetzt wird; die im Lehrplan geforderte Auseinandersetzung mit Sprachwahrnehmung oder Sprachstruktur ist daher immer als eine Auseinandersetzung mit der deutschen Sprache zu verstehen. Es ist nicht ausgeschlossen, darin auch Anknüpfungspunkte für einen Mehrsprachigkeitsunterricht zu finden, zumal wiederholt darauf hingewiesen wird, dass die spezifische Ausgangssituation von Schülerinnen und Schülern, deren Muttersprache nicht Deutsch ist, berücksichtigt werden sollte: „Der Deutschunterricht muss Schülerinnen und Schüler, für die Deutsch Zweit- (Dritt- oder Viert-)Sprache ist, im Anschluss an die Lern- und Lebenserfahrungen ihrer sprachlichen und kulturellen Sozialisation so fördern, dass damit eine grundlegende Voraussetzung für deren schulische und gesellschaftliche Integration geschaffen wird. Die zuerst erworbene Sprache ist in hohem Maß Grundlage für den Erwerb einer Zweitsprache. Daher soll die Muttersprache beim Zweitspracherwerb nach Möglichkeit berücksichtigt werden." (Deutsch Sek. I, S. 1) Da diese allgemeine Aussage aber keine konkreten Konsequenzen für die didaktisch-methodischen Ausführungen des Lehrplans hat, muss jede mehrsprachige Auslegung ganz allein von der Lehrkraft geleistet werden.

Dass in diesem Konzept die Auseinandersetzung mit Mehrsprachigkeit auf die Gruppe der Lernenden mit nichtdeutscher Familiensprache beschränkt bleibt, wird durch den Lehrplanzusatz „Besondere didaktische Grundsätze, wenn Deutsch Zweitsprache ist", noch einmal unterstrichen. Inhaltlich ist auffallend, dass die Muttersprache häufig in Verbindung mit Schwierigkeiten erwähnt wird, die beim Erwerb des Deutschen als Zweitsprache entstehen können, eine konstruktive Hereinnahme der Familiensprachen der Kinder in den Deutsch als Zweitsprache-Unterricht steht im Lehrplan Deutsch der Sekundarstufe I nicht zur Debatte.

Anders im Lehrplan für den *muttersprachlichen Unterricht* der Sekundarstufe I: Hier ist eine aktive Ausgestaltung der Zweisprachigkeit von Kindern nichtdeutscher Muttersprache sogar vorrangiges Bildungsziel: „Vorrangiges Bildungsziel für Schülerinnen und Schüler aus zweisprachigen Lebenszusammenhängen ist die Erreichung eines hohen Grades der Zweisprachigkeit (Muttersprache und Deutsch). Der muttersprachliche Unterricht soll helfen, über die Förderung einer positiven Einstellung zur Zweisprachigkeit die Identität zu stärken und den Integrationsprozess zu unterstützen, über die Auseinandersetzung mit der Herkunft und der aktuellen Lebenswelt sowie der Aufarbeitung der bikulturellen/zweisprachigen Erfahrungen Brücken zwischen Kulturen und Generationen zu schlagen." (Muttersprachlicher Unterricht Sek I, S. 34)

Die Individualität der Voraussetzungen wird besonders betont: „Die Einstellung der Schülerinnen und Schüler zu ihrer Muttersprache sowie zum Deutschen ist auf Grund der jeweiligen Sozialisationsbedingungen unterschiedlich. Ähnlich verhält es sich bei den sprachlichen Voraussetzungen. Daher kann der Lehrstoff nur bedingt nach Klassen bzw. Schulstufen eingeteilt werden." (ebd., S. 35). Diese individualisierende Grundhaltung geht im Text des Lehrplans mit einer starken Betonung der Sprachrichtigkeit einher. Als wichtiger Aufgabenbereich wird genannt: „Sensibilisierung für die sprachliche Richtigkeit (bei der Aussprache, bei der Rechtschreibung, in der Grammatik, Syntax und Semantik, Lexik, in der Stilistik), insbesondere vor dem Hintergrund der Interferenzen zwischen der Muttersprache und dem Deutschen auf der Basis der Reflexion und Analyse über die eigene Sprachverwendung" (ebd., S. 35).

Das Vergleichen als Methode nimmt im Lehrplan für den muttersprachlichen Unterricht auf der Sekundarstufe I einen hohen Rang ein: „zweisprachige Kompetenz setzt voraus, dass die beteiligten Sprachen und Kulturen von den Schülerinnen und Schülern zueinander in Beziehung gesetzt werden können" (ebd., S. 34). Empfohlen werden u. a. ein „inhaltliches Reproduzieren von verschiedenen Textsorten" (ebd., S. 34) und bei der Leseerziehung ein „Vergleich von muttersprachlichem Original und deutscher Übersetzung" (ebd., S. 36). „Die Sprachbetrachtung soll zum Erkennen von Sprachstrukturen und zum Sprachvergleich (z. B. Ausdruck der Zeit, Handlungsverlauf, Rektion, Phraseologie) hinführen" (ebd., S. 35). Das Ziel der Sprachrichtigkeit spielt dabei stets eine Rolle. Der Vergleich soll „zu einer bewussten Sprachverwendung und gewählten Ausdrucksweise in der Muttersprache und im Deutschen führen und nachlässiges Sprachmischen verhindern helfen" sowie Interferenzen vorbeugen (ebd., S. 35). Dabei bezieht der Lehrplan über die Zweiheit von Muttersprache und Deutsch hinausgehend auch die schulischen Fremdsprachen ausdrücklich mit ein: „Da die Beherrschung der Muttersprache die Basis für den Erwerb von Fremdsprachen darstellt, ist Koordination mit dem Fremdsprachenunterricht notwendig. Kontrastive Reflexionen über Gemeinsamkeiten und Unterschiede sowie Interferenzen zwischen dem Deutschen, der Muttersprache und der Fremdsprache sind geeignet, Verwechslungen hintanzuhalten und den Lernertrag zu sichern." (ebd., S. 34).

Der Lehrplan für die *lebenden Fremdsprachen*, der – mit Ausnahme von Slowenisch im Bundesland Kärnten – auch die Minderheitensprachen einschließt, betont in besonderem Maße die Entwicklung interkultureller Fähigkeiten: „Der Fremdsprachenunterricht hat einen Beitrag zur Entwicklung sozial angemessenen Kommunikationsverhaltens der Schülerinnen und Schüler – sei es in der Muttersprache oder in einer Fremdsprache – zu leisten. [...] Fremdsprache ist Ausdruck von Kultur- und Lebensformen. Der Erwerb einer Fremdsprache dient u. a. dem Kennenlernen von Fremdem, der bewussten Auseinandersetzung mit kultureller Verschiedenheit und diesbezüglichen Wahrnehmungen und Wertungen. Sofern es sich bei der Fremdsprache um eine Volksgruppensprache handelt, soll deren besondere Beachtung zum gleichberechtigten und friedlichen Zusammenleben beitragen." (Lebende Fremdsprachen Sek. I, S. 1)

Die in dem Lehrplan Deutsch für die Sekundarstufe I kaum thematisierten Hinweise auf Sprachkontakterscheinungen und Sprachvergleich gehören im Fremdsprachenunterricht zu den didaktischen Grundprinzipien, sie werden allerdings auf die Sprachbewusstheit gegenüber der Fremdsprache fokussiert und (noch) nicht zur Entwicklung von bewusster Mehrsprachigkeit eingesetzt: „Ein bewusster und reflektierter Umgang mit Sprache (auch im Vergleich mit der Unterrichts- bzw. Muttersprache) ist zu fördern. Komparative und kontrastive Methoden sind vor allem dort angebracht, wo sie zu einem verbesserten sprachlichen Bewusstsein der Fremdsprache gegenüber führen und den Lernerfolg wesentlich verstärken." (Lebende Fremdsprachen Sek. I, S. 3)

3.3   Sekundarstufe II

Insgesamt zeigen die Lehrpläne der sprachlichen Fächer für die allgemeinbildenden Schulen der Sekundarstufe II eine Tendenz zur expliziten Thematisierung von Sprachbewusstheit, Sprachlernstrategien und Sprachreflexion. Die kritische Auseinandersetzung mit sprachlichen Normen und öffentlichem Sprachgebrauch spielt eine wesentliche Rolle. Dabei wird stärker als in den unteren Lernstufen auch auf die Dimension der Mehrsprachigkeit verwiesen.

Im Lehrplan *Deutsch* heißt es: „Der Deutschunterricht hat die Aufgabe, die Kommunikations-, Handlungs- und Reflexionsfähigkeit sowie die ästhetische Kompetenz der Schülerinnen und Schüler durch *Lernen mit und über Sprache in einer mehrsprachigen Gesellschaft* zu fördern". Entsprechend heißt es zum Umgang mit ästhetischen Texten: „Die Identifizierung des eigenen Sprechens und damit die Reflexion der eigenen Rolle und Identität schaffen auch Platz für die Akzeptanz und das Verstehen *anderen Sprechens* und sind tragende Elemente für den *Umgang mit Sprachvarietäten und Mehrsprachigkeit.*" Zur Reflexion über Sprache wird weiterhin ausgeführt: „Im Besonderen sollen die Schülerinnen und Schüler [...] Einblicke in Struktur, Funktion und Geschichte der deutschen Sprache gewinnen sowie Sprachreflexion, Sprachkritik und ein *Bewusstsein von der Vielfalt der Sprachen* entwickeln." (Alle Zitate: Lehrplan Deutsch für die AHS-Oberstufe, S. 1; Hervorhebungen durch Verf.)

Die direkte Hervorhebung von Mehrsprachigkeit und der Verweis auf Möglichkeiten des Sprachenvergleichs unterscheiden diesen Lehrplan von dem entsprechenden Lehrplan der Sekundarstufe I. Diese Grundposition verbleibt jedoch weitgehend im Abstrakten. Bei den etwas konkreteren Hinweisen und den übrigen Teilbereichen des Deutschunterrichts dominiert auch in diesem Lehrplan die Gleichsetzung des Deutschen mit Sprache schlechthin, die nur durch einige punktuelle Hinweise aufgebrochen wird: In Fortsetzung der Aussagen zum Umgang mit Sprachvarietäten und Mehrsprachigkeit heißt es: „In weiterer Folge sind öffentliche Diskussionen (feministische Sprachkritik, politisch korrekte Sprache, Normenkritik, Sprachwandel, politische Kritik in Form der Sprachkritik) in die Unterrichtsarbeit aufzunehmen." (ebd., S. 2). Grammatikwissen soll u. a. „die Orientierung in den Systemen anderer Sprachen fördern und zur kritischen Analyse von sprachlichen Erscheinungen befähigen" (ebd., S. 2). Zur Sprachreflexion gehört es auch, „die gegenseitige Beeinflussung von Sprachen und Varietäten" (ebd., S. 6) zu behandeln und „sich mit innerer und äußerer Mehrsprachigkeit auseinander[zu]setzen" (ebd., S. 7).

Der Lehrplan für den *muttersprachlichen Unterricht* führt diesen Ansatz weiter: Er vermittelt ein positives Bild von Zwei- und Mehrsprachigkeit. Im Hinblick auf den Umfang und seine Ausrichtung auf Sprachenvergleiche bleibt er allerdings hinter dem Lehrplan für den muttersprachlichen Unterricht der Sekundarstufe I zurück.

Der Lehrplan für die *lebenden Fremdsprachen* an den allgemeinbildenden Schulen greift auch explizit Konzepte der Mehrsprachigkeitsforschung und Mehrsprachigkeitsdidaktik auf: Er sieht das Ziel des sprachlichen Kompetenzerwerbs von vornherein in Verbindung mit dem Erwerb sozialer Kompetenzen: „Sozialen Kompetenzen in multikulturellen Umgebungen ist dabei besonderes Augenmerk zu widmen." Hinzu tritt der Erwerb interkultureller Kompetenz: „Durch interkulturelle Themenstellungen ist die Sensibilisierung der Schülerinnen und Schüler für die Sprachenvielfalt Europas und der Welt zu verstärken". Da der Lehrplan die erste und die zweite lebende Fremdsprache einbezieht, kommt hier auch in den Blick, dass für alle Lernenden mehr als zwei Sprachen von Bedeutung sind, und dies spiegelt sich in einem weiten Begriff von Sprachenvielfalt. Gefordert wird, „Aufgeschlossenheit gegenüber Nachbarsprachen – bzw. gegenüber Sprachen von autochthonen Minderheiten und Arbeitsmigrantinnen und -migranten des eigenen Landes – zu fördern und insgesamt das Verständnis für andere Kulturen und Lebensweisen zu vertiefen." Ausdrücklich wird darauf hingewiesen, dass auch im Fremdsprachenunterricht „gelegentlich fachsprachliche Texte zu bearbeiten" sind (alle Zitate: Lehrplan Lebende Fremdsprachen an der AHS-Oberstufe, S. 1).

Im Bereich der Reflexion über Sprache wird dies aufgegriffen und unterstrichen: „Der reflektierende Umgang mit Sprache (auch im Vergleich mit der Unterrichts- bzw. Muttersprache, mit Volksgruppen- und Nachbarsprachen bzw. mit anderen Fremdsprachen) ist im Unterricht zu fördern. Durch vergleichende Beobachtungen ist die Effizienz des Spracherwerbs zu steigern, die allgemeine Sprachlernkompetenz zu erhöhen und ein vertieftes Sprachverständnis zu ermöglichen. Beim Erwerb einer zweiten, dritten oder weiteren Fremdsprache ist das Zurückgreifen auf bereits vorhandene Fremdsprachenkompetenzen als besonderer lernstrategischer Vorteil bewusst zu machen und konsequent zu nutzen (Tertiärspracheneffekt)." (ebd., S. 2) Dem entspricht dann auch ein entschiedener Aufruf zur fächerübergreifenden Zusammenarbeit: „Charakteristika von Sprache und Kommunikation sind – im Sinne eines Gesamtsprachenkonzepts – in fächerübergreifender Kooperation mit anderen (klassischen und lebenden) Fremdsprachen sowie mit dem Unterrichtsgegenstand Deutsch zu behandeln." (ebd., S. 3)

Die Lehrpläne für die *sprachlichen Fächer an den berufsbildenden Schulen* – analysiert wurden die Lehrpläne für Deutsch und Englisch an Handelsschulen, Handelsakademien und Höheren Lehranstalten für Wirtschaftliche Berufe – heben sich deutlich davon ab.

Das Fach *Deutsch* wird rein monolingual begriffen. Einen bemerkenswerten Neuansatz bietet nur der Lehrplan für das Fach Deutsch an Handelsakademien mit seiner Einbeziehung der Sprache der neuen Medien als Unterrichtsgegenstand – allerdings ohne die darin implizierten Möglichkeiten der Vielsprachigkeit auch nur zu erwähnen.

Das Fach Englisch bzw. *Lebende Fremdsprachen* stellt sich in unterschiedlicher Weise dar: Während der Lehrplan für die Handelsakademien außer den Hinweisen zu Sprachlernstrategien keine Ansatzpunkte für einen Mehrsprachigkeitsunterricht bietet, regt der Lehrplan für die Handelsschulen darüber hinaus in einigen Formulierungen zur Beschäftigung mit mehreren Sprachen an. Der Lehrplan für die Höheren Lehranstalten für Wirtschaftliche Berufe zielt in seinen allgemeinen Formulierungen auf eine generelle Entwicklung von Sprachaufmerksamkeit und Sprachlerninteresse, und fordert in besonderem Maße die Entwicklung von Registerbewusstheit. Vergleichende Sprachbetrachtung wird als eigenes Ziel erwähnt: „Die Schülerinnen und Schüler sollen die zu erlernenden Fremdsprachen parallel zur Muttersprache und in Verbindung mit anderen Unterrichtsgegenständen als Systeme erkennen". Als eigenes Ziel erwähnt wird auch eine Fähigkeit der Mehrsprachigkeitspraxis: „situationsabhängig verschiedene Sprachen und Register nebeneinander einsetzen" können. Dies ist sehr ungewöhnlich und soll hier eigens hervorgehoben werden. Besonders betont wird – unter mehreren Aspekten – die Sprachlernfähigkeit: Die Schülerinnen und Schüler sollen „allgemeine Strategien des Spracherwerbs sowie vernetztes und abstrahierendes Denken entwickeln und interdisziplinäre Synergieeffekte produktiv nutzen". Sie sollen „Strategien entwickeln, die befähigen, nach Abschluss der Schule die Fremdsprachenkenntnisse weiter auszubauen" und sie sollen „im Sinne einer individuellen Bildungsplanung externe fremdsprachliche Qualifikationen kennen und deren Wert für die persönliche und berufliche Entwicklung einschätzen können" (alle Zitate: Lehrplan Sprache und Kommunikation für Höhere Lehranstalten für Wirtschaftliche Berufe, Punkt 2.3 Fremdsprachen).

4.   Ausgewählte Lehrpläne nichtsprachlicher Fächer

Eine Analyse der Lehrpläne der sog. nichtsprachlichen Fächer erschien besonders wichtig, um deutlich zu machen, dass die Erkenntnis von der Bedeutung der Sprache für das Lernen überhaupt in diesen Fächern keine grundlegend neue Erkenntnis ist, sondern – zumindest implizit – immer schon eine Rolle spielte und in einzelnen Formulierungen zum Tragen gekommen ist.

Die erfolgreiche Bewältigung von Fachunterricht erfordert sprachliche Fähigkeiten und zugleich trägt der Fachunterricht zur Weiterentwicklung sprachlicher Fähigkeiten bei, indem spezifische sprachliche Handlungen wie das Definieren oder Vergleichen, das Erläutern oder Zusammenfassen immer wieder Mittel dieses Unterrichts sind. In den Lehrplänen der sog. nichtsprachlichen Sachfächer stehen sprachliche Aspekte selbstverständlich nicht im Vordergrund; umso auffallender ist es, wie sehr sprachliche Fähigkeiten zum Ausführen komplexer Handlungen bei Kindern im Grundschulalter schon gegen Ende der 2. Schulstufe vorausgesetzt werden.

Der Lehrplan *Mathematik an der Grundschule* (Grundstufe I und II) verlangt z. B. Rechenoperationen im Handlungskontext, in Spiel- und Sachsituationen, sprachlich umzusetzen (ohne auf eine gleichzeitige Erarbeitung der sprachlichen Diskursformen hinzuweisen). Jede Handlungsorientierung erfordert kommunikative Strategien, um an Handlungen überhaupt teilhaben zu können. Über das „Lesen" von mathematischer Notation hinaus muss insbesondere die Reduktion auf mathematische Symbole im Handlungskontext versprachlicht werden. Das folgende Zitat macht beispielhaft deutlich, dass dieser Arbeitsschritt immer nur implizit vorausgesetzt wird: *„Handlungsorientiertes Darstellen* und Durchgliedern des schrittweise zu erarbeitenden Zahlenraumes; Entwickeln von Zahlvorstellungen (z. B. durch Mächtigkeitsvergleiche, Ordnen von Zahlen, Bündeln); Veranschaulichen von Zahlen (z. B. durch Zahlbilder, Mengendarstellungen, Zahlenstrahl, symbolische Darstellung); Orientieren im jeweiligen Zahlenraum: Auf- und Abbauen von Zahlenreihen, Herstellen von Relationen unter Verwendung der Symbole =, ≠, <, >." (Lehrplan Mathematik Grundstufe, S. 2)

In der Grundstufe II fordert der Lehrplan das Ablesen und Interpretieren von Daten aus grafischen Darstellungen (ebd., S. 9), ohne auf den hohen Grad an sprachlicher Beanspruchung bei dieser Tätigkeit hinzuweisen und die vielen Teilkompetenzen zu erwähnen, die einer Interpretation zugrunde liegen (beschreiben, vergleichen, bewerten, etc.). Besonders beim Lösen von Sachproblemen wird eine Situation beschrieben, versprachlicht, und nach der mathematischen Darstellungsform und Rechenoperation erneut verbalisiert (vgl. ebd., S. 10 und 12). Die hohe sprachliche Anforderung solcher Aufgaben wird nicht thematisiert, obschon gerade in Sachaufgaben grammatikalisch komplexe Strukturen zu finden sind (wie z. B. Passivkonstruktionen, Nominalisierungen, etc.).

Im Lehrplan für den *Sachunterricht an der Grundschule* gibt es trotz des Grundsatzes, „Lernprozesse in konkreten Erlebnis-, Handlungs- und Sachzusammenhängen" zu ermöglichen, keine Hinweise auf die Verbindung von Sprache und Sachunterricht, geschweige denn auf die Möglichkeiten einer Nutzung von Mehrsprachigkeit.

In den Lehrplänen für die Sekundarstufe I findet sich der übergreifende *Bildungsbereich „Sprache und Kommunikation"*, der die Bedeutung von bildungssprachlichen Fähigkeiten in den jeweiligen Fächern ebenso wie die (unterschiedlichen) Voraussetzungen auf Seiten der Lernenden formuliert: Hier wird die wichtige Rolle der Sprache bei der Konstituierung von Wissen betont, aber auch auf die interkulturelle Dimension von Sprache wird hingewiesen, die zu einem erweiterten Sprachbewusstsein führt: „Die Auseinandersetzung mit unterschiedlichen Sozialisationsbedingungen ermöglicht die Einsicht, dass Weltsicht und Denkstrukturen in besonderer Weise sprachlich und kulturell geprägt sind." (Lehrplan Hauptschule, allgemeiner Teil, S. 4) Die Ausführungen zum Bildungsbereich „Sprache und Kommunikation" gehen aber nicht so weit, den gezielten Erwerb der zur Bewältigung der Aufgaben erforderlichen diskursiven Sprachfunktionen zu fordern.

Unter den Einzellehrplänen für die Sachfächer an den allgemeinbildenden höheren Schulen ist es der Lehrplan für *Mathematik in der Sekundarstufe II*, der sich durch ein größeres Maß an Sprachaufmerksamkeit auszeichnet. Die Aussagen zum Bildungsbereich fokussieren auf die spezifische Sprache der Mathematik, ein in dieser Konsequenz einzigartiger Ansatz innerhalb der Sachfächer, der Mathematik neben andere Sprachfächer stellt: „Mathematik ergänzt und erweitert die Umgangssprache vor allem durch ihre Symbole und ihre Darstellungen, sie präzisiert Aussagen und verdichtet sie; neben der Muttersprache und den Fremdsprachen wird Mathematik so zu einer weiteren Art von Sprache" (Lehrplan Mathematik für die AHS-Oberstufe, S. 2). Zwei der als grundlegend vorgestellten Arbeitsweisen des Mathematikunterrichts sind aufs engste mit Sprache verflochten: „Darstellend-interpretierendes Arbeiten umfasst alle Aktivitäten, die mit der Übersetzung von Situationen, Zuständen und Prozessen aus der Alltagssprache in die Sprache der Mathematik und zurück zu tun haben" und „Kritisch-argumentatives Arbeiten umfasst alle Aktivitäten, die mit Argumentieren, Hinterfragen, Ausloten von Grenzen und Begründen zu tun haben; das Beweisen heuristisch gewonnener Vermutungen ist ein Schwerpunkt dieses Tätigkeitsbereichs" (ebd., S. 1).

Ausdrücke wie „Sprache der Mathematik" und das „Übersetzen" zwischen dieser und der Alltagssprache bezeugen die Aufmerksamkeit, die der Sprache hier entgegengebracht wird, auch wenn der Fokus nicht auf der Beherrschung der sprachlichen, sondern der mathematischen Aktivitäten liegt. Der Begriff der Mehrsprachigkeit gewinnt in dieser Betrachtungsweise eine zusätzliche Dimension, in der die Symbolsprache der Mathematik neben die Alltagssprachen der verschiedenen Sprechergruppen, aber auch neben die Fachsprachen anderer Fächer tritt.

Unterschiedlich positionieren sich die anderen Sachfächer. Drei seien beispielhaft herausgegriffen:

Der Lehrplan *Physik für die allgemeinbildenden Schulen der Sekundarstufe II* bekundet ein sehr offenes Verständnis für die kommunikativen Aspekte des Faches. Als Ziele werden genannt: „ein Grundvokabular physikalischer Begriffe als zusätzliche Form der Kommunikation innerhalb und außerhalb des fachwissenschaftlichen Bereiches erwerben;

zwischen Alltagssprache und Fachsprache differenzieren können: Einsicht in die Notwendigkeit und Mächtigkeit symbolischer Beschreibungen gewinnen; physikalische Sachverhalte beschreiben, protokollieren, argumentieren und präsentieren können; das Ringen um naturwissenschaftliche Erkenntnisse auch im Spiegel künstlerischer Auseinandersetzungen, etwa in Romanen und Dramen, einsehen" (Lehrplan Physik für die AHS-Oberstufe, S. 1). Zwar wird dies kaum expliziert, doch zeigt es eine Grundhaltung, die mit einem Curriculum Mehrsprachigkeit wohl vereinbar ist.

Im Gegensatz dazu lässt etwa der Lehrplan *Geografie und Wirtschaftskunde* kein Bewusstsein der Bedeutung von Sprache und Kommunikation für den Erwerb des Fachwissens erkennen. Trotz der von der Natur der Sache her notwendigen Internationalität der Lehrgegenstände fehlen auch Hinweise auf interkulturelle Prozesse und erst recht auf Mehrsprachigkeit.

Der Lehrplan für das Fachgebiet *Wirtschaft, Politik und Recht an Höheren Lehranstalten für Wirtschaftliche Berufe* nennt wie andere Fachlehrpläne eine Reihe von sprachlichen Tätigkeiten, die zur Erreichung der Fachziele dazugehören, wie Informationen beschaffen, auswerten und darstellen, Natur- und Humanfaktoren erklären, ihre Vernetzung erläutern, Ansprüche an den geographischen Raum analysieren usw. Er geht aber, wie die anderen Lehrpläne auch, nicht explizit auf die sprachlichen Lernprozesse ein, die zu diesen Fähigkeiten führen. Mehrsprachigkeit findet keine Erwähnung; es sind jedoch vor allem im Bereich Wirtschaftsgeographie eine Reihe von Themen aufgeführt, die ein mehrsprachiges Arbeiten sehr nahe legen, wie Konflikte um die Nutzung und Verteilung von Ressourcen, nach unterschiedlichen Gesichtspunkten erstellte Regionalisierungen und Raumtypisierungen, wirtschaftliche und politische Verflechtungen Österreichs mit dem Ausland u. a.

5. Fazit

Insgesamt zeigt die Analyse der Lehrpläne, in welch vielfältiger Form Aspekte der Mehrsprachigkeit bereits Eingang in die Bildungs- und Lehraufgaben der verschiedenen Fächer und Lernstufen gefunden haben. Für die Ausarbeitung des Curriculums Mehrsprachigkeit bieten sie

Anregungen sowohl für die Übernahme einzelner Vorschläge wie für die Einarbeitung genereller, fächerübergreifender Orientierungen.

Dies ist auch entsprechend dem Gesamtplan des Curriculums ausgeführt worden, d. h. es wurden diejenigen Anregungen aufgenommen, die mit der zugrundeliegenden Konzeption von Mehrsprachigkeitsdidaktik in Einklang stehen und sich in die Gliederung des Ganzen einfügen lassen. Zugleich wurde versucht, festgestellte Lücken zu füllen und Einseitigkeiten auszugleichen. Vor allem aber wurden in den Text des Curriculums in der Rubrik „Bezüge zu den gültigen Lehrplänen" Zitate eingefügt, die vor Augen führen, wo und in welcher Weise an vorliegende Ziele und Inhalte der bestehenden Fächer angeknüpft werden kann.

Es ist nun aber auch festzustellen, dass sich die Positionen zur Mehrsprachigkeit höchst unterschiedlich präsentieren. Neben Lehrplänen mit strikt einsprachigen Orientierungen stehen Texte, die punktuell Ansatzpunkte für einen an Mehrsprachigkeit orientierten Unterricht bieten, und Texte, die erkennen lassen, dass sich die Autorinnen und Autoren der Tatsache der gesellschaftlichen Vielsprachigkeit und individuellen Mehrsprachigkeit gestellt und Folgerungen für ihr Fach daraus gezogen haben. Dabei scheint jede Autorengruppe ihre Position unabhängig von den anderen entwickelt zu haben. Spuren eines Dialogs zwischen den Gruppen sind nicht zu erkennen. Dies gilt auch innerhalb der Fächergruppen und zwischen den Bildungsstufen.

So werden im Unterricht der einzelnen Sprachen auch allgemeine, sprachenübergreifende Themen angesprochen, dies jedoch in sehr unterschiedlichem Maße und nur zum Teil auf soziale Vielsprachigkeit und individuelle Mehrsprachigkeit bezogen. In auffälliger Distanz steht etwa die einsprachige Orientierung des Grundschullehrplans für das Fach Deutsch neben dem für die gleichen Schulstufen gültigen Lehrplanzusatz „Deutsch für Schüler mit nichtdeutscher Muttersprache". Ein vergleichbarer Kontrast besteht zwischen dem einsprachig konzipierten Deutschlehrplan und dem grundsätzlich für Mehrsprachigkeit offenen Fremdsprachenlehrplan der Höheren Lehranstalten für Wirtschaftliche Berufe. Auf die Bildungsprozesse der Schülerinnen und Schüler dürften sich solche Kontraste eher kontraproduktiv auswirken. Es versteht sich, dass das Curriculum Mehrsprachigkeit hier eine einheitliche Position über die Schulstufen und Schularten hinweg einzuhalten bestrebt ist.

Die meisten Lehrpläne für die sprachlichen Fächer sind zwar sprach-spezifisch formuliert, lassen aber Ansatzpunkte für die Berücksichtigung von Mehrsprachigkeit im Unterricht erkennen. Dies ist zum einen zahlreichen Hinweisen auf Verbindungen zwischen Sprache, Gesellschaft und Kultur und Hinweisen auf Möglichkeiten des Sprachenvergleichs und auf Sprachkontakterscheinungen zu verdanken. Zum anderen resultieren diese Ansatzpunkte aus dem ambivalenten Phänomen, dass sich durch die Deutschlehrpläne eine Tendenz hindurchzieht, die deutsche Sprache mit Sprache schlechthin gleichzusetzen. Ambivalent, weil es im Sinne einer monolingualen Verengung verstanden und umgesetzt, aber auch offensiv interpretiert werden kann: Erscheinungen, die „die Sprache" betreffen, lassen sich an allen Sprachen studieren (und können im Sprachenvergleich vertieft und generalisiert werden). Dies gilt namentlich für Fähigkeiten der Sprachenbeschreibung, des Textverstehens und der Textproduktion. Analog dazu lassen sich die Fähigkeiten der Selbststeuerung des Sprachenlernens aufführen, die in den Fremdsprachenlehrplänen, in Form von Sprachlernstrategien und Portfolioarbeit, als allgemeine (nicht sprachspezifische) Fähigkeiten eingeführt werden und sehr wohl geeignet sind, auch nichtfremdsprachliche Lernprozesse positiv zu beeinflussen bzw. ein Bild der individuellen Sprachprofile unter Einschluss aller relevanten Sprachen zu gewinnen.

Die Lehrpläne der nichtsprachlichen Fächer fordern nicht nur fachliche, sondern auch sprachliche Kompetenzen, die vorwiegend in der Form von Sprachhandlungen benannt sind, welche als Lerntätigkeiten begriffen werden (wie erklären, vergleichen, erörtern, argumentieren usw.). Diese Begriffe werden aber an keiner Stelle definiert, sie werden von Lehrplan zu Lehrplan in unterschiedlichen Bedeutungen verwendet, manchmal schwankt ihre Bedeutung sogar innerhalb eines und desselben Lehrplans. Ein Abgleich mit linguistischen Definitionen scheint in keinem Falle stattgefunden zu haben. In der Regel werden auch zum Erwerb der erforderlichen sprachlichen Kompetenzen im Fach keine Hinweise gegeben, d. h. die Lehrpläne setzen diese einfach voraus.

Dies ist angesichts der erheblichen fachdidaktischen Relevanz dieser sprachgebundenen Lehr-Lern-Handlungen sehr auffällig. Denn es kann kein Zweifel bestehen, dass der (lehrplangemäß erteilte) Fachunterricht nicht nur auf die Verfügbarkeit solcher Kompetenzen angewiesen ist, sondern durch seine Forderungen auch zur Weiterentwicklung dieser

Kompetenzen beiträgt und beitragen soll. Zu fordern ist ein sprach-sensibler Fachunterricht, der die sprachliche Dimension der fachlichen Lernprozesse nicht dem Selbstlauf überlässt, sondern bewusst als fachdi-daktische Gestaltungsaufgabe begreift.

Das bedeutet zum einen, dass an dem bislang recht unsystematischen Umgang der Fachlehrpläne mit den sprachpragmatischen Begriffen sys-tematisch gearbeitet werden muss. Sie sind mit linguistischen Definitio-nen abzugleichen, wovon man sich auch eine gewisse Vereinheitlichung des Terminologiegebrauchs versprechen kann, und in fachspezifischer Auslegung zu definieren, um didaktisch wirksam zu werden. Es bedeutet zum anderen, die sprachlichen Lernprozesse im Fachunterricht auch im Bewusstsein der unterschiedlichen sprachlichen Voraussetzungen der Lernenden zu modellieren. Es wird dabei in erster Linie um die unter-schiedlichen Erfahrungen in der Sprache des Unterrichts gehen, aber auch – wozu die Lehrpläne bisher wenig Ansatzpunkte bieten – um die Nutzung unterschiedlicher Sprachenkenntnisse bei der interkulturellen Behandlung politischer, sozialer und geschichtlicher Themen. Es ist eine der Aufgaben des Curriculums Mehrsprachigkeit, auf diese Entwick-lungsaufgaben beharrlich aufmerksam zu machen.

Anhang

Quellenverzeichnis der analysierten Lehrpläne

Für die Vorschulstufe und Grundstufe I und II

Allgemeines Bildungsziel:

Lehrplan der Volksschule, Erster Teil, Allgemeines Bildungsziel, Stand: BGBl. II Nr. 368/2005, November 2005. Download: http://www.bmukk.gv.at/medien-pool/14043/lp_vs_erster_teil.pdf

Lehrplan der Volksschule, Sechster Teil, Bildungs- und Lehraufgaben, Lehrstoff und didaktische Grundsätze der verbindlichen Übungen der Vorschulstufe, Mathematische Früherziehung, Stand: Juni 2003. Download: http://www.bmukk.gv.at/medienpool/3930/VS6T_Mathe.pdf

Lehrplan der Volksschule, Sechster Teil, Bildungs- und Lehraufgaben, Lehrstoff und didaktische Grundsätze der verbindlichen Übungen der Vorschulstufe,

Sachbegegnung, Stand: Juni 2003. Download: http://www.bmukk.gv.at/me-dienpool/3924/VS6T_Sachbeg.pdf

Deutsch, Lesen, Schreiben. Volksschullehrplan allgemein: BGBl. Nr. 134/1963 in der Fassung BGBl. II Nr. 290/2008 vom 12. August 2008; http://www.bmukk. gv.at/medienpool/3994/VS7T_Deutsch.pdf

Lehrplanbestimmungen DaZ: Lehrplanbestimmungen für Deutsch als Zweit-sprache (DaZ) für alle Schularten der Grundstufe und Sekundarstufe I sowie der AHS-Oberstufe und der Handelsakademien und Handelsschulen: siehe Informationsblätter des Referats für Migration und Schule Nr. 6/2009 des BMUKK: http://www.bmukk.gv.at/medienpool/15067/info62009grau.pdf

Fachlehrpläne für den muttersprachlichen Unterricht für alle Schularten der Grundstufe und Sekundarstufe I sowie der AHS-Oberstufe: siehe Informa-tionsblätter des Referats für Migration und Schule Nr. 6/2009 des BMUKK: http://www.bmukk.gv.at/medienpool/15067/info62009grau.pdf

Lebende Fremdsprache. Unverbindliche Übung Lebende Fremdsprache. Volks-schullehrplan allgemein: BGBl. Nr. 134/1963 in der Fassung BGBl. II Nr. 290/2008 vom 12. August 2008; http://www.bmukk.gv.at/medienpool/3940/ VS9T_Fremdsp.pdf

Lehrplan Deutsch, Slowenisch, Lesen, Schreiben an Volksschulen mit deutscher und slowenischer Muttersprache. Quelle: Lehrplan der Volksschulen mit deutscher und slowenischer Muttersprache, hrsg. v. Bundesministerium für Unterricht, Kunst und Kultur und dem Landesschulrat für Kärnten 1997.

Mathematik: Lehrplan der Volksschule, Siebenter Teil, Bildungs- und Lehrauf-gaben sowie Lehrstoff und didaktische Grundsätze der Pflichtgegenstände der Grundschule und der Volksschuloberstufe, Grundschule – Mathematik, Stand: Juni 2003 – Mathematik. Download: http://www.bmukk.gv.at/medi-enpool/3996/VS7T_Mathematik.pdf

Sachunterricht: Lehrplan der Volksschule, Siebenter Teil, Bildungs- und Lehr-aufgaben sowie Lehrstoff und didaktische Grundsätze der Pflichtgegenstände der Grundschule und der Volksschuloberstufe, Grundschule – Sachunter-richt, Stand: BGBl. II Nr. 314/2006, August 2006 – Sachunterricht. Download: http://www.bmukk.gv.at/medienpool/14051/lp_vs_7_sachunterricht.pdf

Lehrplan der Volksschulen (Volksschulklassen) mit kroatischer oder mit kro-atischer und deutscher Unterrichtssprache im Sinne des Minderheiten-Schulgesetzes für das Burgenland, hrsg. v. Bundesministerium für Bildung, Wissenschaft und Kultur und Landesschulrat für Burgenland, Stand 2000 Download: http://www.bildungsserver.com/dateien/Kroatisch/nastavniplan. pdf

451. Verordnung: Änderung der Verordnung, mit welcher Lehrpläne für Min-derheiten-Volksschulen und für den Unterricht in Minderheitensprachen in

Volks- und Hauptschulen in den Bundesländern Burgenland und Kärnten erlassen werden.

Lehrplan der Volksschulen (Volksschulklassen) mit ungarischer oder mit ungarischer und deutscher Unterrichtssprache. Download: www.ris2.bka. gv.at, Bundesrecht, BGBl. 1945–2003, Suchwort Minderheiten, BGBl. Nr. 451/1995, insbesondere S. 37–41.

Der Lehrplan für Roman wurde nicht offiziell verordnet, liegt aber den Verfassern vor.

Für die Sekundarstufe I:

Hauptschullehrplan allgemein: http://www.bmukk.gv.at/schulen/unterricht/lp/ Hauptschulen_HS_Lehrplan1590.xml

Lehrplan der Hauptschule, Erster Teil, Allgemeines Bildungsziel: Bildungsbereich Sprache und Kommunikation. Download: http://www.bmukk.gv.at/ medienpool/865/hs1.pdf

AHS-Unterstufe: http://www.bmukk.gv.at/schulen/unterricht/lp/lp_ahs_unterstufe.xml

Deutsch: Lehrplan Deutsch. Lehrplan der Hauptschule. Download: http://www. bmukk.gv.at/medienpool/886/hs22.pdf

Besondere didaktische Hinweise: Lehrplanbestimmungen für Deutsch als Zweitsprache (DaZ) für alle Schularten der Grundstufe und Sekundarstufe I sowie der AHS-Oberstufe und der Handelsakademien und Handelsschulen: siehe Informationsblätter des Referats für Migration und Schule Nr. 6/2009 des BMUKK: http://www.bmukk.gv.at/medienpool/15067/info62009grau.pdf

Muttersprachlicher Unterricht: Fachlehrpläne für den muttersprachlichen Unterricht für alle Schularten der Grundstufe und Sekundarstufe I sowie der AHS-Oberstufe: siehe Informationsblätter des Referats für Migration und Schule Nr. 6/2009 des BMUKK: http://www.bmukk.gv.at/medienpool/15067/ info62009grau.pdf

Lebende Fremdsprache: http://www.bmukk.gv.at/medienpool/17135/lp_hs_lebende_fremdsprache.pdf

Slowenisch: Lehrpläne für Slowenisch-Sekundarstufe I (Hauptschule, Unterstufe der allgemein bildenden höheren Schulen), hrsg. v. bm:ukk/Bundesministerium für Unterricht, Kunst und Kultur, bifie/Bundesinstitut für Bildungsforschung, Innovation und Entwicklung des Bildungswesens, LRS/Landesschulrat für Kärnten. Stand: Sept. 2007.

Lehrplan Latein (am Gymnasium) an der AHS – Unterstufe, Download: http:// www.bmukk.gv.at/medienpool/787/ahs12.pdf

Mathematik: Hauptschullehrplan nach Bundesgesetzblatt (BGBl. II Nr. 134/2000), Mathematik, Download: http://www.bmukk.gv.at/medienpool/881/hs17.pdf

Physik: Hauptschullehrplan nach Bundesgesetzblatt (BGBl. II Nr. 134/2000), Physik, Download: http://www.bmukk.gv.at/medienpool/883/lp_hs_physik _883.pdf

Geografie: Hauptschullehrplan nach Bundesgesetzblatt (BGBl. II Nr. 134/2000), Geografie und Wirtschaftskunde, Download: http://www.bmukk.gv.at/medienpool/877/lp_hs_geographie_ 877.pdf

Geschichte: Hauptschullehrplan nach Bundesgesetzblatt (BGBl. II Nr. 134/2000), novelliert am 12.08.2008, Geschichte und Sozialkunde/Politische Bildung, Download: http://www.bmukk.gv.at/medienpool/879/gsk_pb_hs.pdf

Für die Sekundarstufe II:

Allgemeinbildende Höhere Schule (AHS)

Lehrplan der AHS-Oberstufe allgemein: Download: http://www.bmukk.gv.at/ schulen/unterricht/lp/lp_ahs_oberstufe.xml

Lehrpläne der AHS-Oberstufe, Erster Teil: Allgemeines Bildungsziel, Didaktische Grundsätze und Schul- und Unterrichtsplanung. Download: http:// www.bmukk.gv.at/medienpool/11668/11668.pdf

Deutsch: Lehrpläne der AHS-Oberstufe, Download: http://www.bmukk.gv.at/ medienpool/ 11853/lp_neu_ahs_01.pdf

Lebende Fremdsprache (Erste, Zweite). Lehrpläne der AHS-Oberstufe, Download: http://www.bmukk.gv.at/medienpool/11854/lebendefremdsprache_ost _neu0.pdf

Lehrplan Latein an der AHS-Oberstufe, Download: http://www.bmukk.gv.at/ medienpool/11855/lp_neu_ahs_03.pdf

Lehrplan Griechisch an der AHS-Oberstufe, Download: http://www.bmukk. gv.at/medienpool/ 11856/lp_neu_ahs_04.pdf

Mathematik: Lehrpläne der AHS-Oberstufe, Download: http://www.bmukk. gv.at/medienpool/ 11859/lp_neu_ahs_07.pdf

Physik: Lehrpläne der AHS-Oberstufe, Download: http://www.bmukk.gv.at/medienpool/11862/lp_neu_ahs_10.pdf

Geografie: Lehrpläne der AHS-Oberstufe, Geografie und Wirtschaftskunde, Download: http://www.bmukk.gv.at/medienpool/11858/lp_neu_ahs_06.pdf

Geschichte: Lehrpläne der AHS-Oberstufe, Geschichte und Sozialkunde/Politische Bildung, Download: http://www.bmukk.gv.at/medienpool/11857/ lp_neu_ahs_05.pdf

Lehrplan Slowenisch für das Bundesgymnasium für Slowenen, Download: http://www.bmukk.gv.at/medienpool/11920/lp_neu_ahs_66.pdf

Handelsschule (HASCH)

Lehrplan der Handelsschule, Download: http://www.abc.berufsbildendeschulen.at/upload/842_HAS.pdf
Deutsch S. 7–10
Englisch einschließlich Wirtschaftssprache S. 10–13

Handelsakademien (HAK)

Lehrplan der Handelsakademie, Download: http://www.abc.berufsbildende-schulen.at/upload/598_HAK%20LP%202004%20-%20Anlage%201.pdf
Deutsch S. 9–14
Englisch einschließlich Wirtschaftssprache S. 14–18
Lebende Fremdsprache Seite 18–21
Lehrplan Slowenisch der zweisprachigen Handelsakademie, Download: http://www.abc.berufsbildendeschulen.at/upload/599_HAK%20LP%202004%20-%20Anlage%202.pdf

Höhere Lehranstalten für Wirtschaftliche Berufe (HLWB)

Lehrplan (2003): Fachschule, Höhere Lehranstalt und Aufbaulehrgang für Wirtschaftliche Berufe. BGBl. II Nr. 316/2003. Download: http://www.abc.berufs-bildendeschulen.at/upload/1144_FSwB%20und%20HLW.pdf
Sprache und Kommunikation S. 34–37
Humanwissenschaften S. 37–40
Naturwissenschaften S. 42–46
Wirtschaft, Politik und Recht S. 46–51

Deutsch als Zweitsprache und Muttersprachlicher Unterricht

Lehrplanbestimmungen für Deutsch als Zweitsprache (DaZ) für alle Schularten der Grundstufe und Sekundarstufe I sowie der AHS-Oberstufe und der Handelsakademien und Handelsschulen: siehe Informationsblätter des Referats für Migration und Schule Nr. 6/2009 des BMUKK: http://www.bmukk.gv.at/medienpool/15067/info62009grau.pdf

Muttersprachlicher Unterricht: Fachlehrpläne für den muttersprachlichen Unterricht für alle Schularten der Grundstufe und Sekundarstufe I sowie der AHS-Oberstufe: siehe Informationsblätter des Referats für Migration und Schule Nr. 6/2009 des BMUKK: http://www.bmukk.gv.at/medienpool/15067/info62009grau.pdf

Mehrsprachigkeit in der Aus- und Fortbildung von Lehrerinnen und Lehrern

Zentral für die Realisierung des mit dem Curriculum Mehrsprachigkeit vorgelegten Modells ist die Umsetzung in schulische und unterrichtliche Praxis. Diese muss ermöglicht und begleitet werden von Lehrplantwicklung, Materialproduktion und Lehrerbildung. Dabei kommt der Lehrerbildung eine Schrittmacherfunktion zu, da sie Grundlagen legt, die sich direkt in der Praxis und mittelfristig auch in der Breite des Bildungswesens auswirken können. Die Lehrenden sollten über die Fähigkeit verfügen, die Lernenden bei der Ausbildung persönlicher Sprachenprofile zu unterstützen, indem sie einzelsprachliche Qualifikationen aufgreifen, erweitern, miteinander verbinden und in allgemeinen sprachlichen Einsichten fundieren. Die hierfür erforderlichen Qualifikationen sind bisher nur in geringem Maße Gegenstand der Lehrerbildung gewesen, nicht zuletzt darum, weil das Thema Sprachen konkreten einzelsprachlichen Ausbildungsgängen zugeordnet ist und integrierende Ansätze nur in bescheidenem Maße realisiert sind. Andererseits existieren im System der Lehrerbildung Freiräume, die in gewissen Grenzen auch einen Vorlauf der Lehrerbildung vor den Entwicklungen der schulischen und unterrichtlichen Praxis gestatten. Hinzuweisen ist hier beispielshalber auf den Bachelor-Studiengang der Pädagogischen Hochschule Tirol für das Lehramt an Volksschulen, mit dem bereits 2007 ein Pflichtmodul „Sprachensensibilisierung" und ein Wahlpflichtmodul „Interkulturelles Lernen" eingeführt wurden. Erfolgreiche Innovationen in der schulischen und unterrichtlichen Praxis einerseits, der Lehrerbildung andererseits können sich gegenseitig verstärken. So ist beispielshalber die Einführung des *Content and Language Integrated Learning* an den Schulen und in der Lehrerbildung eine solche Geschichte gegenseitiger Verstärkung.

Dabei geht es zunächst nicht um eine Spezialisierung, sondern um eine übergreifende Qualifikation aller Lehrenden, keineswegs nur der für die sprachlichen Fächer verantwortlichen PädagogInnen, auch wenn diese natürlich in besonders intensiver Weise angesprochen sind. Es bedarf auch für die Sprachen eines integrierten Zugangs bereits in der ersten Phase der LehrerInnenbildung, so dass ein additiver, die Einzelsprachen separierender Blick von Anfang an vermieden wird. Insofern geht es um die Ausbildung aller PädagogInnen.

Diese Aufgabe nur im Sinne eines durchgängigen Prinzips der Lehrerbildung zu formulieren, ist nicht ausreichend, denn dies hätte wenig konkrete Folgen. Vielmehr bedarf es für diese generelle Qualifikation eines speziellen Ortes in den Studienordnungen. Es genügt auch nicht, lediglich Wahlangebote vorzuhalten; eine Fundierung der sprachlichen Bildung im Gedanken der Mehrsprachigkeit kann nur gelingen, wenn sie von der Lehrerschaft insgesamt getragen wird.

Es gilt also, ein verbindliches und wissenschaftlich fundiertes Angebot der Lehrerqualifizierung in genügender Breite in Aus- und Fortbildung aufzubauen. Die Chancen für eine solche Neuerung stehen nicht schlecht, wenn man auf die Interessen der lehrerbildenden Einrichtungen schaut; die schwierigere bildungspolitische Aufgabe besteht vor allem in der annähernden Parallelisierung der Entwicklungen in der Lehrerbildung und der schulischen Bildungspraxis.

Die Einfügung von Studienelementen in die Ausbildungsphase und eine gezielte LehrerInnenfortbildung müssen daher gleichlaufend erfolgen.

1. Mehrsprachigkeit in der Erstausbildung

Im Bereich der Erstausbildung sind zu unterscheiden:

a) eine *Grundqualifikation für alle Lehrkräfte* unabhängig vom jeweiligen Unterrichtsfach, da jeder Unterricht sprachliche Fähigkeiten voraus setzt wie auch zu deren Weiterentwicklung beiträgt: Alle angehenden Lehrkräfte sollen eine Vorstellung von der pädagogischen Funktion des Mehrsprachigkeitsunterrichts, von der Bedeutung der Sprache in ihren Fächern sowie von den möglichen Beiträgen ihrer Fächer zur Mehrsprachigkeitserziehung entwickeln;

b) die *Vermittlung spezifischer Kompetenzen* an die Lehrkräfte, die Unterricht in sprachlichen Fächern erteilen: Die Lehrkräfte der sprachlichen Fächer sollten die Grundlagen der Mehrsprachigkeitsdidaktik kennen und beherrschen, konkrete Vorstellungen von den Beiträgen des einzelsprachlichen Unterrichts entwickeln und für fächerübergreifende Kooperation qualifiziert sein;

c) die *Einführung einer speziellen Fachqualifikation* für die Erteilung des Mehrsprachigkeitsunterrichts bzw. die Wahrnehmung spezifischer

Funktionen z. B. als Sprachenberaterin oder Sprachberater bzw. als „Ombudsperson" für Sprachen und sprachliche Bildung. Es wäre wünschenswert, wenn in Zukunft an jeder Schule zumindest eine Lehrperson als Experte bzw. Expertin für Mehrsprachigkeit tätig ist und Erfahrungen bündelt sowie das Thema Mehrsprachigkeit fest in der Schulentwicklung verankert.

Lehrkräfte, die Mehrsprachigkeitsunterricht erteilen werden, sollten mit den Zielen und Inhalten des Curriculums Mehrsprachigkeit vertraut sein und deren sprachwissenschaftliche und sprachdidaktische Grundlagen kennen. Diese Qualifikation sollte auch eigens zertifiziert werden können.

Wird die Lehrerbildung in der Bachelor-/Master-Struktur organisiert, so wären die beiden erstgenannten Qualifikationen Aufgabe der grundständigen BA-Ausbildungsphase, wobei es sich hier nicht um abwählbare Bereiche, sondern um Bestandteile des Pflichtprogramms handeln muss, so dass sichergestellt ist, dass sich alle angehenden Lehrkräfte mit der Bedeutung der sprachlichen Bildung und der Rolle der Mehrsprachigkeit in einer Schule der Chancengerechtigkeit auseinandergesetzt haben und alle Sprachlehrenden im muttersprachlichen, im Zweitsprachen- ebenso wie im Fremdsprachenunterricht über das Grundlagenwissen und das erforderliche methodische Instrumentarium verfügen, um den Anliegen der Mehrsprachigkeitsdidaktik in ihrem Unterricht Rechnung zu tragen.

Die entsprechenden Module könnten folgendermaßen aussehen:

1.1 Grundqualifikation für alle PädagogInnen (Pflichtprogramm)

Modul „Die Bedeutung der Sprachen in Lernprozessen"
Vorgeschlagener Umfang: 12 ECTS

a) Die Bedeutung von Sprache(n) für alle Lehr- und Lernprozesse und Unterrichtsgegenstände:
   - Einsicht in die Sprachlichkeit allen Lernens, insbesondere auch des sog. fachlichen Lernens
   - Wissen um die Bedeutung der Unterrichtssprache(n) und deren Ausprägung in unterschiedlichen Lernbereichen
b) Sensibilisierung für die sprachliche und kulturelle Heterogenität der Lernenden

- Sprachenvielfalt nicht als „Problem", sondern als Ressource
- Wissen über die unterschiedliche Bewertung von Sprachen und sprachliche Diskriminierungen
- Wissen über die Bedeutung der Familiensprachen für die Persönlichkeitsentwicklung und die Sprachentwicklung in Zweit- und Fremdsprachen
- Wissen über die Rolle von Sprachen im Migrations- und Integrationsprozess

c) Einübung in elementare Verfahren der Mehrsprachigkeitsdidaktik
- Bereitschaft, sich selbst auf die Sprachenvielfalt im Klassenzimmer einzulassen und sie in Lehr-Lern-Prozessen zu nutzen
- Grundkenntnisse zu Verfahren der Sprachdiagnostik

1.2 Vertiefungsqualifikation für alle Lehrenden in sprachlichen Unterrichtsfächern (Mutter-, Zweit-, Fremd-, Herkunfts- und Minderheitensprachen) (Pflichtprogramm)

Modul „Mehrsprachigkeit und Mehrsprachigkeitsdidaktik"
Vorgeschlagener Umfang: 15 ECTS

a) Grundlagenwissen zu gesellschaftlicher und individueller Mehrsprachigkeit (Sprache und Macht; Sprache und Identität)
b) Fähigkeit, Verfahren des Sprachenvergleichs einzusetzen
c) Fähigkeit, mehrsprachige Situationen zu analysieren
d) Verfahren der Mehrsprachigkeitsdidaktik, die in allen sprachlichen Fächern eingesetzt werden können
e) Fähigkeit, Lernende bei der (sprachenübergreifenden) Verwendung von Sprachenportfolios zu begleiten
f) Praktische Übungen mit sprachlich heterogenen Lerngruppen

1.3 Spezialisierungsphase (in der BA/MA-Struktur in der Master-Phase angesiedelt): eine vertiefte Qualifizierung im Bereich der Mehrsprachigkeit in Form eines Wahl(pflicht)angebots, das für die Erteilung des Mehrsprachigkeitsunterrichts sowie für übergreifende sprachbezogene Funktionen im Kollegium qualifiziert. Die Spezialisierung setzt die unter 1.1 und 1.2 genannten Module voraus.

Spezialisierungsmodul „Sprachberatung und Sprachdiagnose"
Vorgeschlagener Umfang: 15 (-20) ECTS

- Fähigkeit, sprachliche Voraussetzungen der Lernenden zu erkennen und Fortschritte wahrzunehmen
- Kenntnis der gängigen Verfahren der Sprachstandsdiagnose und Fähigkeit, zielgruppenspezifisch geeignete Verfahren auszuwählen und anzuwenden
- Fähigkeit, im Rahmen des Kollegiums eine angemessene Verwendung von sprachstandsdiagnostischen Verfahren und deren Nutzung für die Entwicklung gezielter Sprachförderprogramme zu initiieren und zu begleiten
- Kenntnis geeigneter Verfahren der Sprachberatung und Fähigkeit, diese bei der Beratung von Lehrenden, Lernenden und Eltern zielgruppengerecht anzuwenden
- Kenntnis von Verfahren der Schulentwicklung im Zusammenhang mit Sprachen und Sprachförderung und Fähigkeit, ein entsprechendes Schulprogramm zu entwickeln
- Kenntnis der Implikationen von Mehrsprachigkeit für die Curricula und Fähigkeit, das Curriculum Mehrsprachigkeit den spezifischen Bedingungen der jeweiligen Bildungseinrichtung angepasst umzusetzen
- Kenntnis der Grundlagen und Verfahren der Mehrsprachigkeitsdidaktik und Fähigkeit, die Lehrkräfte des jeweiligen Kollegiums hinsichtlich der Praxis der Mehrsprachigkeitsdidaktik zu beraten.

2. Mehrsprachigkeit in der Lehrer/innenfortbildung

Viele der heute in der Schule tätigen Lehrkräfte sind auf einen Unterricht in Klassen mit sprachlicher und kultureller Heterogenität nicht vorbereitet – und zwar auf beides nicht, weder auf die sprachlich-kulturelle Vielfalt mit bis zu 20 verschiedenen Familiensprachen in einer Klasse, noch auf die Bandbreite der sprachlichen Fähigkeiten sowohl was die Familiensprache(n), als auch was die Beherrschung der deutschen Sprache betrifft. Die Auswirkungen dieser Heterogenität zeigen sich bis in die

Sekundarstufe II hinein, d. h. Lehrende aller Schulstufen und Schulformen sind davon betroffen.

Die spezifischen Kenntnisse, Fähigkeiten und Einstellungen, die eine Umsetzung des Curriculums Mehrsprachigkeit verlangt, werden derzeit weder in der Erstausbildung noch in der allgemeinen Fortbildung der LehrerInnen vermittelt. Angebote einer begleitenden Qualifizierung sind daher bei der Erprobung modellhafter Praxis unverzichtbar. Sie müssen systematisch und regelhaft realisiert und nach Möglichkeit mit Anreizen verbunden werden, um möglichst viele Lehrkräfte zu erreichen. Zielsetzung einer solchen Fortbildung ist es, alle bei der Erprobung in irgendeiner Weise beteiligten Lehrkräfte zu befähigen,

- Mehrsprachigkeit nicht länger vorrangig als Problem, sondern auch als Chance und Ressource für das Bildungswesen sehen zu lernen,
- die Sprachenbiografien und die mitgebrachten Sprachen der Lernenden wahrzunehmen und mit diesem Sprachenreichtum konstruktiv umzugehen,
- die Grundsätze und Ziele des Curriculums Mehrsprachigkeit nachzuvollziehen und an ihrer Umsetzung für die jeweilige Schulstufe mitzuwirken,
- und erforderlichenfalls die Ziele und Inhalte des Curriculums argumentativ zu vertreten.

Wenn der jeweilige Unterricht aufgreifen soll, was die Schülerinnen und Schüler an Sprach(lern)erfahrungen bereits mitbringen, so sind die Übergänge vom Kindergarten in die Grundstufe und ebenso von der Grundstufe in die Sekundarstufe I besonders wichtige Momente im Hinblick auf ein Gesamtkonzept sprachlicher Bildung. Insbesondere beim Übergang vom Kindergarten in die Schule wird immer wieder der Datenschutz als Hindernis für ein Anknüpfen der Schule an die Sprachentwicklung und Sprachförderung im Kindergarten genannt. Sinnvoll wäre es, Fortbildungsveranstaltungen so zu organisieren, dass sie die Nahtstellen des Bildungssystems übergreifen, also als gemeinsame Fortbildungen für PädagogInnen aus Kindergarten und Grundstufe oder Grundstufe und Sekundarstufe I angelegt werden. Dabei könnten dann auch die für jede Bildungsstufe vorhandenen Sprachenportfolios eine wichtige Funktion für eine aufbauende Sprachförderung erhalten.

Soll Fortbildung Konsequenzen für die Unterrichtspraxis haben, so sind nach Möglichkeit zwei strukturelle Aspekte zu berücksichtigen:

a) Fortbildung wirkt dann stärker in den Unterricht hinein, wenn sie unterrichtsnah organisiert wird, sei es als schulinterne Fortbildung, sei es in einem Sandwich-Modell, nach dem auf eine erarbeitende Grundlegungsphase eine Anwendungsphase im eigenen Unterricht der Beteiligten erfolgt, die dann in einer gemeinsamen Auswertungsphase aufgearbeitet wird.

b) Fortbildung im Bereich Mehrsprachigkeit betrifft jeweils eine ganze Schule und berührt alle Unterrichtsfächer, insofern ist sie dann besonders wirksam, wenn die Teilnehmenden einen entsprechenden Rückhalt in Kollegium und Schulleitung haben, so dass sie erworbenes Wissen weitergeben, Veränderungen ihrer Praxis erklären und Innovationen (sprachenübergreifende Zusammenarbeit, Einführung des Curriculums Mehrsprachigkeit usf.) einleiten können. Eine Entsendung durch die Schulleitung könnte dafür ein geeignetes Verfahren sein.

Aus der Perspektive des Curriculums Mehrsprachigkeit sind drei Themenfelder für eine grundlegende Fortbildung zentral:

Themenfeld 1: Sensibilisierung für Mehrsprachigkeit und die Sprachen der Lernenden als Ressource

- Unterricht in einer den Teilnehmenden unbekannten Sprache (als „Schnupperkurs" im Umfang von ca. 4 Stunden): Eine eigene Sprachlernerfahrung hat sich vielfach als besonders guter Weg erwiesen, Lehrende (wieder) mit der Situation des Nichtverstehens, mit den emotionalen Aspekten des Sprachenlernens und der Mehrsprachigkeit vertraut zu machen.
- Verfahren der Sprachsensibilisierung (selbst ausprobieren), z. B. Sprachenporträts und fiktive Sprachenbiographien (Wie wäre mein Leben verlaufen, wenn ich mit Sprache XY in Land Z geboren wäre: anderer Bildungsverlauf, andere Freunde, andere Berufschancen … ?)

Themenfeld 2: Vermittlung von Wissen und Argumenten über Mehrsprachigkeit

- Bildungs- und sprachenpolitische Hintergründe und Argumente für Mehrsprachigkeit
- Bedeutung von Sprachen für Identitätsentwicklung und Chancengerechtigkeit im Bildungswesen
- Curriculum Mehrsprachigkeit: Aufbau und didaktische Prinzipien

Themenfeld 3: Entwicklung von Strategien für die Veränderung der Schulpraxis

- Umsetzungsszenarien für das Curriculum Mehrsprachigkeit und den Mehrsprachigkeitsunterricht
- Entwicklung von Schulprogrammen/Schulprofilen mit Verankerung von Mehrsprachigkeit
- Suche von Bündnispartnern (andere Lehrkräfte insbesondere der sprachlichen Fächer, Eltern usw.)
- Planung eines Klassen- oder Schulprojektes sowie einer Fachkonferenz

Im Anschluss an eine Einarbeitung in diese drei Themenfelder, für die ausreichend Zeit vorgesehen werden muss (3–5 Tage), sollte es eine individuelle Experimentierphase geben, in der die Ergebnisse der Arbeit in den Themenfeldern in konkreten Unterrichts- oder auch Schulprojekten erprobt werden, beispielsweise

- ein klasseninternes Projekt: Zusammenarbeit in den sprachlichen Fächern, Nutzung von Verfahren der Mehrsprachigkeitsdidaktik im (eigenen) Unterricht;
- ein schulinternes Projekt, z. B. Verteilung von Zielen aus dem Curriculum Mehrsprachigkeit auf verschiedene beteiligte Fächer; evtl. Elternabend zum Thema ‚sprachliche Bildung‘;
- ein Schulprojekt: Erarbeitung eines Sprachenprofils für die Schule und Entwicklung eines Umsetzungsplanes.

Abgeschlossen werden sollte eine solche Fortbildungsphase durch eine gemeinsame Auswertung verschiedener solcher Experimentierphasen, wobei Möglichkeiten einer vertiefenden Fortbildung, einer Zusammenarbeit verschiedener Schulen und Einrichtungen (z. B. NGOs, Einrichtungen der Gemeinde, Schulpartnerschaft) sowie eine Weiterführung im Rahmen einer längerfristigen Schulentwicklung geplant werden könnten.

Angebote von Mehrsprachigkeitskomponenten in der Aus- und Fortbildung der Lehrkräfte sprachlicher Fächer setzen die Mitwirkungsbereitschaft der Fächer voraus; sie können, wenn diese Bereitschaft gegeben ist, in wesentlichem Maße zur Förderung des allgemeinen Problembewusstseins beitragen. Sie können aber auf Dauer nur dann zur Wirkung kommen, wenn Lehrpläne vorliegen oder erarbeitet werden, die die Berücksichtigung der Mehrsprachigkeit im Unterricht fordern bzw. wenn das Curriculum Mehrsprachigkeit einen festen Platz im Kanon der schulischen Lehrpläne erhält.